JN117766

Q&A
建物の基礎知識

建築のプロが教える知恵と工夫

不動産業者が知ってトクする
建物の構造,耐震性から
内外装の種類,
防水・断熱対策,
給排水・換気・空調設備まで
のキホン

一級建築士
秋山 英樹

PROGRES
プログレス

まえがき

１９９２年（平成４年）のバブル崩壊から四半世紀を経て、一部の都市部の地価はようやく下げ止まり、わずかに反転してきました。

しかし、多くの地方都市では、少子高齢化に伴う人口減少等により地価は下げ続けています。

要するに、土地は、それだけで資産という時代は過ぎ去り、必要な土地、すなわち需要のある土地だけが資産価値を持つ時代になったのです。

必要な土地とは、言い換えれば活用できる土地であり、そのためにはそこに建てられる建物に対して需要があるということです。

しかし、長い間、不動産の価値といえば土地の価値が中心とされ、建物の価値はないがしろにされてきました。

不動産鑑定士が行う不動産の鑑定評価といえば土地の価格が中心とされ、建物評価の基準も税法の耐用年数くらいしか考えられておらず、建物の価値は不在であったといえます。

そのため、20年~30年が経過した住宅価格の評価では、建物の価値はゼロとされ、土地の価値だけになってしまいました。

しかし、土地に対する需要が減少し、将来的にも増えそうにもない現在、希少価値の高い土地でない限り地価の上昇は望めません。

土地の価格は、理論上は物価やＧＤＰなどの経済指標に連動する、すなわち、いつの時代でも相対価格は変わらないのです（大きな災害が発生したり、人口減少が進むと地価は下落します）。

これは、投資という観点から考えれば、元本価値は変わらないということです。

そのように考えると、土地の利用価値に不動産の価値を見出すといった、欧米流の考え方に変わってくるのです。

これは、《不動産価値＝土地＋建物》という考え方です。

土地の相対価値が変わらないのなら、建物の価値に目を向ける考え方です。

いかにして価値のある建物をつくることができるのか、そして、いかにして建物の価値を存続させることができるのか。

このような欧米流の考え方が、わが国の不動産にも必要な時代になったのです。

宅地建物取引業法が改正され、２０１８年に中古建物の「インスペクション」が導入されたのも、その第一歩なのです。

今後、建物についての知識は、不動産業界では必要不可欠です。

建物のむずかしいことは専門家に聞けばよい時代ではありませんし、そもそも多くの不動産会社には、そのような専門家がいません。

また、外部の専門家に聞けば、当然費用も発生します。

不動産会社の営業マンとして建物の知識を持っているかどうかは、顧客の信頼を獲得するうえで重要なポイントです。

しかし、書店に並んでいるのは、建築士等の専門家向けのむずかしい建築技術書か、マイホームの上手な建て方といった一般向けの書籍がほとんどです。

本書は、筆者が不動産流通研究所発行の月刊誌『不動産流通』に２００９年７月号から２０１４年２月号までに連載した「知っ得！営業に役立つ建築基礎講座」をQ＆Aに書き直したものです。

本書中の「営業トーク」は、営業マンの方々が日々顧客と接しておられるなかでヒントとしてお役に立てれば幸いです。また、「Coffee Break」は、顧客との雑談のなかでの話題提供の題材としてお使いいただければと思います。

本書が、今後の不動産業界を担う若き営業マンの方々の良き手引書となれば幸いです。

最後に、本書の出版に当たり、プログレスの野々内邦夫氏には多大なご協力をいただきました。この場を借りて感謝申し上げます。

２０２０年１月

秋山　英樹

目次

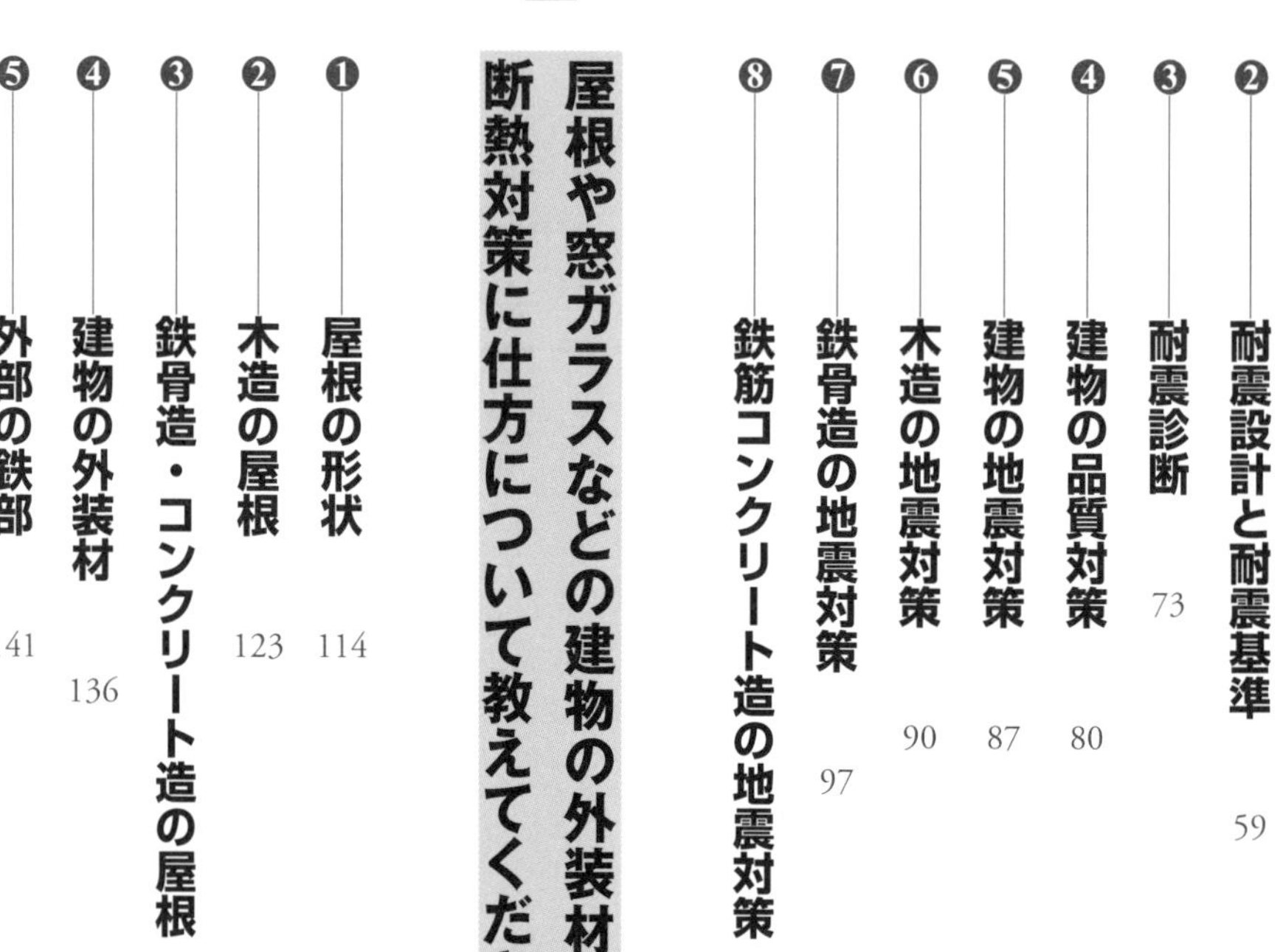

4 床や壁、天井などの建物の内装材の種類や、色や素材を使った上手な空間づくりのノウハウを教えてください。

5 必ず知っておきたい給排水や換気・空調、電気設備の知識を教えてください。

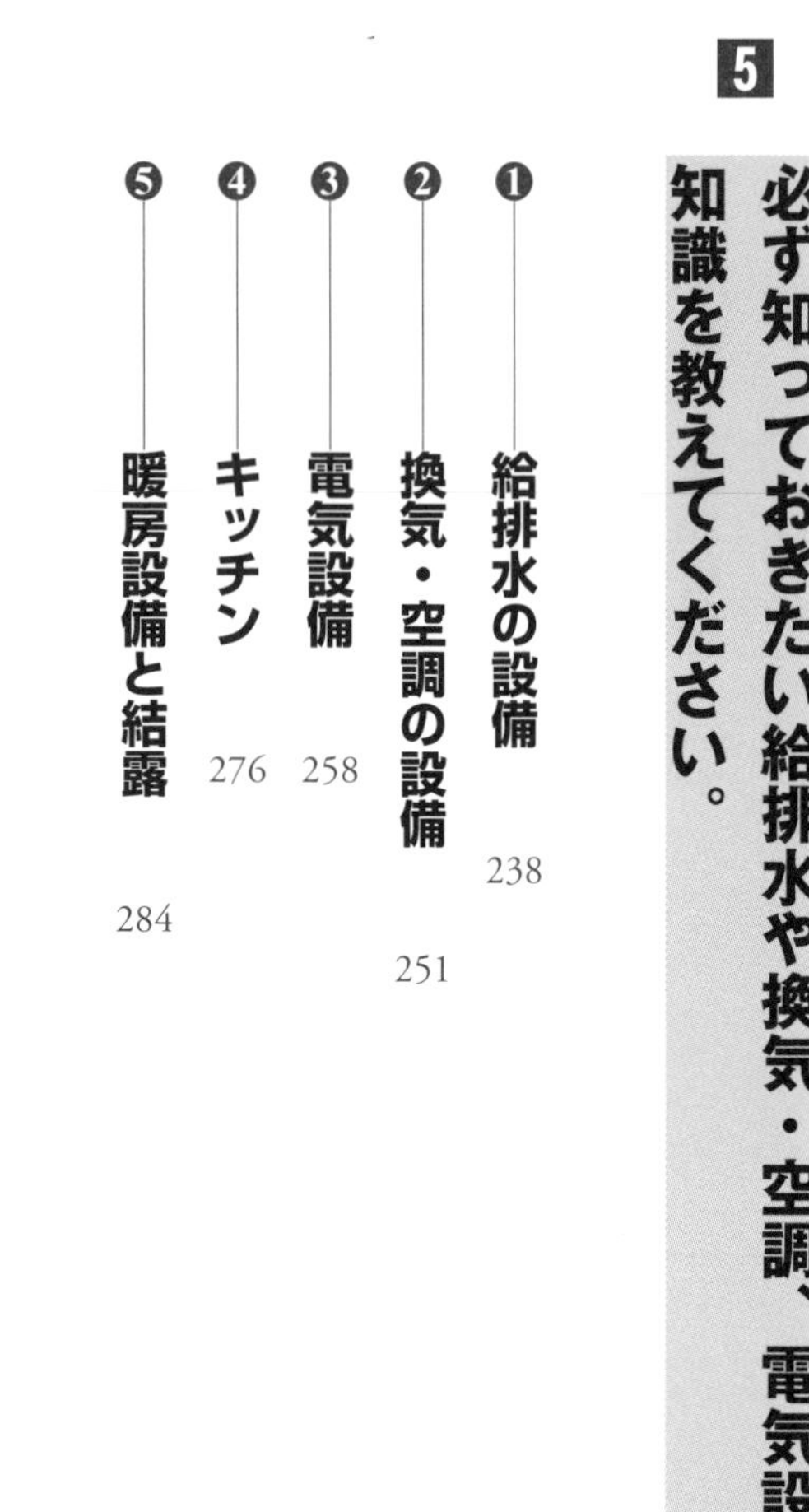

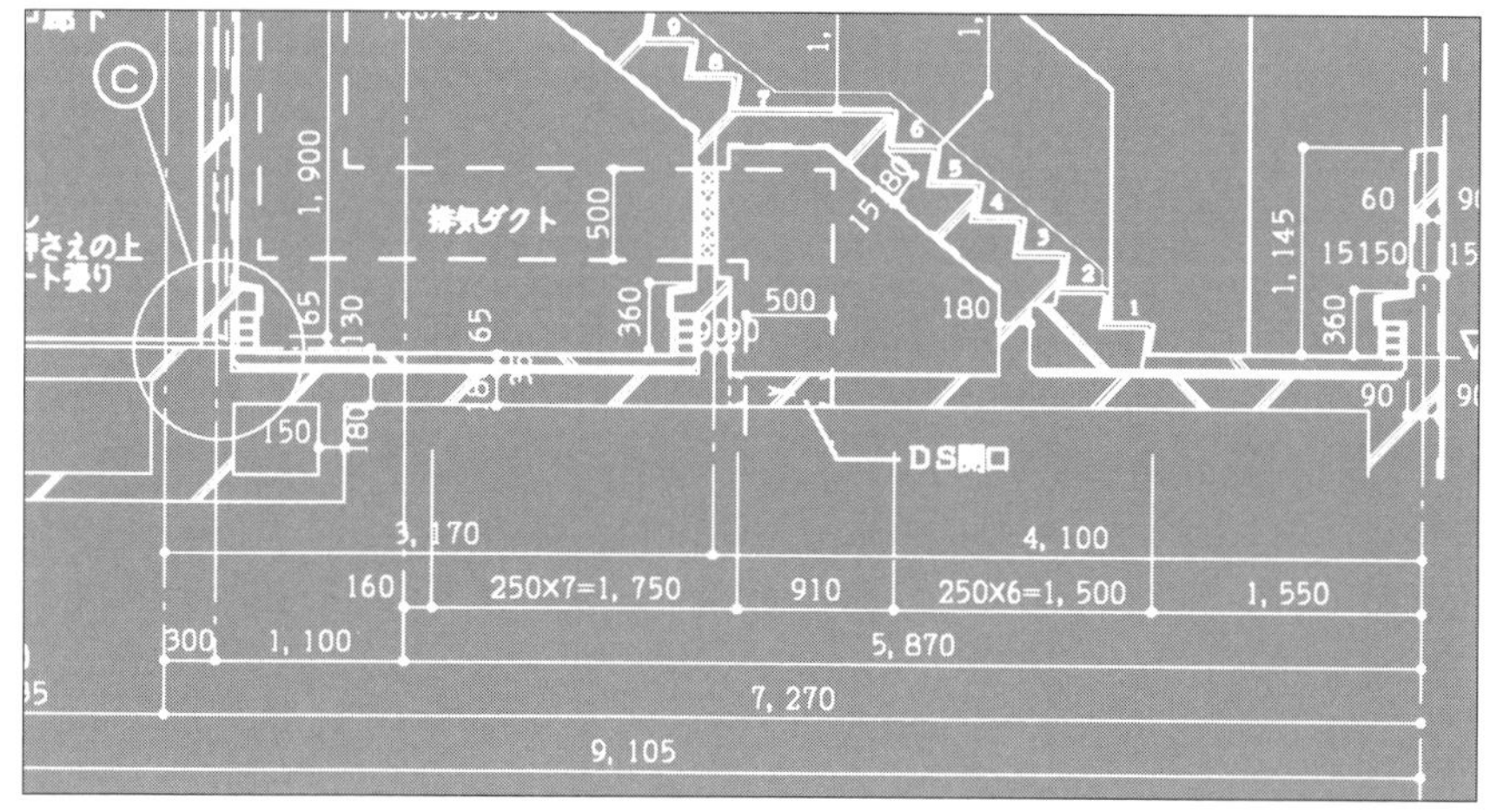

1　木造・鉄骨造・コンクリート造の仕組みと工法はどうなっていますか？

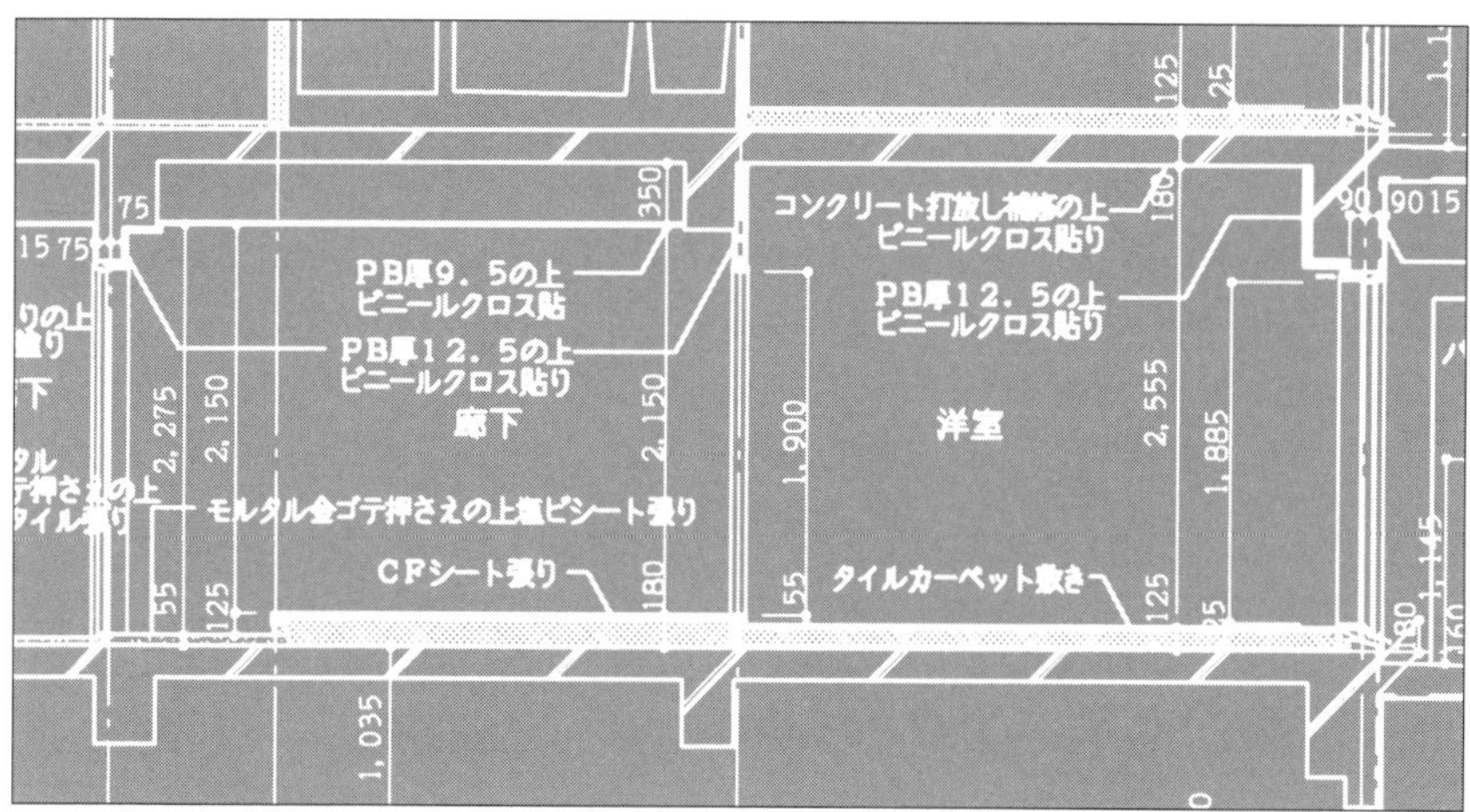

❶ 建物の構造形式

Q **建物の構造はたくさんあると思いますが、どのように考えたらわかりやすいのでしょうか?**

A 建物の構造というと、木造や鉄骨造を思い浮かべると思いますが、それは建物をつくっている材料のことです。

それらの材料を使用してどのように骨組みをつくるのか、ということが実は重要なのです。

Q **建物の骨組みって何ですか?**

A その骨組みのつくり方の形式を**構造形式**といい、「ピン構造」、「ラーメン構造」、「壁構造」の3つに大きく分けられます。

構造形式に材料を組み合わせて考えると、「木造のピン構造」、「木造のラーメン構造」、「木造の壁構造」などのほか、「ガラスのピン構造」、「段ボールの壁構造」といった建物も考えられます。

このように、**躯体の使用材料十構造形式**でさまざまな種類の建物ができ上がり、計画する建物に要求される空間の形とコスト等により選択するのです。

※**躯体**とは、建物の強度を受け持つ骨組みをいい、建物の構造耐力上、主要な部分のことです。なお、建物は、「躯体」、「仕上げ」、「設備」の3つに大別できます。

Q **ピン構造とは、どのようなものをいうのですか?**

A 部材と部材がピンで接合された構造のことで、数多くの鉄骨が組み合わさってつくられています。

鉄骨でできた昔の工場や橋などを思い浮かべると、わかりやすいのではないでしょうか。

実は、**木造在来工法**はピン構造なのです。

数多くの柱と梁とを**ほぞ**で接合しています。

しかし、ピン構造は、そのままではグラグラと動いてしまうので、斜めの部材(**筋交い**)を入れて動かないようにしています。

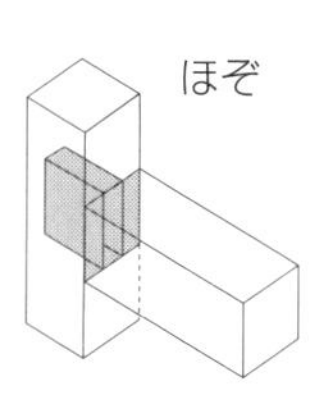

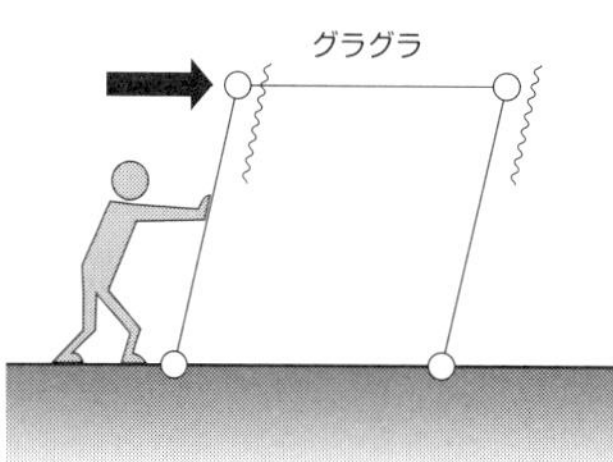

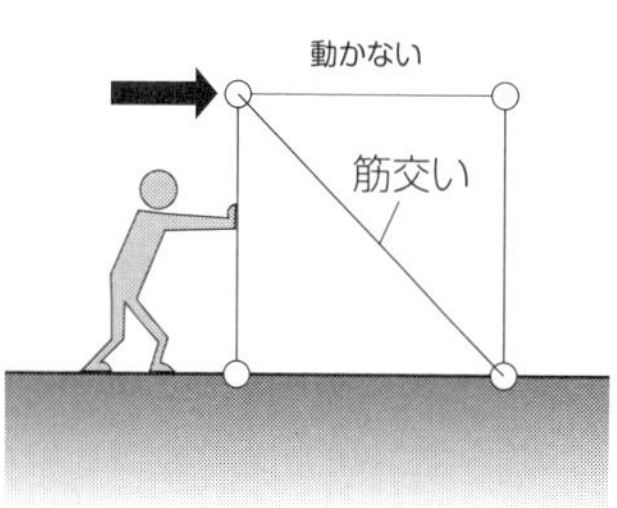

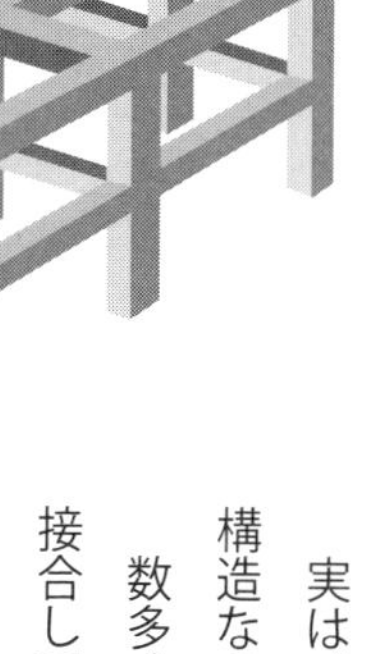

営業トーク

在来工法ならではの、柱や梁を見せる空間づくりが可能で、材質や造りの面白さを楽しめます。

Q **ラーメン構造**とは、どのようなものをいうのですか？

A 柱と梁（はり）など、部材と部材を剛接合（ピン接合のようにグラグラしない接合）してできた骨組み構造で、代表的なのが鉄筋コンクリート造です。

柱と梁がコンクリートですから、簡単にグラグラと動くことはありません。

万が一、動いたときは壊れるときです。

鉄筋コンクリートの持つ耐力以上の力が加わると壊れてしまいます。

ピン構造のように斜めの筋交いが入らないことが大きな特徴です。

そのため、自由な空間構成が可能なのです。☞

営業トーク

間仕切りが自由に設定できるので、開放感があり、柔軟性・融通性に富んでいます。

Q **壁構造**とは、どのようなものをいうのですか？

A 壁体や床板など、平面的な部材をタテとヨコで構成した構造です。

柱型や梁型がないのでムダになるスペースが出にくい反面、ラーメン構造のような開放感が少ないのが特徴です。

鉄骨造の壁構造を除けば、木造、鉄筋コンクリート造ともに躯体コストが比較的低めです。

特に、2階〜3階建ての低層建物に多く使用されています。

ちなみに、木造では**ツーバイフォー**（2×4↓枠組み壁工法の一断面が2インチ×4インチの木材を使用することから名づけられました）と呼ばれ、広く普及しています。

しっかりしたタテ・ヨコ構造のため、手間とコストがかからない割には丈夫な造りです。

Q **構造形式についてはわかりました。構造形式の中にいろいろな材料でつくられる建物があるのですね。**

A その通りです。木や鉄骨、コンクリートが主な材料ですが、それぞれの材料を使用した構造形式を用いた工法の建物があり、メリット・デメリットはさまざまです。

❷ 木造の仕組みと工法

Q **木造では、どんな工法がありますか？**

A 大きく分けると、皆さんがよく見かける**軸組**（じくぐ）**み工法**、最近では多くなった**ツーバイフォー工法**、ハウスメーカーが主に手掛ける**パネル工法**があります。

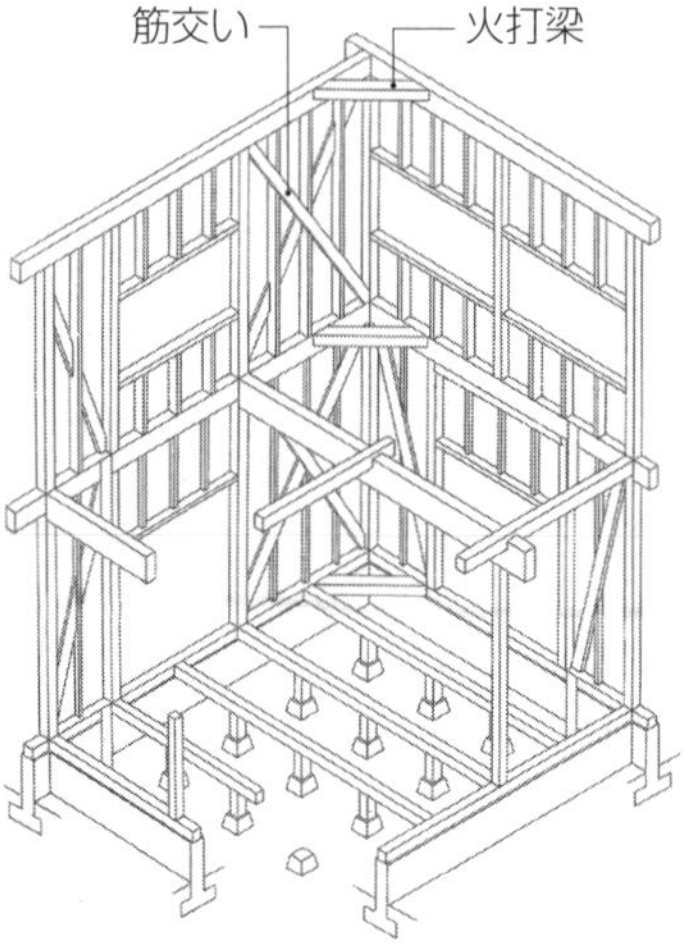

Q

それでは、「軸組み工法」について教えてください。

A

軸組み工法は、**木造在来工法**がその代表例です。

ピン構造が基本で、構造体は柱と梁などの横架材で構成されています。

地震や風等の横からの力に対しては、柱を斜めに支えます。

筋交いで垂直方向の変形を、また、梁を斜めに支えます。

火打梁という補強部材によって、水平方向の変形を防いでいます。

最近では、工事を簡易にするため、筋交いや火打梁の代わりに**構造用合板**を壁や床に張ることが多くなりました。

そうすることにより、剛性が高い建物になるのです。

在来工法は、軽量で施工しやすい点がメリットです。

ただし、構造体である木を石膏ボードのような不燃材で囲わないと、防火・耐火性能が低くなります。

営業トーク

一般的によく使用されている工法なので、コストも安く安心です。

Q **ツーバイフォー工法**について詳しく教えてください。

A ツーバイフォー工法は、北アメリカで広く使われている工法を、1965年頃、わが国に導入したものです。

主要部材の基準断面が2インチ×4インチ（約4㎝×9㎝）であることから、ツーバイフォーの名がつきました。

2×4材を枠組みにし、**構造用合板**を張った壁・床で構成された壁構造の木造工法のため、**枠組み壁工法**とも呼ばれています。

壁構造ということで、風や地震などの横からの力に対しては非常に強く、構造体の壁が内部に空気層を持った壁パネルであるため、断熱・保温性能に優れています。

しかし、その反面、気密性が高いので、高温多湿の日本の風土では換気に十分気を配らなければなりません。

また、外壁や間仕切り壁自体が耐力壁のため、壁を取り払っての間取り変更は難しいといえます。

営業トーク

耐震性を重視するなら、ツーバイフォー住宅がお勧めです。

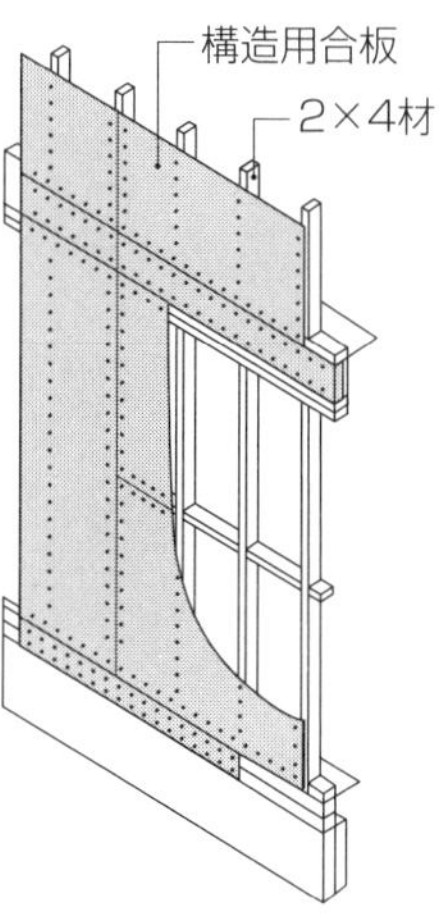

Q **パネル工法**について教えてください。

A パネル工法は、工場で壁等をパネルとして製作し、そのパネルを現場に搬入

して組み立てる工法です。

具体的には、角材を芯にして両面に合板や石膏ボードを張り付けたもので、サッシなども取り付けたパネルになっています。

なお、配線や断熱材を装備したものもあります。

そのため、工期が短く品質も安定していますが、反面、工事途中での設計変更は難しいといえるでしょう。

営業トーク

各部材を工場で製作するので、品質が安定していて安心です。また、短期間で完成できます。

Q **木造で新しい工法はありませんか？**

A 最近では、メーカーで独自の名称を使っているのでわかりにくいかもしれませんが、**木造ラーメン工法**というものがあります。

この言葉は、聞き慣れない方もいると思いますが、木でつくったラーメン構造の建物のことです。

鉄骨造のように柱と梁を簡単に溶接で固定するということができないため、特殊な金物等で柱と梁を固定することになります。

木はコンクリートや鉄のように堅くなく、変形もしやすいため固定の技術が難しく、この木造ラーメン工法はまだ開発途上ともいえる工法ですが、ハウスメーカーを中心に商品化が進められています。

この木造ラーメン工法は、ほかの工法に比べ筋交いや構造壁が不要で、内部空間の間取り等の変化に柔軟に対応できるため、いわゆる100年住宅に向いているのではないでしょうか。

将来的に、さらなる固定技術の開発やコストダウンが実現できれば、優れた工法だといえるでしょう。

※ラーメン工法とは、ドイツ語の「Rahmen」から取られたもので、「額縁」や「枠」を意味します。

営業トーク

将来の間取りについて可変性を求めるなら、木造ラーメン工法がお勧めです。

Q **最近、伝統工法という言葉をよく耳にしますが、どんな工法ですか？**

A 東日本大震災でも多くの寺院が倒壊しなかったことから、伝統工法が見直されています。

木造伝統工法は筋交いを使用せず、太い柱や梁に**長押**（なげし）（柱の側面や鴨居（かもい）の上部などに取り付ける化粧材）・**貫**（ぬき）（壁面において柱どうしを水平方向につなぐ材）・**差鴨居**（さしかもい）（梁のような太さを持つ鴨居）と呼ばれる横架材を組み合わせることによって一種のラーメン構造を構成しており、**貫工法**（ぬきこうほう）と呼ばれます。

建築の構造力学的には、完全というわけではありませんが、大地震でも倒壊を免れているという事実が大きいのです。

伝統工法は各部材が相互に入り組んで構成されているため、倒壊を免れるケースが多いと考えられています。

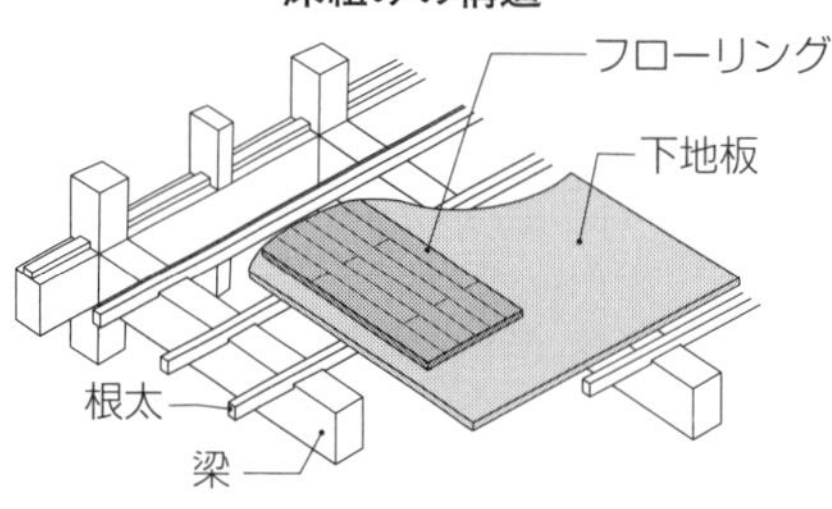

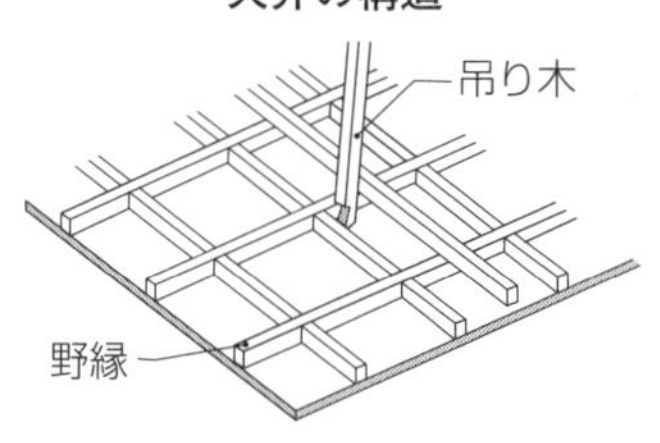

Q **木造に使う木にはいろいろな種類がありますが、どう違うのですか？**

A 木造の建物は、主要構造部が木（材木）でできているものを指しますが、材木といっても様々あります。

特に住宅の構造材については、「水」、「湿気」、「乾燥」がカギになります。

昔から、家を建てるなら「地のものを」とよくいわれます。

その土地で育った樹木を建物に使用するのがよいということで、「その土地の気候風土に適した材料は、その土地で育ったものを」という意味と、**地産地消**（ちさんちしょう）という意味があると思います。

現在わが国では林業が衰退しており、「地産地消」が難しく、市場に流通している材木の約8割は外国産です。

切り出す費用に植林費用を加えると、林業業者は赤字になってしまうという現実があるためです。

柱をはじめ、**根太**（ねだ）、**野縁**（のぶち）と呼ばれる下地材はスギ（杉）が、梁などはベイマツ（米松）が一般的です。

土台には、スギ・ヒノ（檜）・ヒバ（檜葉）などが使用され

Coffee Break

鴨 居　諸説ありますが、「鴨居」は「鴨＋居」で構成されます。建具が倒れないように溝のある構造になっており、これで支えているので、「噛む（かむ）居」→「かむい」から鴨居になりました。この場合の「鴨」は当て字です。居は潜る（くぐる）の意味があることから、「鳥居」にも使われています。床に敷いてある敷居の「敷＋居」に対して、「噛む＋居」＝鴨居は理屈が合っているように思えます。

ていますが、防腐剤の注入されたツガ（栂）の土台も多く使用されています。

Q 「水」、「湿気」、「乾燥」がカギになるとは、どのようなことですか？

A 山から切り出され、製材されたばかりの木材は**含水率**が50％～60％と高いため、乾燥させて、人工的に含水率を25％未満まで落としたものを**ＫＤ（Kiln Dry）材**、**未乾燥材**（含水率が25％以上のものを含みます）の木材を**グリーン（Green）材**と呼んでいます。

含水率で区別しているのは、含水率が高いと強度が弱くなるだけではなく、含水率が30％を下回った頃から乾燥するに従って木材の収縮や変形を起こすため、通常はグリーン材よりも20％以下のＫＤ材を使用します。

含水率が15％以下になると、グリーン材に比べて強度は約2倍になります。

なお、湿度の高い日本の気候では、建築後に自然乾燥が続いたとしても15％までしか下がりません。

$$\text{木材含水率(\%)} = \frac{\text{水分のある木の重さ} - \text{完全に乾いた木の重さ}}{\text{完全に乾いた木の重さ}} \times 100$$

無欠点試験体における強度と含水率との関係

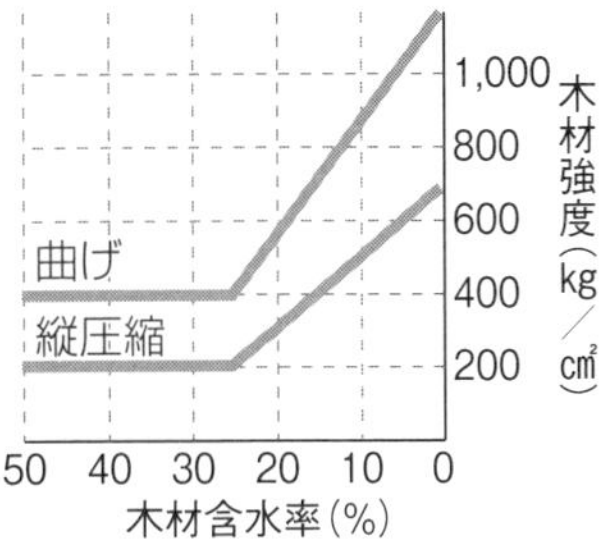

Coffee Break

木材と材木の違い 木材と材木は、切断して建築物や製品の材料に用いられる木を指し、置き換え可能な熟語です。しかし、「木材からパルプをつくる」とはいいますが、「材木からパルプをつくる」とはいわないように、木材と材木は原木に近い状態か、製品に近い状態かによって使い分けされています。木材は、原木を切断して材料や原料として用いる木のこと。材木は、建築や製品の材料として一定の長さや大きさなどに製材して、用材となったもののこと。材質が木であることに焦点が置かれるのが「木材」、用材となっている木であることに焦点が置かれるのが「材木」です。上記の違いから屋号にも違いがあり、山元に近いほど「木材店」が多く、流通の最終段階に近くなるほど「材木店」が多くなる傾向にあります。

Q **含水率により強度の差はどのくらい出るのですか？**

A 前ページの図でわかるように、含水率が25％以上だと強度の差はありませんが、25％を切ってくると比例的に3倍ほど強度が増します。

そのため、含水率は木造の建物にとって重要なのです。

Q **最近では、無垢材（むくざい）でなく集成材を多く使用しているようですが、どうなのでしょうか？**

A 材木は、ご存知のとおり、無垢のものがほとんどです。

しかし、最近では、**集成材（しゅうせいざい）**といわれる厚さが2㎝～3㎝の乾燥した板を接着剤で貼り合わせてつくる工場生産のものが、ハウスメーカーを中心に大量に使用されています。

また、**造作材（ぞうさざい）**といって、窓や扉の枠は樹脂や木材チップを固めたものに木目のシートを貼ったものが大半を占めており、和室の柱もスライスした薄い木が貼ってあるものが主流です。

集成材は無垢材と違って精度が安定しており、大きな断面のものも製作しやすいのが特徴です。

また、乾燥しているため変形や割れが生じにくいといった長所もあります。

しかし、コストが高い、水に弱い、接着剤の寿命が不明、無垢材のような経年変化によ

営業トーク

含水率が低い木材を使用していますので、強度が高く、変形も起きにくいです。

る風合（ふうあ）いといったものがないなどの短所もあります。

大きな木材が世界的に減少していくことを考えれば、大きな部材を使用する梁などについては、集成材が主流になってくるでしょう。

Q　それでは、どの材木を選べばよいのでしょうか？

A　これまで材木の違いについて説明してきましたが、結局どの材木がよいのかという疑問が湧いてくるのではないでしょうか。

どんな高級な材木を使用しても、水分にさらされれば木は腐食（ふしょく）し、強度は弱まり、シロアリ等にも侵されてしまいます。

そのように考えると、耐久性を保つためには、材木の種類が云々というより、「水にあたらないようにする」、「湿気にさらされないようにする」、「常に乾燥状態を保つようにする」ことが重要ということになります。

しかし、現代家屋において防火性・断熱性・気密性をアップさせようとすると、木材を囲うことで湿気にさらされ、適度な温度が保たれることとなり、結果、光や乾燥を嫌うシロアリの絶好の住処（すみか）になるなど、強度と耐久性が劣る環境になってしまいます。

そのため、さまざまな性能を高めながら耐久性をアップさせるにはどうすればよいかを、日々ハウスメーカー等が工夫を凝らしているのです。

営業トーク

見えない部分には、強度が高く性能の安定している集成材を使用しています。そして、見える部分には、無垢材を使用していますので、時間とともに味のある空間になってきます。

❸ 鉄骨造の仕組みと工法

Q **鉄骨造といっても、薄い鉄板製のものと重量鉄骨のものがありますが……。**

A 鉄骨といっても、鋼材の厚さが6㎜以上のH型鋼を代表とする**重量鉄骨**と呼ばれるものと、厚さが6㎜未満の**軽量鉄骨**と呼ばれるものに分けられます。

現場では、軽量鉄骨は**ケーテツ**、重量鉄骨は**テッコツ**と呼ばれています。

Q **それでは「ケーテツ」について教えてください。**

A 一般に、軽量鉄骨でつくられるものは**軽量鉄骨軸組み工法**といい、鉄骨プレハブ系の住宅メーカーで住宅やアパートに使用されています。

この工法は工期が短く、品質が安定しています。

一般に、厚さが2・3㎜〜4・5㎜の鋼材が多く使用されています。

柱・梁および筋交いで構成された**木造在来工法**と構造原理は基本的に同じもので、柱・梁の部分を軽量鉄骨に、筋交い部分を**ブレース**（×状に組まれた鋼線）等に置き換えたも

Coffee Break

筋交い 筋交い（すじかい）とは、柱と柱の間に斜めに入れて建築物や足場の構造を補強する部材で、「筋違い」（すじかい）とも呼ばれています。言葉としては、斜めに交差していること、また、斜めであることをいいます。「郵便局の筋違い（すじかい）に交番がある」といえば、斜め前に交番があるという意味ですね。このように、斜めになっている材でバッテンに交わることもあるので、最近は「筋交い」と書きますが、昔は「筋違い」といっていました。

のと考えればよいでしょう。

木造の筋交いは、地震等の横揺れに対して、圧縮または引っ張りによる力に対抗していますが、ブレースは引っ張りの力のみに抵抗するために入っています。左右の揺れ（水平力）に対して対抗するため、必ず×状に入っているものです。

このブレースが入っていないと建物の自立が難しいことから、軽量鉄骨軸組工法は**ブレース構造**とも呼ばれています。

木造在来工法と比較すると、軽い割には強度が強いため、地震に対しての負担が軽くなり、基礎コストを抑えることができます。

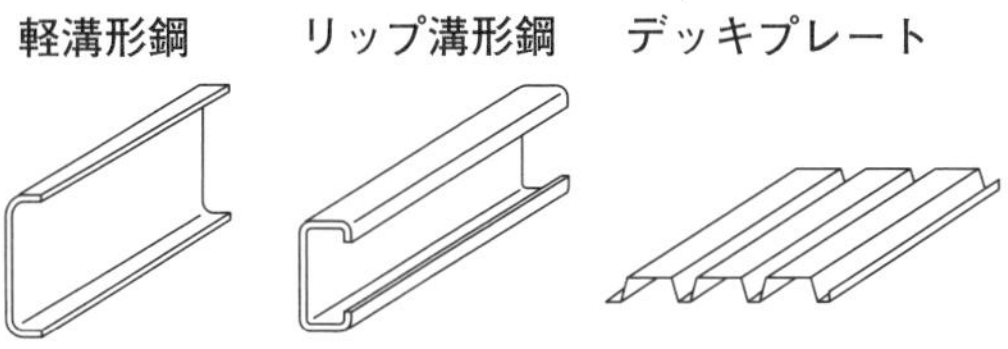

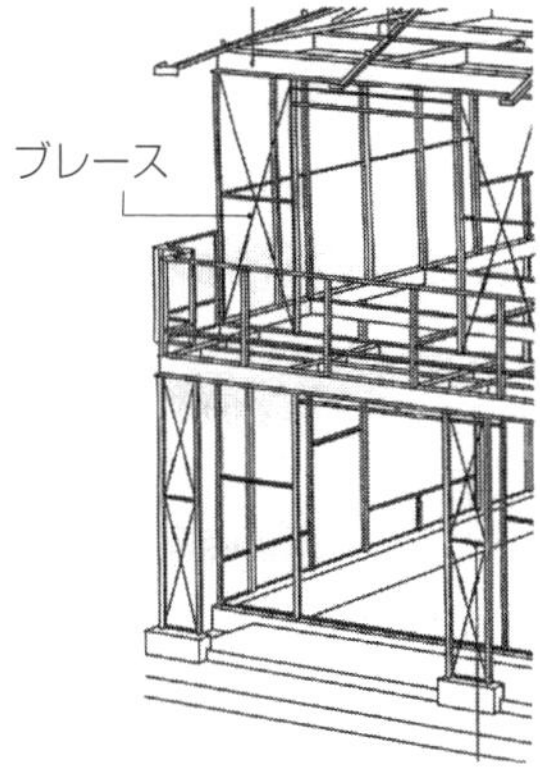

柱や針は軽溝形鋼やリップ溝形鋼（**C**[シー]**チャン**と呼ばれています）を組み合わせて構成されることが多く、それぞれの部材は主にボルトによって接合されます。

床材に関しては、**デッキプレート**と呼ばれる波形の鋼材を梁の上に敷き、梁に留めて使用されます。

営業トーク

鉄骨造の構造体はすべて工場でつくられて現場では組み立てるだけですから、工期が短いうえ、品質が安定しています。

Q **橋や工場の天井は多くの鉄骨でできていますが、何というのですか？**

A たしかに、橋などは多くの重量鉄骨が組み合わさって丈夫になっています。

これは、**ピン構造**をベースに、各鋼材を小さな三角形になるように多数組み合わせて、各部材が軸方向力（部材の軸方向に働く、引っ張りや圧縮の力）だけ働くようになっており、これを**トラス構造**といいます。

軽量鉄骨や重量鉄骨で構築物をつくる場合、部材の接合部をピン接合で締めると不安定になりますが、トラスを取り入れることで、構造の安定度が高くなります。

また、コストも安いことから、体育館や大規模なホールなどの皆さんの目に付くところに使用されています。

トラスは大きな空間になるほど、その背の高さが大きくなるため、一般には階の高さに影響を与えない屋根に使用されることが大半です。

また、ラーメン構造の上にトラス構造の屋根を乗せるといった、２つ以上の構造形式が複合された構造のものも少なくありません。

一方、複雑でメカニカルな形態を活かし、小規模な階段に細い鋼材を使用して、スタイリッシュさを出すなど、デザイン面でも

いろいろなトラス構造

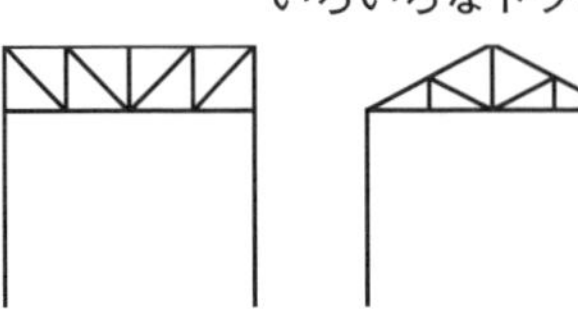

プラットトラス

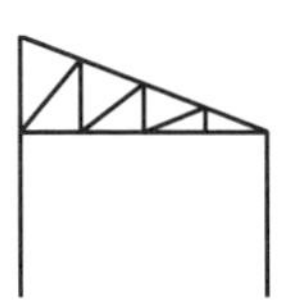

キングポストトラス

片流れトラス

Coffee Break

トラス　トラスも筋交いと同じ構造的意味で、三角形を基本にして組んだ構造です。「Truss」は、もともと、「しばりつける」というような意味で、工学用語としては、縦枠に斜めのつっかい棒が入った形を示します。トラス構造は、橋などがわかりやすいですが、造船所などの大型クレーンのアームも斜め部材がひしめきあったトラス構造です。皆さんも、物が落ちそうなときは斜めのつっかい棒で支えますよね。斜めにすることで、縦と横に力を分散しているのです。

活用されています。

Q マンションなどが**重量鉄骨**でつくられているのをよく見ますが、何工法といえばよいのですか？

A 正式には**重量鉄骨ラーメン工法**という呼び名になりますが、重量鉄骨造のマンションと呼べばよいでしょう。

鉄骨の柱と梁を剛接合して全体が構成された**ラーメン構造**で、中高層の建物に採用されます。

ブレース構造やトラス構造のような斜めの部材はありません。

屋根を受ける梁が屋根の傾斜に沿って山形になっている場合は**山形ラーメン**と呼びます。

Q **重量鉄骨ラーメン工法の建物は、どのようにつくられているのですか？**

A 柱は角形鋼管（丸形鋼管の場合もあります）でつくられるのが一般的で、ダイヤフラムと呼ばれる応力伝達を補う鋼板を、梁と柱の一部に工場で組み合わせて溶接したものが現場に運び込まれます。

3階建て程度なら1本の通し柱で搬入され、それ以上だと長くて運べないため、2階〜3階分に分割して搬入して柱同士を溶接して一体化します。

この通し柱の重量はかなりあるため、大きなクレーン車で所定の位置に設置します。柱には梁の一部が付いていますので、残りの梁と多くのボルトで剛接合して全体を組み上げます。☞

Q **軽量鉄骨造で注意しなければならない点は何ですか？**

A 前にも触れましたが、鉄骨造は、鋼材を工場で加工するため品質が安定していることと、現場では工場で組み立てられたユニットをボルトで接合するだけですので工期が非常に短いことが長所として挙げられます。

また、**軽量鉄骨**の梁は、木造在来工法において2間（3・6m）以上の空間を求める場合に、木の梁の代わりによく採用されます。

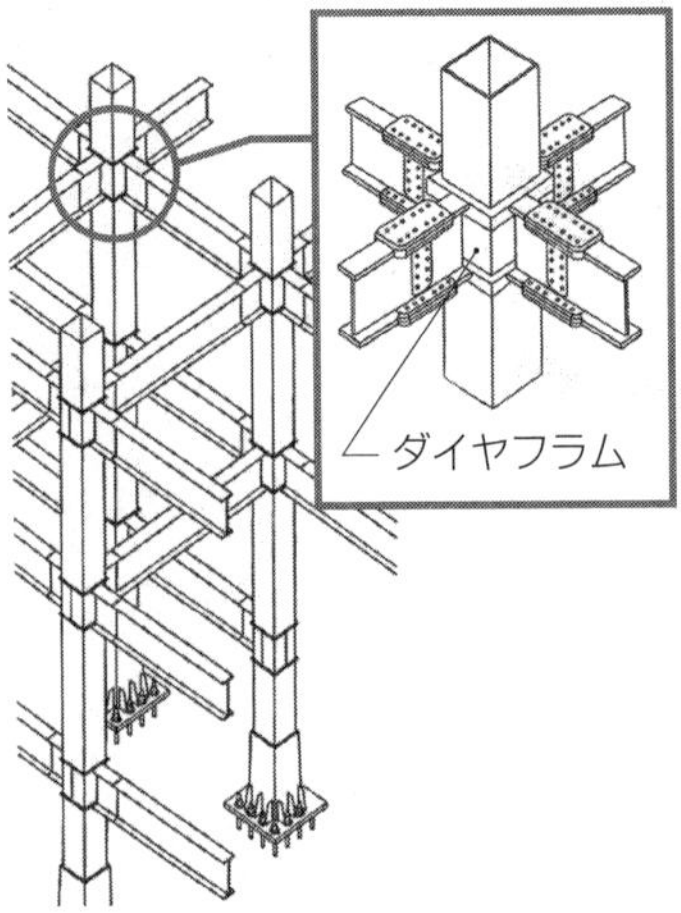

これは、軽量鉄骨が軽い割には強度が高いためです。

一方、一旦錆（さ）びてしまうと強度が一気に落ちる点が短所です。

そのため、**防錆**（ぼうせい）や**結露**（けつろ）対策が重要になります。

軽量鉄骨造の構造体は、工場であらかじめ**防錆処理**（防錆加工やメッキ処理）された状

営業トーク

重量鉄骨なので頑丈なうえ、内部も構造壁がないので自由に空間が活用できます。

態で現場に搬入されますが、施工時に何かにぶつかり表面が削られると、その傷が錆の原因となります。

そのため、そうしたケースでは、上棟（じょうとう）時に全体を調査して傷部分に防錆塗料で補修する等の対応が必要です。

結露は、換気設備の導入や通気加工を行えば、だいぶ軽減されます。

また、鉄骨は熱にも弱く、550℃程度で急激に強度が失われ変形することから、消火に時間がかかると、一気に建物が倒壊する危険性を持っているため、防火性能に注意が必要です。

しかし、鉄骨は木造やコンクリートと異なり、それ自体は劣化しないため、錆びない限り半永久的に建物を維持することができます。

フッ素系やアクリルシリコン系の仕上げ用塗料には15年～20年程度の耐候性がありますので、鋼材が表面に出ている部分、たとえば**雨がかり**の場所でも、そうした仕上げ用の塗料の使用を工事会社に指定すれば、長期間メンテナンスの必要がほぼなくなります。

Q　重量鉄骨造で注意しなければならない点は何ですか？

A　商品に合ったグレードの製作工場に発注するのが安心です。

鋼材の厚さが6㎜を境に**重量鉄骨**と**軽量鉄骨**に分けられますが、鋼材を扱う業者も大きく異なります。

営業トーク

結露による錆を防ぐため、鉛系の強力な防錆塗料やメッキ処理を施していますから、メンテナンスコストが抑えられます。

木造の梁の一部に使用する場合などは工務店や大工さんクラスでも可能ですが、建物の全てが鉄骨造となると、鉄骨専門の工場でないと扱えません。

鉄骨の専門工場は、次ページの表のように、扱う鋼材の厚さや建物の規模によりJグレード〜Sグレードの5段階で国土交通大臣が認定しています。

では、どのグレードの工場を設計事務所などが指定するかといえば、一般的には軽量鉄骨を扱うならJグレード、4階建て程度ならRグレード、工場など少し大きめの建物ならMグレード、高層ビルや1万㎡を超えるような建物ならHグレード以上とされています。

営業トーク

国土交通大臣認定の工場で徹底した管理のもと、完成された鉄骨のユニットを使用しています。

Q それでは、グレードの高い工場に出せばより安全だと思いますが、どうなのでしょうか?

A しかし、たとえば3階建てのアパートをMグレードの工場で発注するなど、単純にグレードの高い工場を指定すれば良い製品ができるかというと、そうではありません。

かけ離れたグレードの工場に出すと、下請けに出されてしまう可能性が大きくなるからです。

以前に私の事務所で設計した3階建ての小さな建物で、設計図での指定はRグレード以上だったのですが、建設会社は一ランク上のMグレードの工場を使うことになりました。

そして、鉄骨の加工、溶接を終え、**超音波探傷**(たんしょう)**試験**を行ったところ、全箇所欠陥の報

鉄骨製作工場のグレード区分と適用範囲

グレード区分 / 適用範囲	Jグレード	Rグレード	Mグレード	Hグレード	Sグレード
建物規模	3階以下	5階以下	制限なし	制限なし	制限なし
延床面積	500㎡以下	3,000㎡以下	制限なし	制限なし	制限なし
建物高さ	13m以下 (軒高10m以下)	20m以下	制限なし	制限なし	制限なし
鋼材種類	400N	490Nまで	490Nまで	520Nまで	制限なし
鋼材板厚	16㎜以下	25㎜以下	40㎜以下	60㎜以下	制限なし
通しダイヤフラム	490Nまで 22㎜以下	32㎜以下	50㎜以下	70㎜以下	制限なし
ベースプレート	490Nまで 50㎜以下	50㎜以下	制限なし	制限なし	制限なし

告が上がり、結果的にはつくり直しになってしまいました。

検査会社の担当者によれば、故意に手を抜いて欠陥をつくったのではなく、普段から正確な溶接の方法で行っていなかったからではないかということでした。

実際の溶接を行っていたのは下請けの工場だったことが後から判明しました。

街でよく見かける小規模の鉄工所は認定工場でないところも少なくなく、鉄骨階段や手摺(てすり)など構造躯体でなく細かく面倒な作業が多い部位をつくっています。

Q　重量鉄骨造は溶接がしっかりしていなければならないのは素人目にもわかるのですが、しっか

Coffee Break

溶接の欠陥は修正が難しい　検査の結果、万一、溶接個所に欠陥があった場合は、「ガウジング」といって、通常の溶接のときに出る光る熱線（アーク）でその溶融した溶接部分を圧縮空気で連続的に吹きとばします。一部分だけの欠陥だとガウジングの後に再溶接すれば良いのですが、鉄は熱により変形してしまうので、溶接部分が多岐に渡ったり、長いと全体が変形してしまうため、つくり直しになってしまいます。

りしているかどうかはどうすればわかりますか？

A その通りです。**溶接**部分が重量鉄骨造の要なのです。

では、なぜそのような欠陥が起きたのでしょうか。

法的には、第三者の検査会社（溶接工場とは関係のない会社）による**探傷試験**が義務付けられていますが、第三者といっても鉄骨工場がよく使用している検査会社を使うことが多く、その検査費も鉄骨工場が支払っているケースがほとんどなのです。

私の事務所では、設計図面の中で試験会社を指定しています。

それだからこそ、前述のような欠陥が判明したのです。

裏を返せば、前述の工場からは、これまでも甘い試験で相当な数の建物が世に送られてきたことを意味します。

1995年1月の阪神・淡路大震災で崩壊した建物のうち、新耐震基準（1981年）以降の建物で修復が不可能なくらいに崩壊した建物が鉄筋コンクリート造では5％でしたが、鉄骨造では32％もあったという報告があります。

その現状から、同年10月には耐震基準が作成され、鉄骨造については溶接の品質確保のための管理と検査の徹底が記載されたのです。

Q それでは、安心できる鉄骨躯体にするには具体的にはどうしたらよいのでしょうか？

営業トーク

鉄骨工場とは無縁のCIW認定の検査会社による徹底した検査を実施しています。

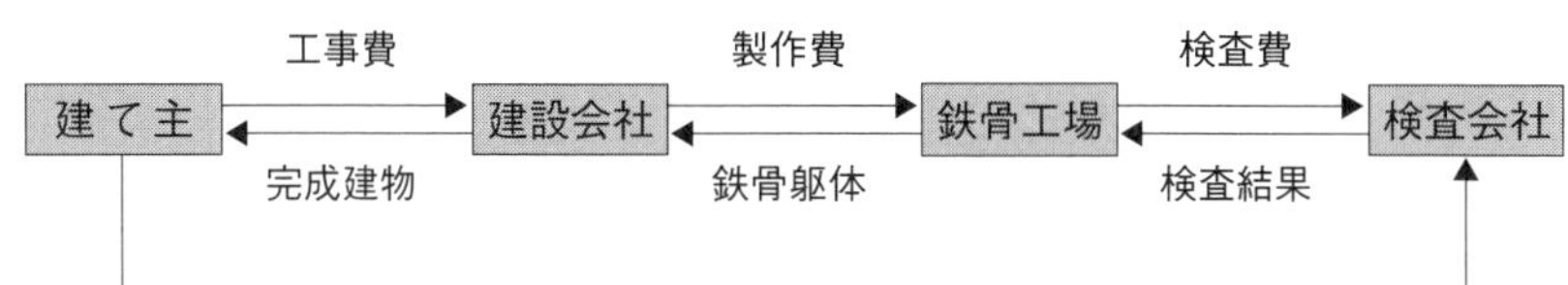

CIW認定の検査会社を指定するのが良い方法

A

現実には、第三者といっても、鉄骨工場が懇意にしている検査会社を使用しているケースが多く、前述のように、その検査費も鉄骨工場が支払っているケースがほとんどで、検査内容の客観性・厳密性が危ぶまれます。

そのため、建て主側で検査会社を指定することも有効な手段であるといえます。

一般社団法人日本溶接協会が、高い水準の技術者がいる検査会社に「溶接構造物非破壊検査事業者技術認定」（CIW）を付与していますので、そうした会社をインターネットなどで選ぶとよいでしょう。

建て主が検査会社を指定するのが、問題のない鉄骨造をつくるのに最適な方策だと思います。

諸外国では、**インスペクター**（Inspector）をはじめとする第三者（対象とする工事に携わる建設会社や設計事務所と関連のない者）の機関が検査を行うのが通常ですが、我が国では第三者といわれる会社が入ったとしても、お金の流れがそうなっていないため、正しい第三者とはいえないのが問題視されています。

Coffee Break

インスペクター　建物の状況を検査・調査するための専門的な知識・技能を有すると認められた者をインスペクターといいます。英語では「Inspector」といい、建物の検査・調査を行う者に限定せず、広く“検査官”を意味しています。インスペクターは、建物の劣化状況や欠陥の有無、改修すべき箇所やその時期、おおよその費用などを見きわめ、アドバイスを行います。日本でも、既存住宅の状況調査を取引時に知らせることが義務化されましたが、その際に調査する資格者を「既存住宅状況調査技術者」（ホームインスペクター）といいます。

Q　鉄骨造は鉄ですから錆びやすいと思いますが、雨に濡れなければ大丈夫でしょうか？

A　鉄骨造はコンクリート造や木造と違い劣化しないため、錆びない限りは半永久的な構造物です。

そのため、錆びないような工夫が必要になります。

水がつかないようにするのはもとより、軽量鉄骨造と同様、結露しないように断熱を十分に行います。

もし水分がついたとしても、メッキ処理がされていたり、強力な**防錆塗料**が塗ってあれば安心です。

昔は鉛丹（えんたん）といって、朱色の錆止め塗料がグレードの高い塗料でしたが、鉛が入っていてよくないということになり、現在ではグレーのエポキシ系の錆止め塗料が主力です。

小さい建物では海老茶（えびちゃ）の塗料がよく使用されていますが、低グレードです。

外部にそのまま使用される鉄骨階段は、**ドブ漬け**といって亜鉛（あえん）メッキをされたものが一番です。

建設現場で銀色に鈍く光っている鉄骨階段を見かけますが、完成時には塗装されていることも多くわかりにくいと思います。

そのような**雨がかり**の場所の鉄骨階段や手すりの仕上げには、フッ素系やアクリルシリコン系の塗料を塗っておけば15年～20年程度の耐候性（たいこうせい）があります。

Coffee Break

現場溶接　柱と梁、梁と梁はボルトでつないでいるのをよく現場で見るでしょう。しかし、柱同士をボルトでつないでいるのを見ることは少ないと思います。少ないというのは、鉄骨を建てた当初は鉄の板を介してボルトでつなぎますが、その後は現場で**溶接**しているのです。溶接した後にボルトなどの付属物は出っ張るため邪魔なので撤去します。現場溶接は工場溶接と違い技術も高度で、風があるとできなく、デリケートな作業です。

❹ コンクリート造の仕組みと工法

Q 鉄筋コンクリート造の仕組みについて教えてください。

A 「鉄筋コンクリート造」の性能が高いといわれるのはなぜでしょうか。

鉄筋は圧縮の力に弱く、引っ張りの力に強いのですが、コンクリートはその反対の性質を持っています。

そこで、お互いの短所を補い合う形で生まれた工法が**鉄筋コンクリート造**（RC造（Reinforced Concrete Consturction））です。

次ページの図で説明しますと、**コンクリート**の角柱を横において真ん中に力を加えていきます。

力が大きくなり限界に達すると、コンクリートは折れてしまいます。

コンクリートが折れるのは、下側が引っ張られ限界に達して割れてしまうからです。

コンクリートは圧縮（押される力）には強いのですが、引っ張り力にはそれほど強くはないのです。

そこで、コンクリートでできた柱や梁の中に、引っ張り力に抵抗できる**鉄筋**を入れるこ

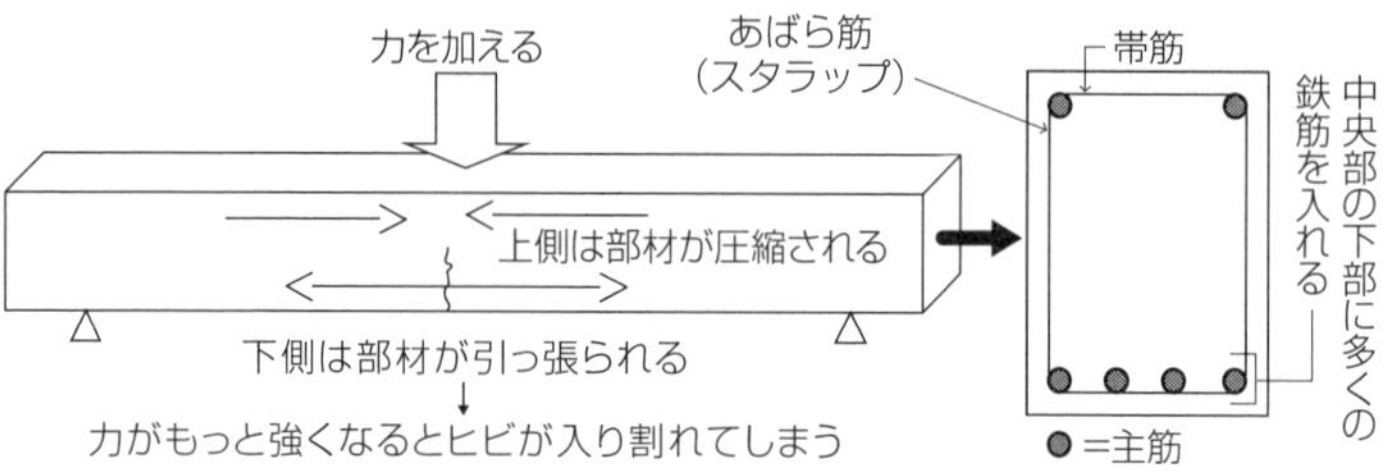

力を加える
あばら筋（スタラップ）
帯筋
上側は部材が圧縮される
下側は部材が引っ張られる
↓
力がもっと強くなるとヒビが入り割れてしまう
中央部の下部に多くの鉄筋を入れる
●＝主筋

とで、柱や梁が割れるのを防ぐことができます。

それが鉄筋コンクリート造なのです。

柱間隔（スパン）が大きくなるほど、梁の下側の引っ張り力は大きくなるため、鉄筋の本数は多くなります。

Q　鉄筋コンクリート造で太い鉄筋が入っている理由はわかりましたが、周りに巻かれている細い鉄筋は何でしょうか？

A　太い鉄筋（**主筋**）の周りに巻かれている鉄筋のうち、柱に使用されているのは**帯筋**（**フープ**）といい、梁に使用されているのは**あばら筋**（**スタラップ**）といいます。

周りに巻かれている**鉄筋**は主筋を保持するためと、**せん断力**（逆向きの2つの力を平行にかけたときに部材内部や断面に滑りやズレを生じさせる力をいいます。はさみの切る力や、地震で断層を生じさせる力もこれに当たります）に抵抗させるためです。

樽のタガと思っていただければよいでしょう。

樽を上から押しつぶそうと思ってもタガが多ければ丈夫です。

タコ糸で巻かれたハムも同様で、やわらかいハムがタコ糸で

Coffee Break

ＲＣ造の床性能は飛び跳ねて検証する⁉

ＲＣ造で上階からの音問題が起きることがあります。スプーンを床に落としたときのような高い音はＲＣ造ではあまり問題になりませんが、ドシンドシンという音はコンクリートの床厚が薄いか小梁が少ない場合に振動して、下の階に響いてしまいます。フローリングの床が貼ってあるとわかりにくいのですが、リフォームでコンクリートがむき出しになったときに飛び跳ねてみると、性能の悪い床はボーンという振動がするのですぐにわかります。

巻かれると固くなっているのがわかると思います。

それと同じ理由で、この間隔が狭いほど柱や梁は頑丈だといえます。

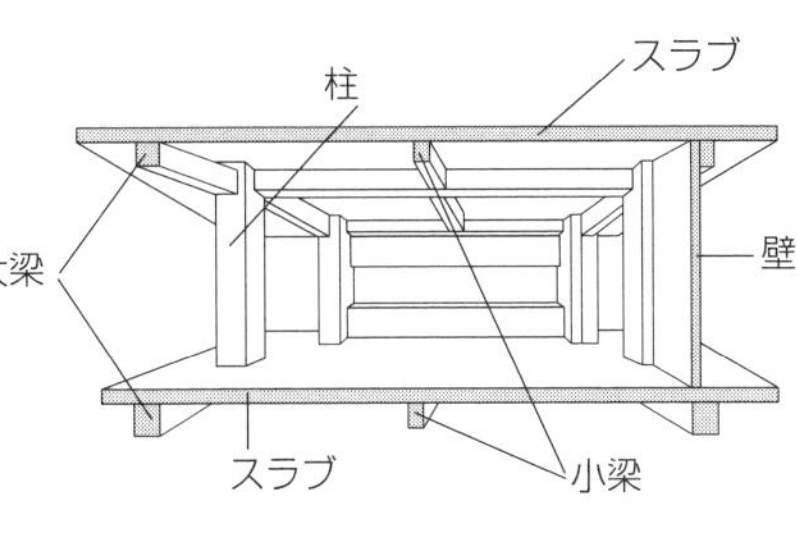

Q **コンクリート造には、柱や梁以外にもいろいろな名称がありますが、場所ごとの名称を教えてください。**

A コンクリート造だけでなく建物一般には上図のような名称がつけられていますので覚えておきましょう。

鉄筋コンクリート造では、構造床や天井などのことを**スラブ**といいます。

鉄骨造でも鉄骨でつくられたデッキプレートの上にコンクリートを打つことが少なくありませんが、これも「スラブ」といいます。

一般的な梁は「大梁（おおばり）」と呼ばれ、柱と柱をつなぐ横架材ですが、大梁と大梁に囲われた面積が大きいとスラブがたわんだり振動するため、大梁と大梁の間に小梁を設けてスラブの面積を小割にします。

また、スラブの一部を下げたりする場合も使用します。

Q **鉄筋コンクリート造の特徴は何でしょうか？**

Coffee Break

梁のない鉄筋コンクリート造って !?

鉄筋コンクリート造の全てに梁があるとは限りません。フラットスラブといって、柱とスラブがつながっている構造形式があります。フラットスラブはスラブと柱が接合される部分に補強が施されています。フラットスラブには梁がないため、地震力はもちろん、長期荷重ですら簡単に計算できません。通常のラーメン構造と比べると、慎重な設計が求められるのですが、海外では慎重でないためかよく見受けられますので、海外旅行にいったときに工事現場で見ることができます。

A 鉄筋コンクリート造（**RC造**）は、主に低・中層（8階程度）の建物に多く採用されていますが、現在では強度の高いコンクリートを使用することで高層建築も可能です。

火や水に弱い鉄筋をコンクリートが内包していることから、耐火性や耐水性にも優れています。

コンクリートは流動性に富んでいるため、固まるまでの養生期間や、型枠・鉄筋の加工が必要になるなど、鉄骨造より工期や工事費用がかかるのが一般的ですが、型枠を加工することにより様々な形に建物をつくることができます。

しかし、基本的には、現場施工による手作業が多く、材料の管理や施工の良否により建物の品質と強度にばらつきが出やすいのです。

そこで、柱や梁などの専用工場で製作された**プレキャストコンクリート**（PC：Precast Concrete）を使用する方法もあります。

工期を短縮し、品質を安定化できるため、高層マンションで多く利用されています。

Q **高層の建物では鉄骨鉄筋コンクリート造という構造がありますが、鉄筋コンクリート造との違いについて教えてください。**

RC造も、柱間隔や階数が多くなると、鉄筋の本数を増やしただけでは、引っ張り力に対応しきれなくなります。

営業トーク

鉄筋コンクリート造は、鉄骨造と比べて火に強く、維持管理が簡単で、耐久性にも優れています。

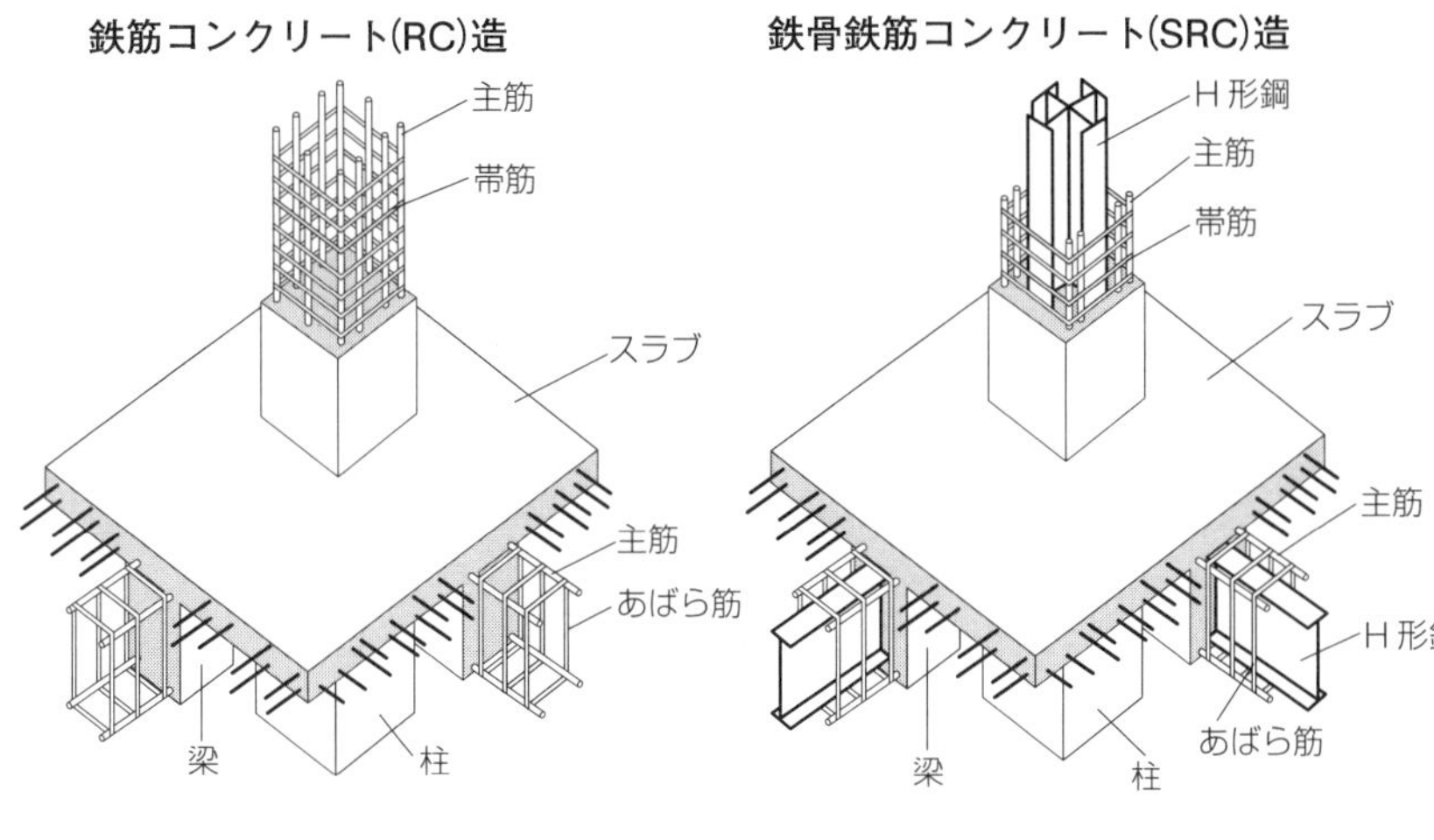

そこで、鉄骨に主な強度を持たせ、鉄骨を取り巻くように鉄筋を配置し、型枠で囲み、コンクリートを流し込んで一体化した構造形式が**鉄骨鉄筋コンクリート造**（SRC：Steel Reinforced Concrete）です。

大まかな特徴はＲＣ造と同じです。**ＳＲＣ造**は、比較的小さな断面で丈夫な骨組みをつくることができ、鉄骨の特性である高い**じん性**（物質のねばり強さ）があることから、耐震性に優れ、８階建て〜15階建て程度の高層建物に多く利用されています。

柱間隔（**スパン**）は８ｍ〜12ｍが一般的で、ＲＣ造では対応しきれないような大きな空間を持った建物に適しています。

工期は、鉄骨を組み上げた後、鉄筋の工事が始まることから、ＲＣ造よりさらに長くなります。

高層建築に適している鉄骨造と比べてコ

ンクリートとの複合体のため振動が少なく、遮音性に優れているため高層建物の中でも居住用建物に向いているといえます。

しかし、施工の難易度が高く、鉄筋と配筋の取り合いやコンクリートの打設が非常に難しいのも、この構造の特徴です。

SRC造の工事費は鉄骨部分が含まれるためRC造より高く、解体もRC造以上にしにくいのも特徴です。

> **営業トーク**
> SRC造は高層建物でも振動が少なく、遮音性に優れ、強風や地震時にもRC造より揺れが少ない特徴があります。

Q 鉄筋コンクリート造で注意する点は何ですか？

A 鉄筋コンクリート造は、前述したように、コンクリートの中に鉄筋が挿入されたものです。

鉄筋は鉄骨造と同様に錆びなければ何千年でも劣化しませんが、コンクリートは時とともに劣化していきます。

これらを踏まえると、鉄筋を錆びないようにすること、コンクリートを劣化しにくくすること、この2点が保持できていれば、コンクリート構造は長期間、構造物として存在し続けることができるのです。

鉄は錆びると、体積の約2・5倍にまで膨張します。

もし、コンクリートに挿入された鉄筋が錆びれば、その膨張圧によりコンクリートにヒビ割れが生じ、そこから酸素や水分が侵入し、さらに錆が進行し、膨張することから、コンクリートとの一体性が損なわれます。

さらに錆が進行すると、コンクリートが剥がれ落ちてしまいます。

これを**ポップアウト現象**といいます。

そうすると、鉄筋コンクリートとしての耐力が失われますので、崩壊の第一歩につながります。

対象部分	かぶり厚さ
基礎（ただし、布基礎立ち上がり部分を除く）	60㎜以上
土に接する壁・柱・床・梁・布基礎立ち上がり部分	40㎜以上
耐力壁・柱・梁	30㎜以上
耐力壁以外の壁・床	20㎜以上

Q **鉄筋が錆びないようにする方策は何ですか？**

A **鉄筋**が錆びないようにするには、鉄筋外部から保護しているコンクリートの厚さ（**かぶり厚さ**といいます）の扱いが重要です。

鉄筋コンクリート造では、かぶり厚さといって、コンクリートの表面から鉄筋の表面までの距離（次ページの右図のaの部分）が建築基準法で決められています。

かぶり厚さを規定しているのは、「鉄筋を火災から守るため」、「コンクリートと構造的に一体化させるため」、「鉄筋を錆びさせないため」の3つの理由からです。

次ページの図のように、鉄筋はかぶり厚さという一定の厚さのコンクリートにより保護されて埋め込まれています。

建築基準法では、前ページの表のように、梁・柱・耐力壁は40㎜以上（最小30㎜）、地中の梁（基礎梁）は70㎜以上（最小60㎜）、スラブ・一般壁は30㎜以上（最小20㎜）となっています。

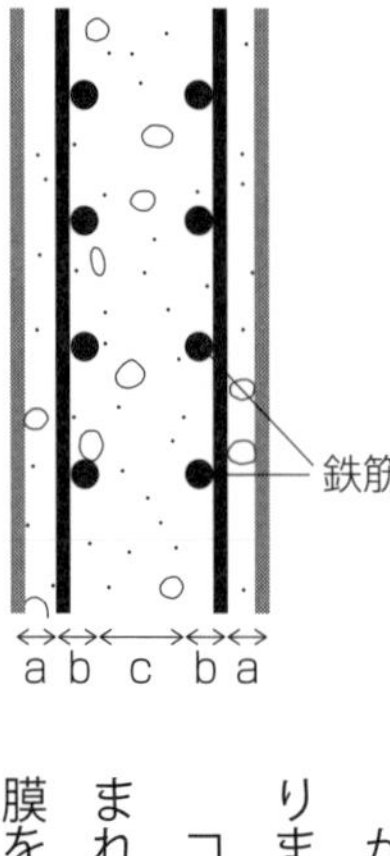

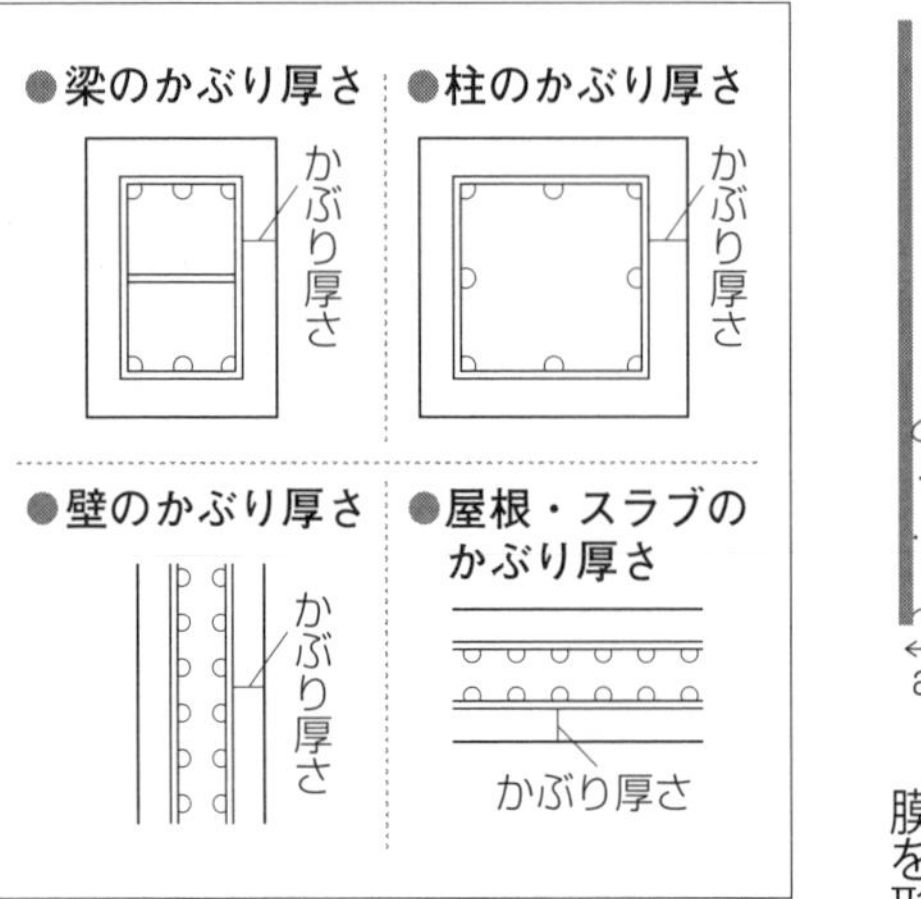

かぶり厚さを厚くするのには、もう一つの理由があります。

コンクリートは強いアルカリ性で、その中に埋め込まれている鉄筋は表面に「不動態皮膜」と呼ばれる皮膜を形成し、鉄筋を腐食や錆から保護しているのです。

ところが、時間とともにコンクリートが**中性化**していく（65年で30㎜進むといわれており、中性化深さはX㎜＝√経過年数／7・2という計算式が使用されます）ため、保護機能が低下するのです。

かぶり厚さを規定の30㎜から40㎜にするだけで、計算上は鉄筋までの中性化は65年から115年にまで長くなるのです。

コンクリート自体は中性化したからといって強度が低下するわけではありませんが、中性化により鉄筋が錆びやすくなるため、かぶり厚さをとっているのです。

かぶり厚さはコンクリート造の耐久性と関連するため、長期優良住宅の認定基準では、かぶり厚さを基準より10㎜多く取ることになっています。

厚ければ、それだけ耐用期間が長くなるといえるのです。

しかし、やみくもに厚ければいいというわけではありません。

鉄筋が入っていないコンクリートにヒビが入りやすいのと同様、厚みが出ればその分鉄筋がない部分のコンクリート体積が増えますので、ヒビが入りやすくなるからです。

また、前ページの図のcの寸法は砂利が入る25㎜以上あればいいのですが、ここに開口部の補強筋が挿入されるため、55㎜以上は必要になります。

そうなると、外壁は180㎜以上が妥当で、それ以下だと、窓の周りでよく見かけるヒビ割れを生じさせることになりかねないため注意が必要です。

Q **かぶり厚さを厚くすれば、コンクリートの寿命が長くなるのはわかりましたが、コンクリートが厚いと高額になるのではないでしょうか？**

A コンクリートの壁や床を10㎜厚くすると、面積が1㎡につき0・01㎥のコンクリートが増えます。コンクリートの価格は1㎥で1万円～1万5000円ですから、0・01㎥では100円～150円ほどです。

施工手間や鉄筋が増える分を加えても、せいぜい200円～300円です。50㎜厚くなっても、1㎥につき1000円～1500円アップする程度です。

営業トーク

当社の鉄筋コンクリートは、鉄筋のかぶり厚さを長期優良住宅の基準と同じように10㎜多く取っていますので、耐久性が抜群です。

たとえば、遮音効果を高めるために、一般的な床の厚みである180㎜を、50㎜アップの230㎜にしたとしても、坪単価で考えれば、施工会社の経費や利益を入れて坪7000円のアップにすぎません。

30坪のマンションなら20万円くらいですから、工事費は思ったほど高くなりません。

Q **マンションの広告を見ると、コンクリートの壁や床が厚いことが強調されていることがありますが、厚いと性能が高いのでしょうか？**

A **コンクリート**の壁や床が厚いと、耐震性だけでなく、遮音（しゃおん）や防振（ぼうしん）効果が高まります。

1981年の新耐震基準以前の建物では、鉄筋コンクリート造の壁や床の厚みは120㎜程度でつくられていました。

近年では、分譲マンションの折込みチラシなどで、「壁厚180㎜」、「床スラブ厚200㎜」と、コンクリートの厚さを明確に表示し、耐震性や遮音効果の高さを強調しているのをよく見かけると思います。

一方、1995年の阪神・淡路大震災が起きる前、すなわち25年以前は、床や壁の厚さが150㎜程度の物件が少なくありませんでした。

コンクリートが厚くないからといって、建築基準法に違反するわけではありませんが、素人的に考えると、構造体が厚いほうが丈夫で性能も良さそうに見えますよね。

特に、阪神・淡路大震災後は、消費者が建物の品質に敏感になったため、多少高価格で

Coffee Break

建築の鉄骨のメッキ

皆さんもメッキはご存知でしょうが、建物の鉄骨のメッキはどうするのでしょうか。建物の鉄骨のような大きなものは溶融亜鉛メッキといい、鋼材の防錆処理の一種です。現場では正式名称はあまり使われず、メッキ槽に浸ける様子から、俗に**ドブ漬け**や**テンプラ**などと呼ばれています。身の回りにある一般的な製品は電気メッキですが、溶融亜鉛メッキでは、メッキ厚が構造物で75μm～125μmと一般的なブリキ板の8μm～20μmよりもかなり厚く耐久性が高いのが特徴です。

も品質面が重視されるようになりました。

ちなみに、マンションで戸境壁や床を厚くすると、遮音効果や床の防振効果が高まり大きなメリットになります。

Q　それでは、コンクリートの厚さによって鉄筋コンクリート造の建物の品質の良さが決まってしまうのでしょうか？

A　コンクリートが厚いからといって、耐震性が高いとは一概には言えません。

壁が厚いと建物が重くなるため、耐震的には不利となり、柱・梁・基礎・杭のサイズや鉄筋を多くする必要があります。

そのため、品質面と耐震面とのバランスが重要となり、構造設計者の能力によるところが大きくなるのです。

また、コンクリートの壁の中には鉄筋が挿入されていますが、耐力壁と呼ばれる地震力に対抗する壁には、鉄筋がより多く入っています。

鉄筋が多いと、コンクリートを十分に充填するために、鉄筋同士の間隔や型枠との隙間に余裕がなければなりません。

というのも、余裕がないと鉄筋コンクリートの中の砂利（一般的には大きさが25㎜以下）が挟まってしまい、そのせいでコンクリートが上手く流れず、**ジャンカ**（隙間ができて強度が下がり脆くなっている状態をいいます）という欠陥になってしまうからです。

そのため、鉄筋同士や型枠との間に余裕があるコンクリート造のほうが性能は高いとい

Coffee Break

ＰＣ部材もジョイント部分は現場施工

最近の超高層マンションの多くは、高強度コンクリートを使用したＰＣ（プレキャストコンクリート）を使用しています。工場生産ですから、性能は確かなものです。ＰＣ同士を接合して建物をつくるのですが、接合部分は現場施工が大部分です。接合部分も高強度コンクリートですが、そこが工場生産のＰＣと同じ性能で施工できているのか。一応問題なく施工できていることになっていますが、少々疑問が残ります。

えるのです。

単に、「コンクリートが厚いから丈夫」というのではなく、「コンクリートが厚いと何が良いのか」を具体的に説明できれば、お客さまからの信頼度がアップするのではないでしょうか。

営業トーク

当社の建物は、床や壁のコンクリートの厚みを十分に取っていますので、耐用年数が長いのはもちろん、防火性能や遮音性能に優れています。

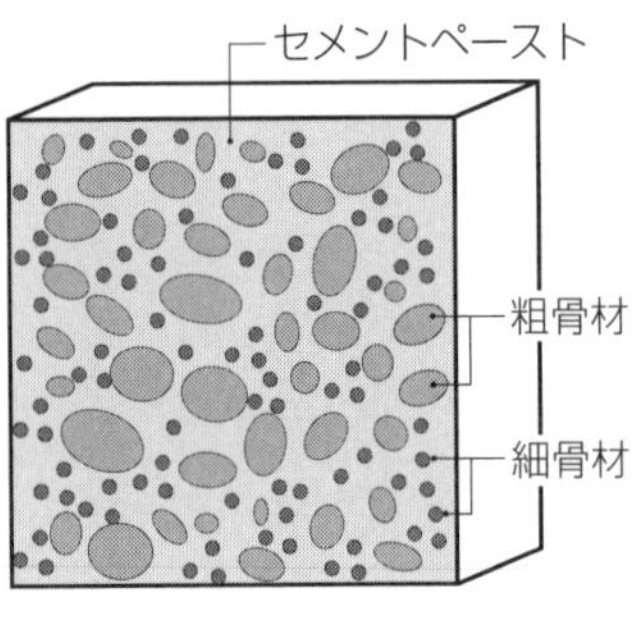

Q **コンクリートにもいろいろな強度があると聞きましたが、強度はどのようにして変わるのでしょうか？**

A 最近では、RC造の高層マンションに**高強度コンクリート**という強度の高いコンクリートが使用されるケースが多くなりました。

ですが、高強度コンクリートだからといって、特別なものではありません。

そもそも、コンクリートは、「セメント＋砂（細骨材）＋砂利（粗骨材）」を一定の割合（おおまかにいうと体積比で1：3：6）のもと、水で混合したものです。

砂利の間のセメントと水が混ざってペースト状態になったものを「セメントペースト」といいます。

単純にセメントが多くなれば強度が増し、高強度コンクリートになります。

しかし、強度が上がる分コンクリートの価格はアップしますし、セメントが多くなるにつれて、水との水和反応による発熱量が多くなるため、乾燥・収縮によるヒビ割れが生じやすくなります。

そのため、コンクリート打設後に水をかけるなどの養生を十分に行い、急激な硬化を抑制することが重要になることから、品質管理が非常に難しいのです。

そこで、RC造のマンションのなかでも、超高層の建物では、工場で前もって柱や梁をつくるプレキャストコンクリート（PC）を採用しているケースが多いのです。

骨材に軽石（かるいし）や軽量人工骨材を使用したものは**軽量コンクリート**と呼ばれ、一般のコンクリートの比重2・4（水の2・4倍）に比べ、1・5〜1・9とかなり軽いものとなっています。

また、よく見かける**ALC板**（エーエルシー）は、**軽量気泡（きほう）コンクリート**といい、空気を大量に含むことから、比重が0・6と水に浮くほど軽量です。

ALC板自体は、外壁や間仕切り壁としての強度はありますが、構造体として建物を形成するほどの強度はありませんので、鉄骨造などの外壁としてよく使用されています。

営業トーク

構造体はプレキャストコンクリートですが、床・壁・屋根材にALC板を採用することで、工期や費用を圧縮しています。

Q **セメントについてはわかりましたが、砂や砂利はどれも同じなのでしょうか？**

A **骨材**（こつざい）に使用されている砂や砂利（じゃり）にも十分な注意が必要です。

まず、砂について説明します。

コンクリートにとって理想的な砂は、**川砂**（かわすな）です。

しかし、大きな川が少ない近畿より西では、その入手は難しいのです。

そこで思いつくのが**海砂**(うみすな)です。

特に日本は海に囲まれていますので、砂浜には事欠きません。

しかし、海砂は、多量の塩分を含んでいます。

塩分そのものがコンクリートに悪影響を及ぼすことはありませんが、鉄筋には致命的なダメージを与えます。

海砂を利用する場合には、十分な水洗いを行わなければならない規定になっていますが、建築ブームのような需要過多の時代には水洗いが十分でないケースがあったようです。

阪神・淡路大震災での高速道路の崩壊や、山陽新幹線のトンネルのコンクリート剥落事故などは、洗いが不十分な海砂使用が原因の一つともいわれています。

近年では、川砂はもとより海砂も採取禁止になり、山砂(やますな)や砕砂(さいさ)が中心になっています。

また、最近では、環境保全のためコンクリートの再生技術も高まり、再生骨材の使用も視野に入ってきています。

次に、**砂利**に関してですが、大きな石を機械で砕いた砕石(さいせき)が中心に使用されています。

その石も、様々な成分から成り立っています。

その中で、たまたまアルカリ水溶液と化学反応を起こす「反応性シリカ」と呼ばれる成分が含まれている場合は、セメントと化学反応を起こし、コンクリートが膨張し、ヒビ割れを起こしてしまいます。

そのため、前もって骨材のアルカリシリカ反応性試験を行い、無害と確認された骨材を使用するのです。

そのため、コンクリートは**アルカリ骨材反応試験**に合格している骨材を使用しているかどうかの確認は必須事項です。

Q 最後に水について教えてください。水の量と品質には関係性があるのですか？

A コンクリートの品質は、水の量で決まるといっても過言ではありません。品質の良いコンクリートは、**水セメント比**が重要なのです。

水セメント比とは、コンクリート中のセメント重量に対する水重量の比率です。

コンクリートの品質は、「ヒビ割れが起きにくい」、「劣化が進行しない」ことが重要です。

品質を高めるには、

①「水セメント比」を低くする。

②打設をしっかりと行う。

③養生期間を十分に取る。

の3点が重要です。

水セメント比と圧縮強度の関係図

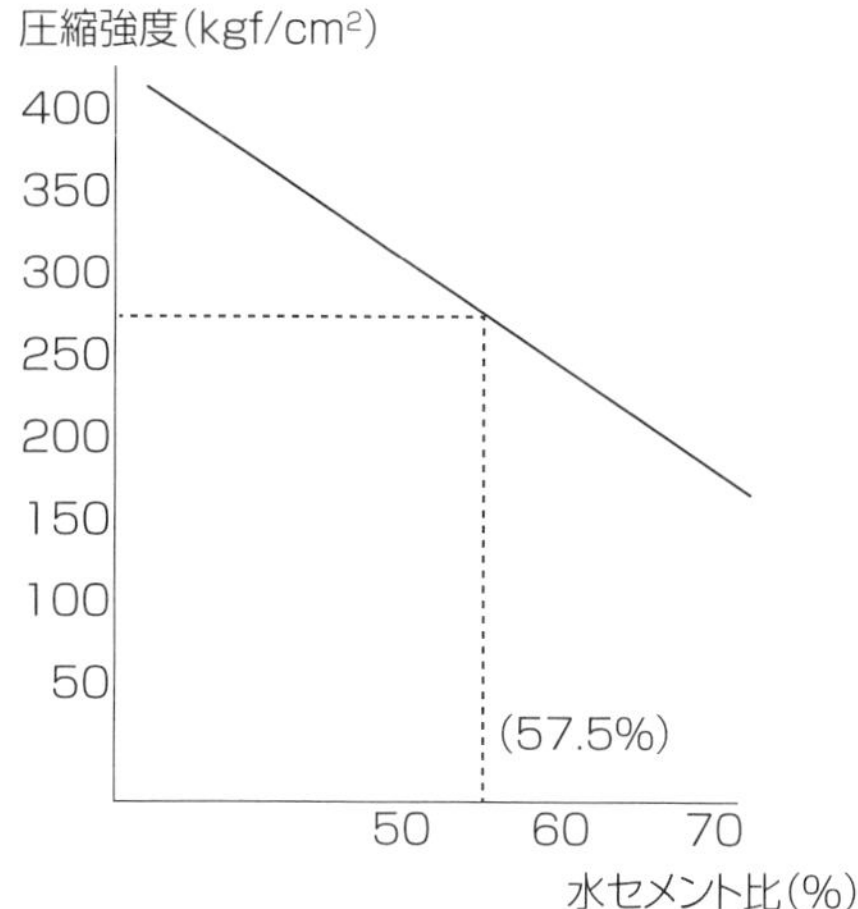

営業トーク

当社では、品質が良く、十分に管理された砂利や砂を使用しています。

コンクリートでは、硬化するための必要最低限の水以外は、遊離水として粗骨材や鉄筋の下などに溜まり、それが蒸発すると空隙ができます。

扱いやすさ重視で水を多くすると、空隙がヒビ割れの原因となり、耐久性が落ちます。

ただ、この遊離水が少なすぎると流動性がなくなり、セメントと砂利が分離したジャンカ状態が生じやすく、鉄筋との一体性が損なわれます。

万が一ジャンカが発生してしまうと、非常に脆くなり、耐久性が最低レベルのコンクリートになってしまいますので、水のバランスは非常に重要なのです。

Q 水の量はどのようにして測っているのですか？

A 現場の打設前に、**スランプ試験**というものを行います。

メガホンを大きくしたような「スランプコーン」にコンクリートを流し込んで、突き固めてからゆっくりと引き上げ、コンクリートが下がった高さ（スランプ値）で、水セメント比を計測してから使用します。

スランプ値が低ければ水の少ないコンクリートということになります。

通常は18㎝以下が基準ですが、実際には15㎝くらいの方がよいのです。

諸外国では、12㎝くらいは当たり前です。

地震国の日本では鉄筋が多いため、スランプ値が10㎝くらいのものを**流動化剤**という混和剤を混ぜて18㎝くらいにして打設するのが望ましいのですが、コストアップになるため

Coffee Break

日本のコンクリートは東南アジアでは使えない！

日本のコンクリートの品質はＪＡＳＳ５という仕様書で詳細に決められています。しかし、東南アジアに赴任した日本のゼネコンの監督から聞いた話では、日本の仕様ではダメだそうです。なぜかといえば、日本の仕様でのスランプ値は18㎝± 2.5㎝ですから、スランプ20㎝でもＯＫです。海外ではこんなに高いスランプはＯＫがでません。スランプの大きなコンクリートは長持ちしません。劣化しない建物をつくったら、たくさんある建設会社がつぶれてしまうからでしょうか……。

現場がいやがり難しいのも現実です。

国で決めた基準では、18㎝±2・5㎝となっており、20㎝～21㎝くらいで施工している現場も少なくありません。21㎝を超えるようなコンクリートは**しゃぶコン**ともいわれ、完成後には必ずヒビ割れなどの欠陥が生じてしまいます。

それでも、現場では柔らかめのコンクリートを使いたがるので、スランプ試験の場所に現場監督を同行させて、「コンクリートが柔らかすぎないですか。堅いコンクリートでしっかりと施工してください」と一言いってみてください。

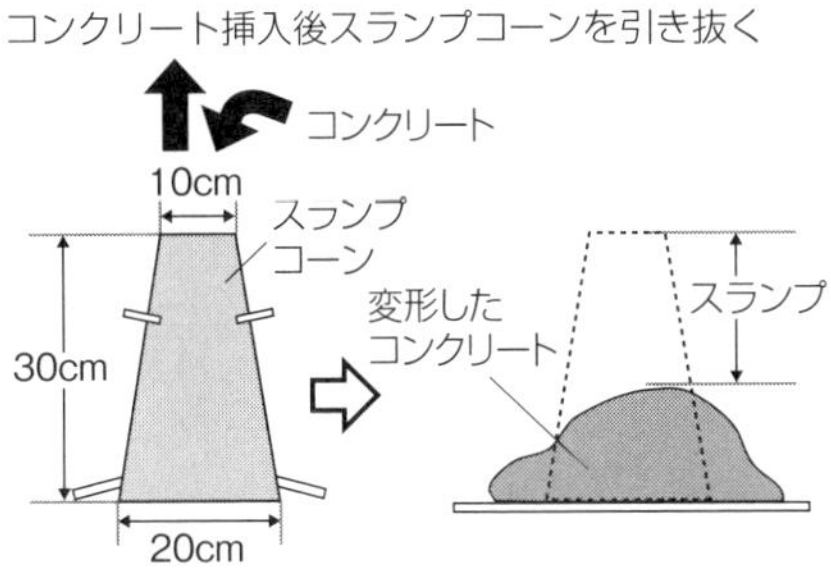

> **営業トーク**
> 弊社では、水の少ないコンクリートで徹底した管理のもと、建物をつくっています。

次回のコンクリート打ちのスランプ試験が楽しみになります。

Q **流動化剤を入れると、なぜコンクリートは柔らかくなるのですか？**

A ＡＥ剤という混和剤を添加すると空気量がアップして、混入された空気の泡がベアリングの役割をしてコンクリートが流れやすくなるのです。

そのため、コンクリートの中に含まれる空気量を３％～５％にして施工しています。

一般的には、空気量１％につき単位水量を約２％減らすことができます。

単位水量が２％減少すると、水・セメント比が約１％小さくなり、強度を４％～６％増加することができ、空気連行による強度低下分とほぼ相殺することになります。

流動性が悪く施工も丁寧でないと、ジャンカができて、鉄筋との一体性も殺がれる最悪のコンクリートになってしまいますので、そのバランスが非常に需要なのです。

Q　流動化剤を入れないと、コンクリートはうまく打てないのでしょうか？

A　流動化剤を入れるとコストアップになりますが、本来ならスランプ値が15㎝くらいのものを丁寧に振動機（バイブレーター）で突き固めて、スラブはタッピングといって柔らかいうちにたたいて中の空気や水を追い出すことにより密実なコンクリートができるのです。

そもそも、「コンクリート打ち」という言葉があるくらい、本来コンクリートは打つもので流すものではないのです。

昔は、コンクリートを上から竹棒で突き、壁はたたき、床もたたいて空気を出していたのです。

そうすることにより、密実な良いコンクリートができ上がるのです。

Q　養生期間を十分にとるのは、どのような理由からなのでしょうか？

Coffee Break

温かいコンクリートの勘違い　コンクリートは打込み時は柔らかいのですが、時間の経過とともに固まります。私がある現場にコンクリート打ちの２日後に行ったら、一部の型枠が外されており、触るとポカポカと温かいのです（コンクリートはセメントが水と反応して熱を出します）。設計仕様で４日以上の養生期間を取るようになっていますので、現場監督に激怒したら、仕様書に書いてある養生期間は、最後の型枠を外したときだと思っていたとウソぶかれました。すぐに作業を中止させ、水をかけ続けるように指示しましたが、こんな現場が世の中には少なくないのだというのが実感でした。

湿潤養生と養生期間との関係

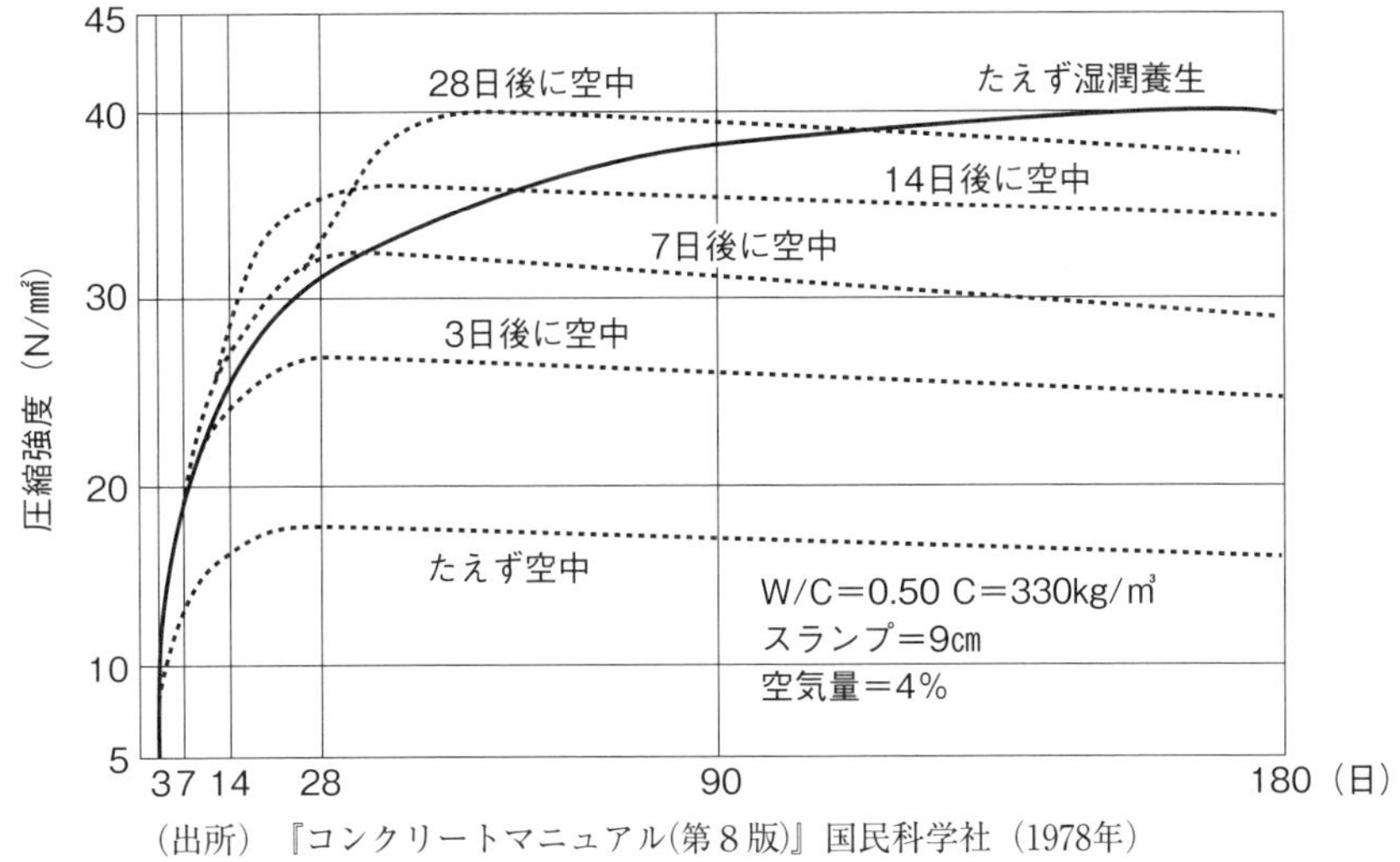

（出所）『コンクリートマニュアル(第８版)』国民科学社（1978年）

A

コンクリートの強度を高くし、ヒビ割れを少なくするには、コンクリート打設後の養生も重要です。

コンクリート打設後に型枠を保持する期間が長いほど、強度が高くなり、ヒビ割れが生じないのです。

コンクリートの強度を測るには、水の中に28日間入れてコンクリートの表面や内部を湿潤（しつじゅん）状態に保持した（湿潤養生）後のテストピースで試験します。

テストピースと同じ状況で養生するのが一番なのですが、建物の場合だとそれができません。

しかし、型枠を外すまでの期間を長くしたり、床スラブは数日間散水することで、コンクリートの

Coffee Break

バイブレーターのかけすぎはＮＧ

コンクリート打ちの施工をご覧になったことがあると思いますが、職人がミキサー車から流されたコンクリートを振動している棒状器具（バイブレーターといいます）で、型枠の隅々まで流れ込むように作業をしています。しかし、バイブレーターをかけすぎると、コンクリートの中に混合されている砂利が下に沈み、コンクリート自体が分離してしまうのです。バイブレーターを入れたままや、床に置いたまま作業を止めない職人を見かけることがありますが、もってのほかです。

JASS5 鉄筋コンクリート工事計画で定められた計画供用期間の級

級	大規模補修不要期間 (局部的軽微な補修を超える大規模な補修を必要とすることなく、鉄筋腐食やコンクリートの重大な劣化が生じないことが予定できる期間)	コンクリートの設計基準強度 (N/mm^2)	参考：計算上の水セメント比（%）
一般	およそ　30 年	18	65 以上
普通	およそ　65 年	24	54.8 ～ 58.3
長期	およそ 100 年	30	48.5 ～ 52
超長期	およそ 200 年	36	

強度は増し、完成してからのヒビ割れも極端に減少するのです。

ちなみに、表面が白っぽいものより、グレーっぽい色のほうが良いコンクリートだと知っておくと便利です。

Q　コンクリートの強度は、どのようにして計測しているのですか？

A　前述のスランプ試験の際に、コンクリートの強度試験用に何本かの鉄製の試験容器にコンクリートを流し込んでいるのを見たことがないでしょうか。

流し込まれたコンクリートはコンクリートをつくった生コン工場に運ばれ、固まったものを試験容器から外し、水の中で28日間養生します。

検査機関で、その試験体に試験機で圧力をかけ、壊れるまでの強度を計測するのです。

試験では、長期間水の中で養生したコンクリート（テストピース）が使用されていますが、現場では数

営業トーク

当社は、水の分量を少なくし、十分に突き固め、養生期間も長く取っていますので、強度が高く、ヒビ割れの少ない100年コンクリートをご提供しています。

日で型枠を外し空気中にさらすため、実際に同じコンクリートの建物から抜き出して試験してみると、テストピースより強度が低いことが多いのです。

そこで、実際の建物と近い強度を調べるには、**ラッピング養生**といって、固まったコンクリートをラップで巻いて養生したものを使用した試験方法がありますので、現場に指示するのも正確な強度を知るには良い方法です。

Q　コンクリート強度の品質基準はありますか？

A　一般社団法人日本建築学会の「建築工事標準仕様書」（JASS5）では、前ページの表のように、コンクリートを耐久性によって4種類の級に品質分けしています。
これまでは、一番高い耐久性は「長期」でしたが、2009年の法改正で、「超長期」が設定されました。

現在、多くの建物のコンクリートは「普通」の品質ですが、今後は「長期」、「超長期」も多くなると考えられます。

営業トーク

弊社では、長期・超長期級のコンクリートを使用した施工にも対応できます。

Coffee Break

鉄筋コンクリートの発明　ジョゼフ・モニエというフランスの庭師が鉄筋コンクリートの発明者です。当時の植木鉢類は、伝統的な陶器でしたが、これに新しい変わり種としてコンクリート製の植木鉢も出回りましたが、分厚いコンクリート製の鉢は重すぎて堅い割にはよく壊れるため、モニエは薄くて丈夫な植木鉢を求め、コンクリートの鉢の改良に取り組みました。そして、1849 年に、金網にセメントを流し、補強したコンクリート鉢をつくるという発想に到達し、その後、枕木などに応用して特許をとっています。アイデアの重要な点は、コンクリートと鉄を組み合わせることで、それぞれの建材の長所を引き出したことで、橋の建造まで完成させましたが、モニエ自身は仕組みを理解していませんでした。その後、プロシャ人のケーネンにより理論的に解明され、鉄筋コンクリートが多くの建物に使用されるようになったのです。

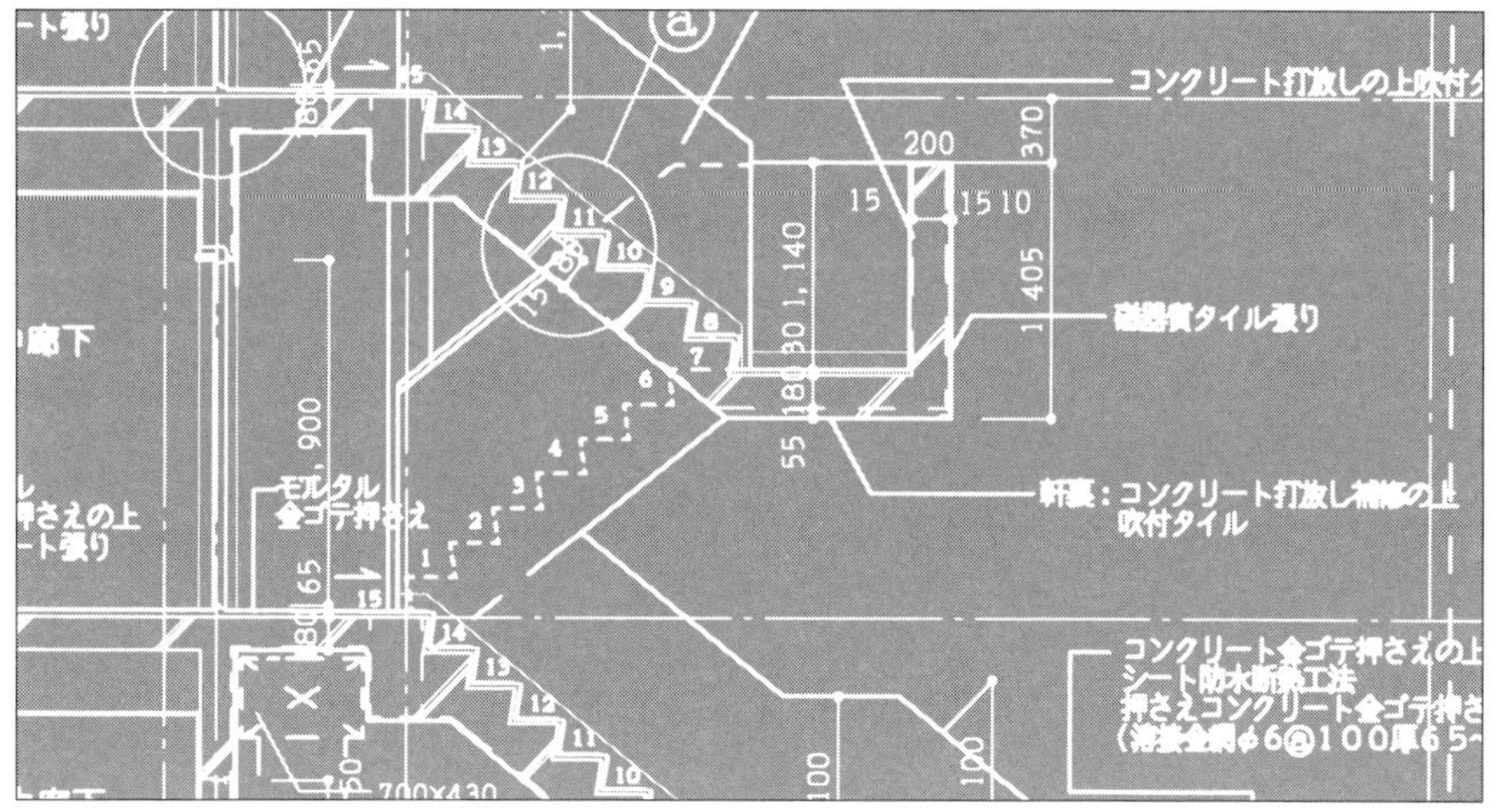

2 建物の耐震性と地震対策は，どこまで進んでいますか？

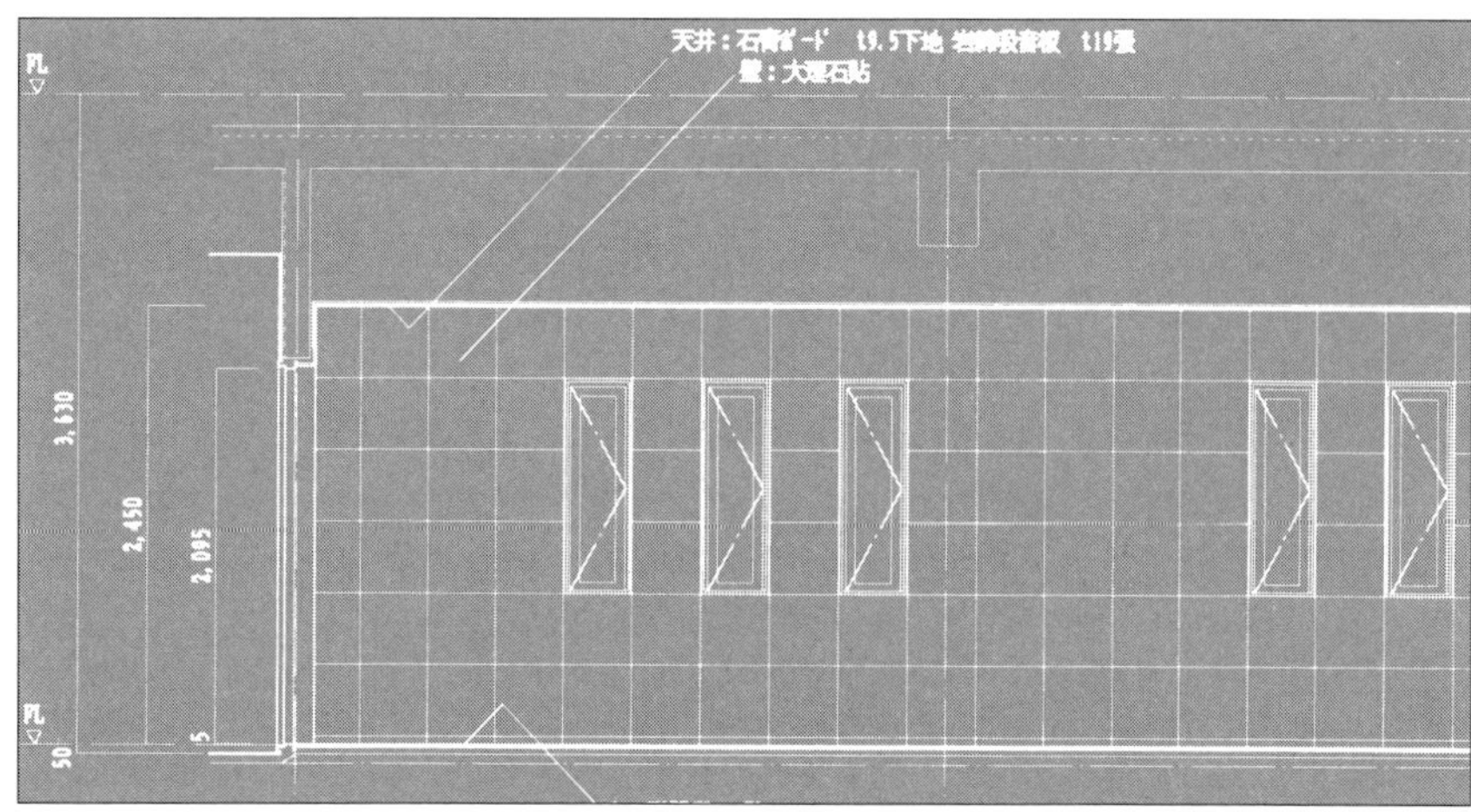

❶ 地震と地盤

Q **地震速報で「震度」という言葉と「マグニチュード」という言葉が出てきますが、どう違うのですか？**

A **震度**とは、地震が起こったときの、ある地点での「揺れの強さ」を表すとされています。

マグニチュードとは、地震の規模の大きさをいいます。

同じ地震でも場所が変われば揺れの強さも変わるので、震度の値は無数にあることになります。

たとえば、震源に近い地点では揺れが強くなるので震度は大きくなる傾向があり、震源から遠く離れると揺れは減衰していくので、震度はだんだん小さくなっていく傾向があります。

Q **震源地から遠い場所でも大きく揺れることがありますが、なぜですか？**

A 数秒から十数秒の周期でゆっくりと揺れる地震動を**長周期地震動**といいますが、周期が長いほど減衰しにくく、数百キロ離れた遠方まで伝わるのです。

東日本大震災で震源から300キロ以上離れた関東平野にも長周期地震動が発生し、液状化現象や、高層ビルの大きな揺れまで被害が発生しました。

震源からの地震波は、横波の場合、堅い岩盤の中ではジェット旅客機の10倍に相当する速度で伝わります。

ところが、平野部で軟らかい堆積層に入ると、速度が2分の1～7分の1に急減します。

エネルギー保存の法則で、揺れの強さは逆に2倍～7倍に強められます。この増幅が「飛び地」につながるのです。

長周期地震動は、関東平野、大阪平野、濃尾平野などの堆積盆地で発生が危惧されていて、実際に観測もされています。

今後、東南海トラフで発生が予測されている地震についても、震源から離れていても同様な注意が必要です。

Q　地震に強い地盤（良い地盤）**と弱い地盤**（悪い地盤）**は、どう違うのですか？**

A　地盤の良し悪しは、「良い地盤は固い地盤」、「悪い地盤は軟弱な地盤」と置き換えられます。

固い地盤とは、洪積層（氷河時代に粘土・礫・砂などが堆積してできた台地）のことです。

関東では、富士箱根などの火山の噴火による火山灰が堆積した洪積層をいい、別名「関東ローム層」と呼ばれています。

Coffee Break

エネルギー保存の法則　地震のエネルギーが30だとします。エネルギー＝揺れの具合（揺れの速度）×振幅とすれば、早く揺れる場合を1秒間に5回、ゆっくりの場合を同じく0.6回とすれば、早い揺れは揺れ幅が30÷5＝6、ゆっくりだと30÷0.6＝50と揺れ幅が8倍にもなってしまいます。阪神・淡路大震災は揺れの振動数がゆっくりでしたが、東日本大震災や熊本地震では振動数が早かったため被害が少なかったのです。

軟弱な地盤とは、沖積層（ちゅうせきそう）（約1・5万年前から現在までに形成された地層）で、河川などが削りとった洪積層に土砂や腐植土が堆積した扇状地（せんじょうち）のことです。形成年代が若く、締め固まっていないため、軟弱な地盤なのです。海岸に面した日本の大都市のほとんどは沖積低地に立地しており、東京の下町を中心とした都心の大部分は、これに当てはまります。

Q **そもそも、軟弱な地盤は、なぜ悪いのでしょうか？**

まれに、震源から距離が離れているのに震度が大きい場所がみられますが、地盤の質の違いによるのです。

A 地盤が軟らかいほど大きく揺れるのです。

地中を伝わる地震波は固い地盤ほど速く伝わり、軟らかい地盤ほどその速度は遅くなります。

地震のエネルギーはどちらも変わらないので、速度が遅くなった分、振幅が増大するため軟弱な地盤の方がよく揺れるのです。

地震の振幅が短い場合はガタガタと揺れ（0・2秒〜0・7秒くらいの短周期／振り子が左端から右端へ行って、再び左端に戻ってくる時間）、振幅がやや長いとユサユサと揺れ（1・0秒〜1・5秒くらいの中周期）、振幅が長いとユラユラと揺れます（2秒〜5秒くらいの長周期）。

Coffee Break

液状化の実験

東日本大震災では、東京の湾岸エリアなどの埋立地で液状化現象が発生しました。液状化というのは、砂質の地盤に水が入り込み、地震で揺さぶられると、液状化することをいいます。皆さんも水辺や海岸で砂を手ですくい、水をつけて揺さぶると液状化が起きます。液状化を防ぐには水を入り込ませない、液状化しないように液状化防止の範囲を決めて、防護壁を地中に埋めるなどの対策が必要です。

地震というのは、これらの揺れが複雑に混ざり合っているのです。

地盤にも周期があり、洪積層の地盤（山の手）で0・2秒〜0・3秒、沖積層の地盤（下町）で0・4秒〜1・0秒、埋立地で1秒以上です。

建物にも固有周期というものがあり、木造住宅は0・2秒〜0・6秒、5階建て〜10階建てのコンクリート造は0・3秒〜0・6秒、10階建ての鉄骨造で1・2秒前後です。

この周期が同じになると、「共振」といって、お互いの力が助け合って増幅するので、建物が強固につくられていても、それをはるかに上回る力が加えられ、揺れは激しさを増すのです。

共振については、後述します。

このように、軟弱地盤は振幅が大きいだけでなく、建物の固有周期に近い揺れを起こすため被害が増大するのです。

Q　軟弱な地盤は、なぜできてしまうのですか?

A

一般に土が軟らかくなるのは水を含んだときで、乾燥させると固くなります。

そのため、水が溜まりやすい土が軟弱な地盤になるのです。

それでは、水が溜まりやすい土とは、どんな土なのでしょうか。

地面は、土の粒子（固体）と水（液体）、そして空気（気体）から構成されています。

つまり、地盤の強弱を決定しているのは水と空気であり、とりわけ水の含有率（含水率）が軟弱の程度と比例しています。

掘り起こされたばかりの土が軟らかいのは隙間が多いからで、そこに水がしみ込めばさらに地盤は軟弱化してぬかるみと化してしまいます。

水分の多い土地はどのような場所かといえば、河川の上流から運ばれてきた微細な土が下流の川岸に溜まったりしてできた平野や、雨水と一緒に流れてきた高台の土が再堆積して軟弱層を形成している谷地などです。

このような場所では、地面の数メートルから数十メートル下まで水分の多い層があります。

そうした場所では、地下水が地表に近い浅いところにある（**地下水位が高い**）ことも少なくなく、地面を少し掘ってみると、水がじわじわとにじみ出てきたりします。

そのため、建物の基礎の底にあたる部分で水が出るようなら要注意です。

そのような場所では、竹などのイネ科の植物やヨシ、スゲ、コケなどが生えていますので、付近の植物をよく注意して見てみましょう。

それらが毎年、冬になると枯れて倒れ、折り重なり、やがて分解が進んで土と同化して、俗に「黒ボク」という黒ずんだ腐植土となります。

このような場所は、海に近い低地に多く、地盤が水分をたっぷり含み、井戸水が供給できたため人々が住み着いたといえます。

わが国では、住みやすい平坦な場所を探せば宿命的に海岸沿いの低地で軟弱地盤がほとんどなのです。

Coffee Break

旧市街地の方が地震時は安心

私がかつてセミナーで盛岡に行ったときに、地元の不動産業者の方から聞いた話です。東日本大震災のとき、新幹線が通っている新市街地では水道管が外れるなどの被害がありましたが、旧市街地ではほとんど被害がなかったということでした。盛岡に限らず、どこの地方でも城を中心にした旧市街地は、過去の被害の言い伝えなどから安全な地盤を選んでつくられたのでしょう。一方、新市街地は民家がなく（住みたくない場所）、開発しやすい場所を選んだため、地盤などは良くないといえるでしょう。

Q **地盤の良し悪しは、歩いてみるだけでもわかりますか？**

A 坂道に注目すれば、だらだらと長く下がった先が対象地だとすれば、低湿地の可能性も高く、近隣の古い住宅の基礎を見ると、遠目で見てもわかるくらいの亀裂（きれつ）が入っている建物が多ければ要注意です。

低地や窪地（くぼち）には雨水と地下水が集まってくるため、低地の地盤は必然的に軟弱になるのです。

また、雨水が低地に向かって流れてくるときには、背後の高台から微細な泥土を一緒に運んでくるので、何百年、何千年という年月の間には、その泥が厚く堆積して軟弱層を形成することになるのです。

最近では、インターネットなどからハザードマップを入手することができますので、参考になります。

Q **地名もその地域の環境に由来していると聞きますが……。**

A 地名の由来（ゆらい）は、その環境を表していることも多く、参考になります。

低湿地は地震に弱いだけでなく、カビなども生えやすく、湿度の高い地域は健康的にも良くないといわれています。

①水辺（水系）に関係のある地名……川・池・沼・泉・滝・沢・浜・津・江・洲・浦・

瀬・岸など

②低地や窪地を表す字……谷・溝・渕・淵・窪（久保）・浅・深・島・坂下など

③水辺の動物……鴨（かも）・鷺（さぎ）・鶴（つる）・鵜（う）・亀・貝など

④水辺の植物（湿地性の植物・イネ科の植物）……稲・葦（アシ・ヨシ）・菅・蒲・蓮・荻・柳・竹など

⑤人工の構造物……田（新田）・橋・堀・濠・堤・網・井など

⑥その他、さんずいの付く字……流・澄・浮・落・洗・渡など

Q **「良い地盤」と「悪い地盤」の簡単な見分け方はありますか？**

土地や建物を売る側が、地盤がどういう状態にあるのかを説明してくれることは少ないでしょう。

A 軟弱な地盤といっても、沼地のようなズブズブとしている地盤から、何でもなく歩ける地盤まで様々です。

そこで、実際に歩いてみるとよいのです。

人が地面に立ったとき、足の裏にかかる体重を1㎡当たりの面積に換算すると約3トン～5トン程度になります。

これは、偶然にも、戸建住宅の標準的な基礎の**接地圧**（せっちあつ）（基礎から地盤へ伝わる重さ）とほぼ同じになります。

Coffee Break

針葉樹林のすそ野は要注意

最近の日本では、歴史的な大雨洪水被害の発生が少なくありません。大雨が降ると、山崩れで民家が押しつぶされる災害が多く発生しています。これらの災害は、実は人災ともいえるのです。山崩れのほとんどは植林された針葉樹林なのです。針葉樹は根が浅く、広葉樹のように根が深く広がり、地盤をしっかりと支えることはないのです。本来は、斜面地の植林は針葉樹の中に広葉樹を混ぜて植えるべきなのです。

ただし、地表部は土が乾燥したり、人や車によって踏み固められているため、表面だけが締まっていることがありますので、そのような場所では30㎝くらい掘って踏みしめるとよいでしょう。

掘り終わった地面の表面の土をすき取り、踏んだときに靴の跡がくっきりと出る地盤は軟らかい地盤です。

また、簡単に掘れるようなら柔らかい地盤、力を入れて掘るようならやや固い地盤、シャベルを相当強く踏まなければ掘れないようなら固くしっかりした地盤だといえます。

また、直径10㎜くらいの鉄棒のようなものがあれば、その鉄棒を地表に刺し、体重をかけて押し込みます。

このとき、表面近くは抵抗を感じても、それから先は抵抗なくスルスルと入るようでしたら、軟弱地盤と考えてよいでしょう。

鉄棒がなかなか入らない場合は、固く締まった地盤といえます。

こうした実験を敷地内の数か所で行ってみると、誰でも地盤の固さを簡単に見分けることができます。

Q **地盤耐力を正確に測るには、どのような方法が一般的ですか？**

A 戸建住宅やアパートの地盤調査では、**スウェーデン式サウンディング試験**が一般的で、費用も数万円単位です。

Coffee Break

シャベルとスコップの違い シャベルとスコップの違いは、まずJIS規格では、足を掛ける部分の有無で区別されています。この場合、シャベルは足を掛ける部分があるもの、スコップは足を掛ける部分がないものとされます。しかし、一般的には大きさで区別されています。西日本では、大型のものをシャベル、小型のものをスコップと呼んでいます。この場合、土木作業などで使うものがシャベル、園芸などで使う小型のものがスコップとして分類されます。しかし、東日本では、これが全く逆の使い方がなされています。ちなみに、シャベルは英語が、スコップはオランダ語が語源とのことです。

これは、100kgのおもりの力でねじ状になった先端部を回転させながら押し込んで、そのときの半回転数を測定して地盤の固さを調べるものです。

土層の構成などをチェックし、その地盤の性状を判断します。

なお、タダ同然の値段で調査を請け負い、後から必要以上の補強工事を売りつける悪徳業者もいますので注意が必要です。

地盤調査の結果によっては、基礎の補強や地盤の改良を行うことになります。

2000年の建築基準法の改正により、建物の基礎の構造は、国土交通大臣が定めた方法にしなければならないことになりました（建築基準法施行令38条3項）。

そのため、現在では、住宅でも、地盤調査は建築確認申請の際の必要添付書類となっています。

マンションやビルの建築では、**ボーリング調査**といって、洪積層・沖積層の地盤全てを特殊な掘削（くっさく）パイプで岩盤まで掘ります。

掘る途中で、一定の深さごとに固さと実際の土のサンプルを取り出します。

先のスウェーデン式サウンディング試験と較べるとかなり大がかりな調査で、数十万円単位の費用がかかります。

Q 傾斜地の**造成地**は危ないという話を聞きますが、どうしてですか？

A

丘陵の谷部や斜面地の造成で盛土された地盤は、表層が緩いので安心できません。

軟弱な盛土かどうかは、水はけのチェックで判断できます。シャベルで深さ70㎝ほどの穴を掘り、水を地表まで入れたとき、水の浸透速度がゆっくりであれば問題はありません。

しかし、水がどんどん地中に吸い込まれていくようなら要注意です。

このような軟弱層の地盤は、月日が経つと**不同沈下**（建物のある面が著しく不均等に沈むこと）を起こす可能性が高いので、地盤を安定させるために土地を長期間放置しておくか、地盤改良工事を施す必要があります。

地盤の沈下は、敷地の四方が同じ沈下度合いなら傾かずに、建物全体が周りの地盤と共に沈下するので大きな問題は起きません。

切土と盛土

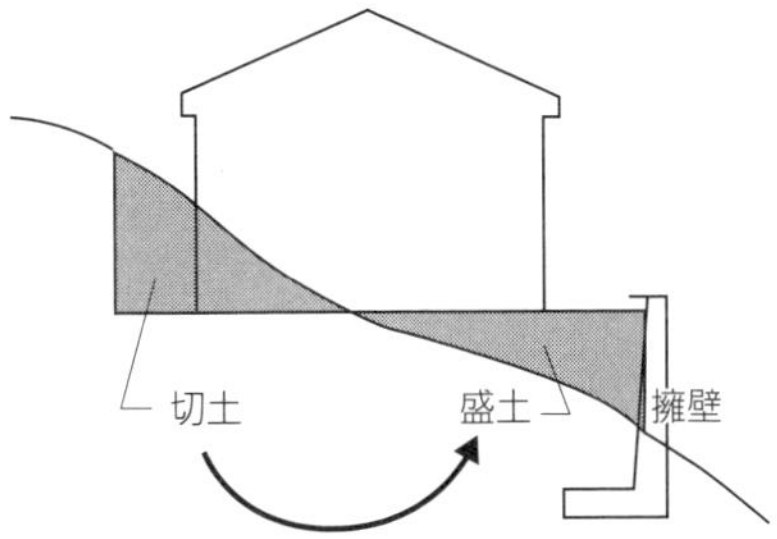

しかし、ほとんどのケースでは同じように沈下しないため、一部の基礎の下の地盤が沈下して建物や基礎に亀裂が入ったり、建物全体が傾いたり、排水が悪くなったり、といろいろな障害が現われてきます。

建てたばかりの頃はちゃんとしていたのに、1年後に扉がぴったりと閉まらなくなったというような現象が現われたら、まず不同沈下であるかどうかを疑ってみるべきでしょう。

斜面地の造成地では切土と盛土の両方を施すことが多

く、盛土部分の締固めが緩かったり、水抜きなどの排水計画ができていないと、雨水が地盤に吸収され、軟弱地盤と化してしまいます。

そこに大きな地震がくると、盛土が液状化を起こしたり沈下したりするのです。

Q　不同沈下が起きた後は、どのようになるのでしょうか？

A　不同沈下は一気にやってくるのではなく、段階的に起こるものですが、一度起きてしまうと、沈下が終息するまで食い止めることはできません。

造成地での不同沈下は、建物をのせてすぐに**圧密現象**（水と空気と土からなる地盤の上に建物がのると、水や空気が抜けていき、地盤が低下する現象）が現れるのではなく、数か月から数年が経過してようやく現れるのが普通で、一度沈下し始めると建物の荷重と地盤の強さがバランスを得るまで継続します。

沈下量が大きいときには、建物はほとんど半壊状態となり、住めなくなってしまい、その復旧には５００万円～１０００万円もの費用がかかるため、瑕疵保証について業者はなかなか認めたがらず、補修工事も滞るという最悪の事態に陥ることも予想されます。

Q　造成地での不同沈下のリスクを前もって避ける方策はないでしょうか？

盛土を施した造成地でのリスクを避けるためには、

①建物の配置はできるだけ盛土部分を避ける（特に、建物が切土と盛土にまたがらない配置とする）。
②下側の擁壁（ようへき）寄りは盛土であることが多いため、建物をできるだけ擁壁から離す。
③盛土中に瓦礫（がれき）がないかどうかを確かめる。
④造成計画図を入手する（造成計画図からは盛土と切土がどのように行われたかが判読できます）。

などの方策を取ることをおすすめします。

営業トーク

建物の基礎を支える重要な地盤は建物を建てると見えなくなってしまいますが、（写真を見せながら）このように十分注意して丁寧に掘って施工しましたので、安心して長期間住んでいただけます。

❷ 耐震設計と耐震基準

Q 耐震設計は、どのように変わってきたのでしょうか？
また、建築基準法が定められる以前は、どのような基準だったのでしょうか？

A **耐震設計**は、大地震の発生のたびに耐震基準として改定されてきました。
わが国の耐震設計は、次のように地震とその解析の歴史であり、大地震による被害状況をもとに耐震基準が改定されてきました。

①**濃尾地震**（1891年、M8・0、全壊約14万余、半壊約8万余、死者約7300名）

わが国の耐震設計の起源ともいえます。

この地震の被害状況から、旧文部省に震災予防調査会が設置され、耐震構造の調査研究が本格化しました。

その後、建築技術者が西洋の耐震構造を学び、鉄筋コンクリート造や鉄骨造の建物が建設されるようになったのです。

②**関東大震災**（1923年、M7・9、全壊約12万8000余、半壊約12万6000余、死者・行方不明者約14万2000名）

未曾有(みぞう)の被害をもたらし、西洋の耐震技術をとり入れた建物も被害に遭(あ)ったことから、1924年には市街地建築物法（1920年施行、建築基準法の前身）を改正し、「震度法」という、わが国独自の耐震規定が制定されました。

これは、建物に作用する地震時の横力（＝水平震度）を建物荷重の0・1とし、この横力に耐用する筋交(すじか)いや壁の配置を義務付け、剛構造とすることを定めたもので、世界初の耐震規定です。

③**福井地震**（1948年、M7・3、全壊約3万6000余、半壊約1万1800余、死者約3800名）

耐震規定が制定された後、いくつかの地震がありましたが、戦時中の混乱のため公表されず、地震被害の教訓は耐震に生かされませんでした。

この地震を機に、1950年に建築基準法が制定され、水平震度はこれまでの2倍の0・2と設定され、許容応力度設計も導入されました。

Coffee Break

マグニチュードと震度の違い

「マグニチュード」は、地震そのものの大きさ（規模）を表わすものさしです。一方、「震度」は、ある大きさの地震が起きたときの私たちが生活している場所での揺れの強さを表わします。マグニチュードと震度の関係は、たとえば、マグニチュードの小さい地震でも、震源に近いと、地面は大きく揺れ、震度は大きく表わされます。また、マグニチュードの大きい地震でも、震源から遠いと、地面はあまり揺れず、震度は小さく表わされます。マグニチュードが小さくても、震源地が地表に近いと、震度は大きくなるのです。

Q **新耐震設計が発足する以前は、どのような基準だったのですか?**

A ④**十勝沖地震**(1968年、M7・9、全壊約670余、半壊約3000余、死者52名)

これまでの地震と比較すると小被害でしたが、新築のコンクリート造の柱にも多くの被害が出たため、1971年に、柱の帯筋(おびきん)間隔をこれまでの30㎝から10㎝と密にするように建築基準法施行令が改正されました。

また、木造の建物はコンクリート造の布基礎が義務付けられました。

Q **新耐震設計が発足した理由は、何だったのですか?**

A ⑤**宮城県沖地震**(1978年、M7・4、全壊約1100余、半壊約5500余、死者28名)

またしても、コンクリート造のマンションなどが被害に遭ったため、1981年に建築基準法施行令が大きく改正されました。

これまでの水平震度を定めた剛構造(ごうこうぞう)とする設計に加え、一次設計、二次設計の概念が導入されるなど、計算方法そのものが大きく見直されました。

建物を変形しやすくし、変形することで地震エネルギーを吸収させようという靭性(じんせい)指向の設計の考え方です。

1981年の改正では、その後に小さな改正は行われたものの、現在に至るまで考え方は基本的に同じです。

このとき改正された設計基準が**新耐震基準**／**新耐震設計**と呼ばれ、現在の不動産の賃貸・売買時、重要事項説明書における耐震診断の記載要件に当てはまる建物かどうかの判断基準となるものです。

Q **それでは、1971年の改正と1981年の改正で基準が変わっているのをどのように区別しているのですか？**

A 建築の専門家の間では、昭和46年（1971年）以前の建物を「第1世代」、昭和46年（1971年）～昭和56年（1981年）までの建物を「第2世代」、昭和56年以降の建物を「第3世代」と呼び区別しています。

Q **木造も、新耐震設計で何か変わったのですか？**

A 木造は、**耐震壁**と呼ばれる、**筋交い**などの壁が入った壁の量によって耐震性が変わります。

壁の量は、次ページの表で示された建物の面積に対する耐震壁の長さで表されます。**新耐震設計**以前でも改正され、建築基準法の制定時に比べて2倍以上の壁量になっています。

この必要壁量は、建物の縦・横方向とも同じ長さが求められます。

必要壁量の変遷

（単位cm／㎡）

改正年	建物の種類	平屋	2階建て		3階建て		
		1階	1階	2階	1階	2階	3階
1950年改正（建築基準法制定）	屋根および壁の重い建物	12	16	12	20	16	12
	屋根の軽い建物	8	12	8	16	12	8
1959年改正	屋根および壁の重い建物	15	24	15	33	24	15
	屋根の軽い建物	12	21	12	30	21	12
1981年改正（新耐震基準）	屋根および壁の重い建物	15	33	21	50	39	24
	屋根の軽い建物	11	29	15	46	34	18

Q 壁の量は筋交いの入った壁の長さによって表されることはわかりましたが、筋交いが斜めに1本入っている建物や、たすき掛けのように2本入っている壁を見かけますが、同じなのでしょうか？

A 厚さ1・5cmで幅9cmの筋交いを1本入れた耐震壁を基本としています。

たとえば1階が50㎡なら、29cm×50＝1450cmなので、14・5m分の厚さ1・5cmで幅9cmの筋交いが入った壁（8間分）が1階に縦方向・横方向ともに必要になります。

Q それでは、いろいろな耐震壁があるのですか？

A そうです。次ページの表のように**筋交い**の大きさにより耐震壁の長さを変えることができます。

たとえば、45mm×90mmの筋交いをたすき掛けに入れた場合は倍率4・0とされていますので、前

Coffee Break

TVに映った鉄骨造ビルの倒壊シーン

1995年の阪神・淡路大震災のTV映像で、鉄骨造の5階建てのビルが道路を塞ぐように根元から倒壊した姿が映し出されました。私を含めた建築関係者は、柱の根元の溶接欠陥だとわかりました。あれほどのわかりやすい欠陥なので、建て主はそこをブルシートで囲って欠陥責任を建設会社に告発すればと思いました。しかし、2～3日後のTVで、危険だとして建設会社がすべて解体した映像が映し出されました。証拠隠滅です。これで建設会社に対して欠陥施工の追及ができなくなりました。

壁倍率

仕様	筋交い耐力壁				面材耐力壁	
	30×90(mm)		45×90(mm)		構造用合板	
	片筋交い	たすき掛け	片筋交い	たすき掛け	片面	両面
倍率	1.5	3.0	2.0	4.0	2.5	5.0
形状						

※壁倍率とは、筋交いが合板の種類によっての強度を表す数値をいいます。

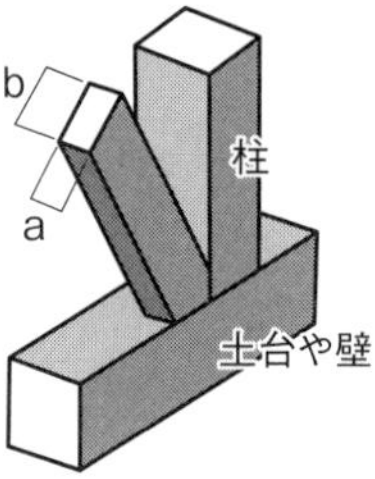

b
a
柱
土台や壁

筋交いの30×90とか、45×90等は、左図のa、bの寸法をいいます。

倍率とは、筋交いの強さです。

例の50㎡の建物の1階には、14・5m÷4≒3・6mとなり、2間分の耐震壁で済むことになります。

Q **新耐震設計の建物なら大地震でも大丈夫なのでしょうか？**

A **新耐震設計**は、大地震（震度6強～7程度。数百年に一度の割合で発生）では建物が倒壊しない、中地震（震度5強程度。数十年に一度の割合で発生）ではほとんど損傷しないことを目標に改正されました。

木造では、必要壁量が大幅に強化され、基礎は鉄筋コンクリート造にしなければいけない規定になりました。

建築基準法の目的である「国民の生命を守る」ということを念頭にしているため、大地震でも建物が倒壊せずに命が守れるということです。

その基準ですから、建物が傾いたり、一部が壊れて使用不可となっても、新耐震基準は

阪神・淡路大震災の被害状況

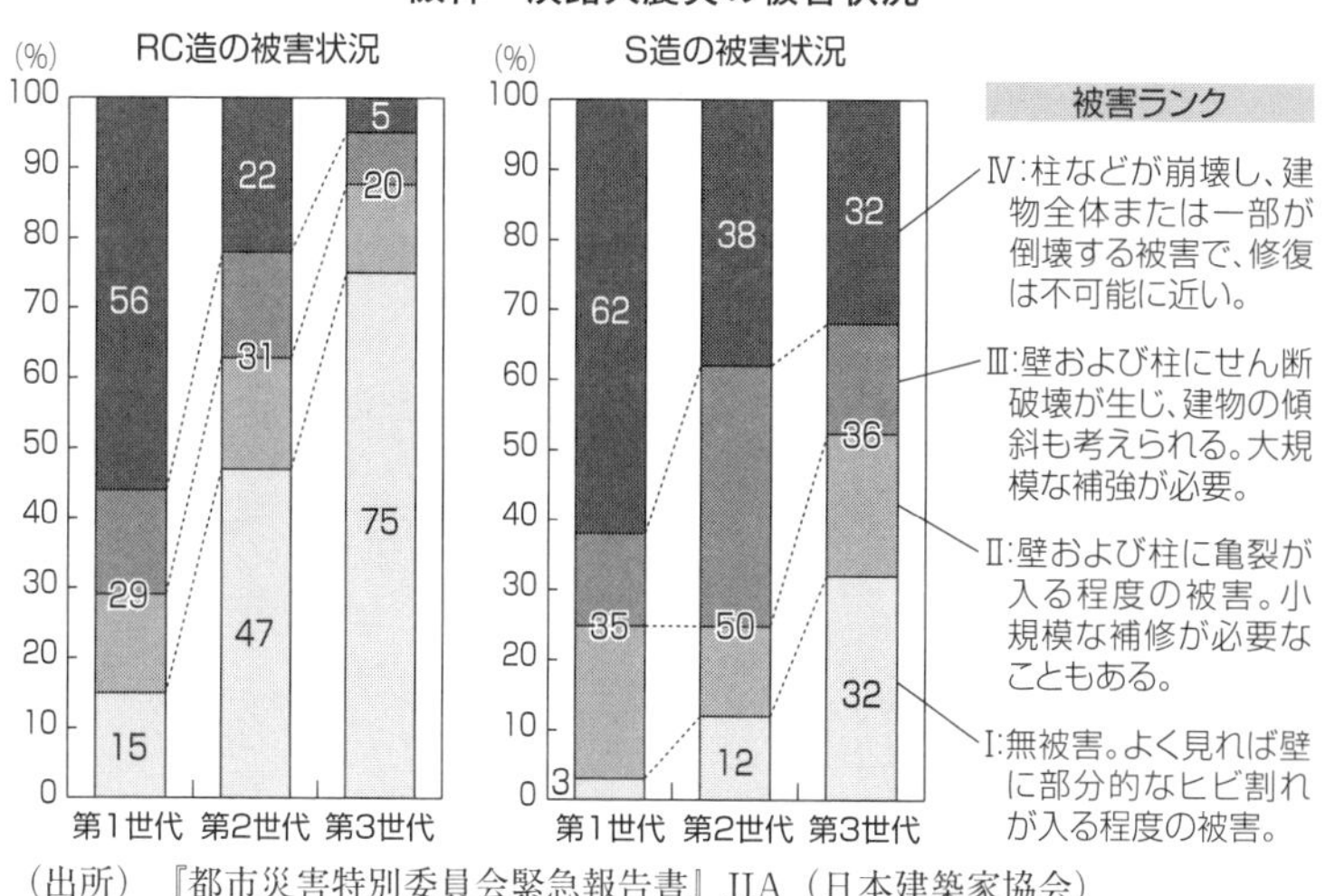

（出所）『都市災害特別委員会緊急報告書』JIA（日本建築家協会）

満足していることになりますので、「新耐震設計」だから建物は大丈夫ということで誤解を生まないようにすることは重要です。

Q **新耐震基準以降に阪神・淡路大震災が起きましたが、新耐震基準の建物は大丈夫だったのでしょうか？**

A **阪神・淡路大震災**（1995年、M7・3、全壊約10万4900余、半壊約14万4000余、死者約6400名）で旧耐震基準の第1世代の建物が倒壊したのは仕方のないことでしたが、第3世代の新耐震基準の建物も倒壊してしまったのです。

阪神・淡路大震災による被害状況調査では、RC造で柱などが崩壊して修復が不可能になった建物が、第1世代

Coffee Break

高速道路崩壊の犯人は塩分入りのコンクリート

1995年の阪神・淡路大震災で高速道路が崩壊した映像は衝撃的でした。いち早く現場に急行して解体を命じられたのは、その区間の施工を担当した各ゼネコンです。解体には3か月はかかると報じられていましたが、実際は1か月で終了して、さすが日本のゼネコンと賞賛されました。しかし、実際はコンクリートと鉄筋を分離させるコンプレッサーの解体機を使用せずとも、ユンボで鉄筋をひっかければパラパラとコンクリートが分離したとのことでした。それほど塩分入りのコンクリートの質は悪いのです。

で56％、第2世代で22％、第3世代で5％という結果がでています。

一方、無被害であったものが、第1世代で15％、第2世代で47％、第3世代で75％でした。

この調査から、第1世代の建物と第2世代の建物とでは被害状況に大幅な違いがみられることが注目されました。第2世代の建物は想像より被害が少なかったのです。

一方、S造（鉄骨造）では、新耐震基準にもかかわらず、被害が大きかったのが注目されました。

Q **コンクリート造の被害は、どんな状況だったのですか？**

A コンクリート造で特徴的だったのは、**ピロティ**部分（マンション1階の駐車場や店舗など、上階と比べて壁が少なく柱が樹立している箇所）の柱の崩壊が多く生じました。

新耐震設計でも、ピロティ部分のある建物の1階は弱いことがわかったため、震災が起きた同じ年にピロティ柱の大幅な強化が行われました。

ピロティ

Q **鉄骨造の被害は、どんな状況だったのですか？**

A 鉄骨造の被害状況をみると、第3世代の建物の無被害は32%（RC造75%）、柱などが崩壊して修復が不可能になった建物は32%（同5%）と、被害建物がRC造と比べて増加しています。
この原因は、設計的には強化されたものの、工事の際の溶接欠陥が多かったためです。

Q その後、鉄骨造では、設計基準の改正は行われたのですか？

A 同じ年に、鉄骨造柱脚の設計法の検討や、溶接部分の管理と検査の徹底が指導されました。
つまり、S造では新耐震設計だからといって安全であるとは言い難い現実があったということです。

Q 阪神・淡路大震災では、木造の被害は、どんな状況だったのですか？

A 老朽木造の倒壊等による死者が約４８００名にのぼりました。
新耐震基準の木造建物でも、筋交いが機能していなかったり、柱が抜け落ちるなどの被害が多くみられました。
また、間口が2間～3間で奥行の長い形状の建物に被害が多くみられました。
わが国の住宅では、南側に大きな窓を設けたり、１階に駐車場を設けるなど、間口が狭いにもかかわらず、耐震壁が南側にはない住宅が多く、そのような形状の建物に被害がみられたのも特徴的でした。

また、新耐震基準で壁量を増やしたため、建物自体の耐震性は大幅にアップしました。ところが、耐震基準をクリアしているにもかかわらず、阪神・淡路大震災では倒壊した木造住宅も少なくありませんでした。

Q　その後、木造では、設計基準の改正が行われましたか？

A　阪神・淡路大震災の起きた1995年には、RC造やS造の改正が主で、木造では柱と土台、筋交いの柱や梁との接合部における構造補強のための金物使用の推奨が盛り込まれた程度でした。

しかし、その後、2000年に木造住宅には次のような大きな改正が3点行われ、木造の耐震性能が格段にアップしていることを知っておいてください。

①地耐力に応じた基礎を特定。地盤調査を事実上、義務化。

②構造材とその場所に応じた継手（つぎて）・仕口（しぐち）の仕様を特定。柱脚では土台と柱を緊結するホールダウン金物を義務化。

③耐震壁の配置にバランス計算が必要。四分割法による簡易計算、もしくは偏心率の計算を義務化。

Q 四分割法のバランス計算とは何ですか?

A 新耐震基準で壁量が大きく改正されましたが、壁量を充足していれば大丈夫かといえば、阪神・淡路大震災では壁量が満足していても倒壊した建物が少なくありませんでした。

その理由は、耐力壁の量が基準を満たしていても、壁の量が偏(かたよ)って配置されている場合は、地震に対して十分に耐力を発揮できないということが判明したからです。

要するに、量だけでなく、バランスよく配置され、建物の偏心(へんしん)を防ぐことが重要なのです。

四分割法

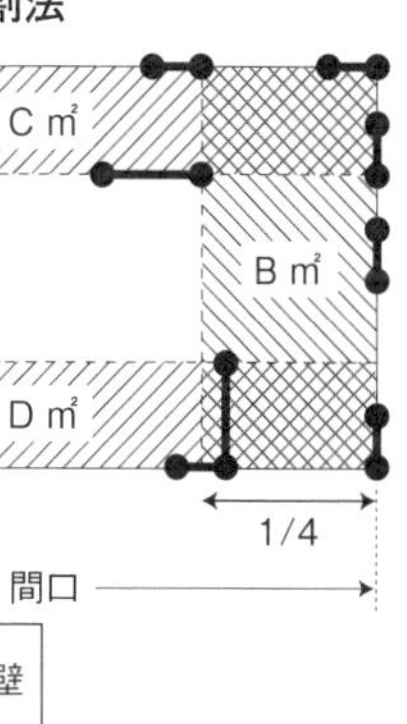

四分割法は、建物を間口方向、奥行方向に1/4分割し、それぞれの両側にどの程度の耐力壁が入っているかをチェックするものです。

たとえば、上図を2階建て金属屋根住宅1階の平面とすると、「A㎡×29㎝/㎡」の長さ以上の奥行方向の壁が、左側のAの範囲内にあればよいのです。

耐震壁をバランスよく配置することで偏心を防ぐことができます。

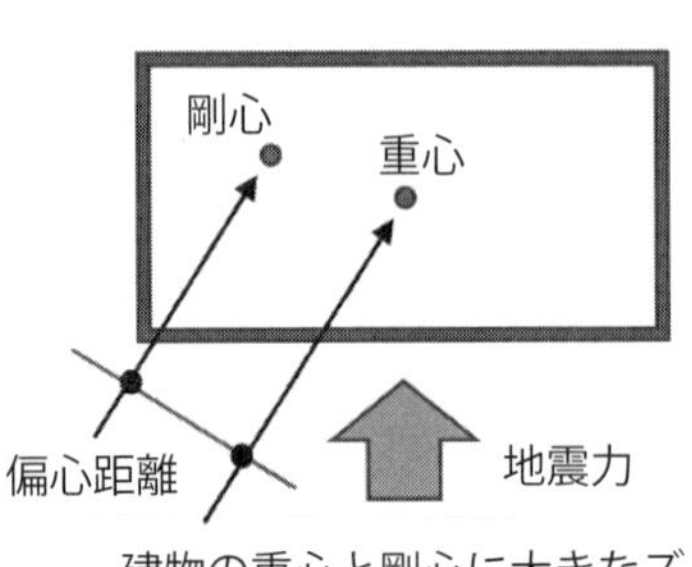

建物の重心と剛心に大きなズレがあると、地震時に建物は剛心のまわりに回転する

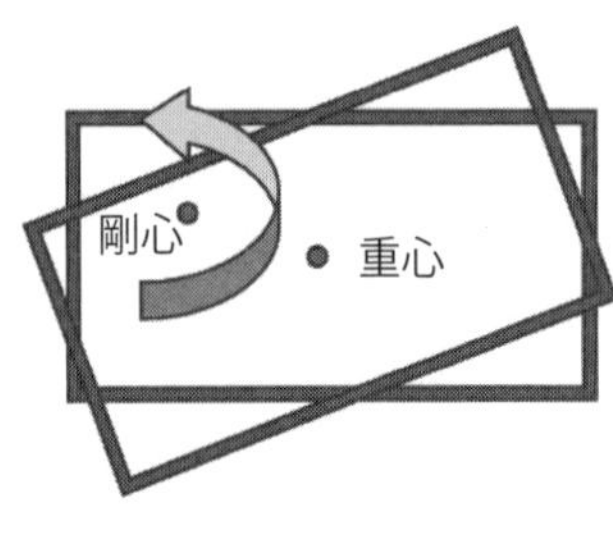

重心：建物の重さの中心
剛心：耐力壁の剛性の中心

Q 偏心を防ぐとは、どのような意味ですか？

A **偏心**とは、構造物の重心と剛心から離れていることをいいます。

重心と剛心の離れを「偏心距離」といい、近ければ偏心率が小さく、離れていると地震時に建物がねじれて崩壊につながるのです。

つまり、耐力壁が建物の平面の中心から上下左右均等にバランス良く、外壁もしくは外壁に近い位置に配置されていることが重要だということです。

※**重心**とは、重さの中心のことをいい、建物全体に均一な荷重が加わっていると仮定して、平面形状の中心を指します。一方、**剛心**(ごうしん)とは、地震など横からの力が加わった場合の強さの中心です。耐力壁の中心部分で、**地震力**は剛心を中心に回転すると考えてよいでしょう。

営業トーク

将来、改築する際の妨げとならないよう、耐力壁をバランス良く配置していますので、お孫さんの代まで住み続けることができます。

Q 新耐震基準であるかどうかは、不動産の売買時の**重要事項説明書**で記載することが義務付けられていますが、地震保険も新耐震と旧耐震の建物では、どのように違うのですか？

A **地震保険**の保険料については、住宅に限って火災保険に付帯してつけられるようになっており、建物構造（木造・非木造）と地域（等地別：4等地）により算出されます。

また、2001年10月からは、「建築年割引」と「耐震等級割引」の2種類の割引制度が導入され、建築年または耐震性能により10％〜30％の割引が適用されています。

ただし、重複適用はできません。

すなわち、1981年6月1日以降に建築確認を受けた住宅には地震保険料の10％の割引制度があり、また、住宅性能評価制度で耐震機能（1等級〜3等級）があると認められた場合には地震保険料の10％〜30％の割引が受けられます。

さらに、新耐震基準に満足するように耐震改修された場合は10％割引を、免震建築物の場合は30％割引を受けることができます。

Q **2000年以降には、建築基準法の大きな改正はありませんか？**

A 構造計算偽装事件を受けて、2007年6月に建築基準法が改正され、構造計算のダブルチェックが行われるようになった他、中間検査も義務付けられました。

世代	年(年号)	主な地震	法整備等	解　説
	1920 (大正9)		市街地建築物法制定	耐震基準なし
	1923 (大正12)	関東大震災 (M7.9)		
	1924 (大正13)		市街地建築物法の改正で水平震度(建物自重の0.1倍)を規定	
	1948 (昭和23)	福井地震 (M7.3)	市街地建築物法の改正で水平震度(建物自重の0.2倍)へ見直し	
第1世代	1950 (昭和25)		建築基準法制定	○階数2以上、延べ面積50㎡を超える木造建築物に対し床面積に応じて必要な筋交い等を入れ必要壁量の規定を定める
	1968 (昭和43)	十勝沖地震 (M7.9)		RC造柱のせん断破壊が注目される
第2世代	1971 (昭和46)		建築基準法施行令の改正でRC造の構造規定を改正	○帯筋・あばら筋間隔30㎝→10㎝以下(中央部は15㎝以下でも可)
	1978 (昭和53)	宮城県沖地震 (M7.4)		造成地やブロック塀の被害やピロティ構造などマンションの被害に注目
第3世代	1981 (昭和56)		建築基準法の改正で新耐震設計基準の導入 ○中地震(震度5程度:数十年に一度は遭遇)に対してほとんど損傷しない ○大地震(震度6強～7程度:数百年に一度は遭遇)に対して建物が倒壊・崩壊しない	○一次設計、二次設計の二段階方式を採用 ○保有水平耐力計算法を導入 ○木造の基礎は鉄筋コンクリート造が望ましいとして、さらに壁量を大幅(38%増し)に強化
	1995 (平成7)	阪神・淡路大震災 (M7.3)		○新耐震設計法以前につくられた建物に大被害 ○新耐震以降の建物でも、RC造で1割、S造で5割が損傷
第4世代	1995 (平成7)		建築物の耐震基準の指針が出される 建築物の耐震改修の促進に関する法律により昭和56年以前の建物は耐震改修が必要	○RC造:ピロティ部分の強度やじん性の割増、接合部分の補強 ○S造:柱脚部の設計法を検討。溶接の品質確保のための管理と検査の徹底
	1998 (平成10)		建築基準法の改正で建築確認・検査の民間開放	○建築確認の民間開放による審査・検査の合理化と徹底 ○建築基準の性能規定化で品質水準の向上 ○中間検査を導入し検査の有無を計画概要書で公開
	2000 (平成12)		建築基準法の改正 住宅品質確保促進法(品確法)の施行	○木造:地盤の耐力に応じた基礎の構造を規定(地耐力調査が事実上義務化)。壁をバランス良く配置(バランス計算が必要)、継手、仕口に金物が必須、住宅性能表示制度の導入 ○品確法による性能表示制度:構造においては耐震等級が盛り込まれる(耐震等級1、2、3を新設)
第5世代	2007 (平成19)		建築基準法の改正 ○構造計算偽装事件による改正	○構造計算のダブルチェックを導入(確認検査機関のチェックの徹底) ○完成までに設計や仕様変更の禁止・使用する材料認定書の提出・中間検査の徹底など

このころから、**検査済証が**ない建物は、不動産信託の対象にしてはいけない、融資がつかない、そのため価格が低減してしまうなど、いわゆるコンプライアンス（法令遵守）が世の中に大きな影響を与え始めました。

こうして、２００７年の改正以後の建物は、耐震性能が大幅に上がったということより、これまでチェックが甘かった構造に関する設計や工事内容について検査が厳しくなったため、建物の設計ミスや工事不良など欠陥建築が大幅に少なくなったと考えてよいでしょう。

❸ 耐震診断

Q 阪神・淡路大震災後に耐震基準のほかに改正されたことはありますか？

A 耐震基準の改正のほかに、阪神・淡路大震災の教訓から**耐震改修促進法**（建築物の耐震改修の促進に関する法律）が１９９５年に施行されました。

耐震改修促進法では、新耐震基準を満たさない旧耐震の建築物について、積極的に**耐震診断**や改修を進めることとされ、既存の建物のうち、特に不特定多数の者が利用する一定規模以上の建物を**特定建築物**とし、建築物が現行の耐震基準と同等以上の耐震性能を確保するよう耐震診断や改修に努めることがその建物オーナーに求められました。

しかし、この規定は努力義務にとどまり、強制力はありませんでした。

公共建築物に関しては、地震時の避難場所となる学校などを中心に耐震改修が行われ、現在ではかなりの施設で耐震化が終了しています。

住宅に関しては、2013年で約82%が新耐震基準と推定され、2020年には95%を目標とし、耐震性を有しない住宅を解消しようとしています。

※**特定建築物**とは、1981年6月に改正された新耐震基準以前の建物で、階数が3以上かつ1000㎡以上であれば、共同住宅は原則として特定建築物に該当します。この建物規模に満たない場合でも、倒壊時に道路をふさぐ恐れのある特定建築物には、耐震改修促進法により耐震化の促進を定めており、改修の費用補助、技術者派遣、低利融資等の補助を都道府県が行っています。

Q **努力義務だけでは、建物の耐震化は進まないと思いますが……。**

A 耐震改修促進法は2006年に改正され、努力義務が課せられる特定建築物のうち、「不特定多数の者」が利用する一定規模以上のものは、所轄の行政庁が建物オーナーに対して必要な指示をすることができる「指示対象建物」として規定されています。
これらの指示、検査を拒絶したり、従わなかった場合には、
①指示や検査に対しての拒絶、虚偽……50万円以下の罰金
②認定の報告がない、虚偽の場合……30万円以下の罰金

③指示に従わない特定建築物の公表
④倒壊の危険性の高い特定建築物については、建築基準法に照らして改修を命令（命令の拒否や違反には1億円以下の罰金（法人））
等の罰則が規定されています。

また、耐震改修に向けては、低利融資、補助金の交付など、各種の優遇措置を受けることができる場合がありますので、役所に問い合わせてみることをお勧めします。

また、耐震改修計画が同法に適合しているかどうかの認定を受けると、耐震改修に関する一定の規制緩和や公的融資の優遇などが受けられるなどの緩和措置等も規定されています。

Q **不動産の取引時にも、耐震基準は必要な事項でしょうか？**

A 取引時に発行される**重要事項説明書**では、建物の耐震性について、1981年以前と以降の建物を区別して説明しなければならないとされており、1981年以前の建物を**旧耐震**、以降の建物を**新耐震**と呼んでいます。

そして、旧耐震の建物については、耐震改修促進法により耐震診断を行うことを勧めています（義務ではありません）。

宅地建物取引業法でも、不動産の取引時には、売買・賃貸物件ともに、耐震診断が行われたかどうかを重要事項説明書で知らせなければならないとされています。

Q **旧耐震の建物は危険なはずなのに、なぜ売買・賃貸ともに説明するだけでよいのですか？**

A 公共建築物も含めて世の中には旧耐震のままの建物が数多く存在することがわかっています。

にもかかわらず、使用禁止となっていないのは、建築基準法第3条第2項で、**既存不適格建築**として存在が守られているためです。

既存不適格建築は、建築確認が必要な増改築等の時点で、現行の建築基準法の基準に合致すればよいことになっています。

しかし、誰が見ても危険な賃貸建物で、入居者からも大丈夫かの問い合わせがあるにもかかわらず耐震診断を行わず、大地震で倒壊し、入居者が死亡した場合などは、建物オーナーは遺族から損害賠償を起こされるケースもありますので注意が必要です。

Q **耐震診断や耐震改修の費用は、いくらくらいかかりますか？**

A 現在の耐震基準に対して、どの程度の耐震力があるかを調べておくと、いざというときのための心構えにはなるでしょう。

木造住宅なら、耐震診断費用は10万円～20万円、耐震改修費用は100万円～200万円程度です。

しかし、鉄骨造やコンクリート造は、耐震診断に数百万円、耐震改修には数千万円ほど

Coffee Break

日本の耐震技術は世界一！

日本の耐震技術は世界一だと思われます。特に実物の建物の振動実験ができる国は、日本以外にありません。実物の建物を振動台の上に建て、振動台に過去の大地震と同じ振動を与えたり、それ以上の振動を与え、どこから建物が壊れるのかを見極めるのです。最近では、鉄筋コンクリート造の実験も行われ、外国人はびっくり仰天だそうです。

かかります。

それでも、耐用年数が伸びて大地震がきても損傷しないで使用を続けられるのなら、メリットは大きいと思います。

Q **地域によっては、耐震診断費用のかなりの部分に補助金や、耐震改修工事にも助成金が出ると聞いていますが、それでも耐震診断でさえ進んでいない理由は何ですか？**

A 耐震診断を行うことが、建物オーナーにとって有利なのか、不利なのかという点を考えてみましょう。

確かに、耐震診断の結果、震度5で崩壊する建物ということになれば、人命に関わることですから、基本的には使用しない、あるいは解体を選択するのが本筋です。

しかし、旧耐震の多くの建物は震度6で崩壊または傾く可能性があるでしょう。

診断前は耐震性がどの程度かがわかりませんが、耐震性がかなり低いということがわかった時点で、**重要事項説明書**では「耐震診断有り」となり、その診断内容を記載しなければなりません。

耐震改修を行えばよいのですが、その費用が調達できなければ、診断結果だけ記載しなければなりません。

そうなると、建物の価値が下がってしまう恐れがあるため、むしろ「耐震診断無し」の方が良いかもしれないという選択の結果なのです。

Q **耐震診断を行う前に耐震性が大まかにわかる方策はありませんか？**

A 耐震診断の実行の可否を考える際、その後の**耐震補強**が可能かという**事前診断**（予備診断ともいいます）を行うとよいと思います。

専門家に診断前のアドバイスを受けるのが最適ですが、建物オーナーが自身で大まかに判断することも可能です。

次のページに、建物の建築年次、1階の壁の多さや外壁のヒビ割れ度合いなどから、耐震診断や劣化診断の必要性や耐震補強の難易度を簡易に自己診断できるチャートを掲載しました。

診断結果がA^+は問題なし、Aなら劣化度の調査をお勧めします。

A^-・B^+なら新耐震の建物でも耐震診断を行い、補強工事も視野に入れてください。

B・B^-・C^+は新耐震基準を満たす耐震補強が可能ですが、事前診断から行うと良いでしょう。

C・C^-なら、耐震補強工事が難しい建物ですので、工事もかなり大がかりなものになると推察されます。

Q **次ページの図で、C・C^-の建物は解体が前提になるかもしれませんが、B・B^-・C^+といった、耐震改修したほうが良さそうな建物なら、次に検討しなければならないことは何ですか？**

耐震診断・劣化診断の必要性、耐震補強の難易度等、簡易診断チャート

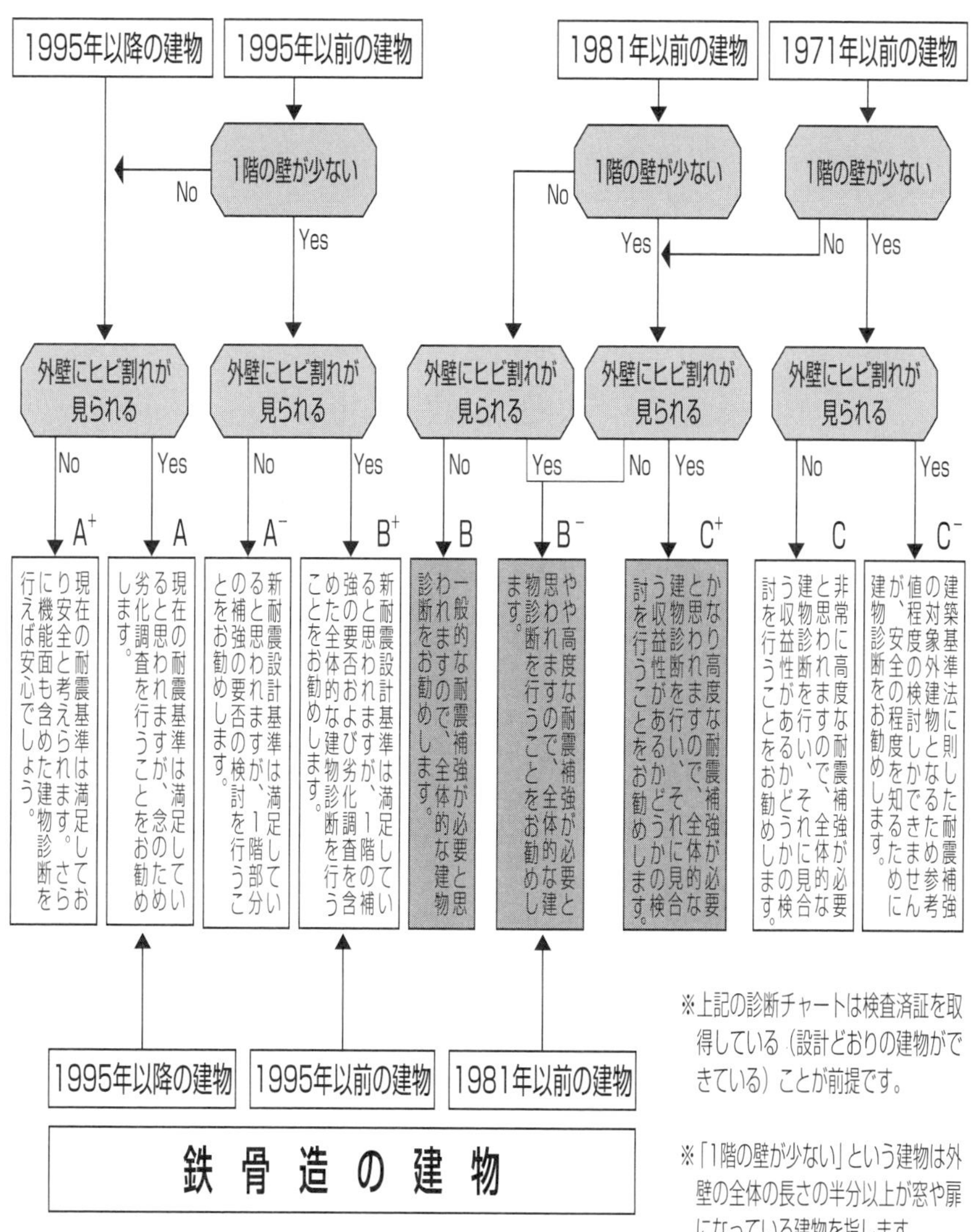

（注）禁無断転載。

A 耐震改修工事の費用が手当できるか否かも重要ですが、問題は、耐震補強が難しい建物の場合です。

たとえば、1階が店舗の場合、耐震補強のために間口を小さくしたり内部に壁を設けたりすると、借り手がつきにくくなります。

分譲マンションの場合では、壁を補強しなければならない住戸と、何もしなくてもいい住戸との格差が出ることもあります。

さらに、補強には、住みながら、営業しながらの工事の難しさといった問題も出てきます。

工事に伴うこのような問題がクリアできるかも耐震診断以前に検討しておくことは重要です。

さらには、建て替えたほうが経済合理性が高いという場合も少なくありません。

④ 建物の品質対策

Q 1995年の阪神・淡路大震災以降、建築基準法はどのように変わりましたか？

A

1998年に建築基準法が改正され、建築確認や検査が民間に開放されました。

また、中間検査の導入や、検査の有無を計画概要書で公開し、欠陥建物を減少させるようにしました。

2000年には、木造の構造規定の改正のほかに、**品確法**（住宅の品質確保の促進等に関する法律）が施行され、性能表示制度がスタートしました。

性能表示制度では、構造に耐震等級が盛り込まれたほか、新築住宅の10年間瑕疵保証も義務付けられるなど、2000年は〝住宅性能時代元年〟と呼ぶにふさわしい年となりました。

そのため、2000年を境に木造住宅の性能が大きく違うことを頭に入れておく必要があります。

Q 2000年に施行された品確法とは、どのような法律ですか？

A

品確法は、**住宅性能表示制度**、**住宅紛争処理体制**、**瑕疵担保期間10年間の保証義務付け**の3つのポイントから成り立っています。

特に、「瑕疵担保期間10年間の保証義務付け」は、全ての新築住宅に適用されるため住宅業界では衝撃的なエポックといっても良いでしょう。

営業トーク

弊社では、法令等の改正がありましたら、施行前から新基準をいち早く取り入れ、設計・施工を行っています。

Q **瑕疵担保期間が10年間としても、現実には建設業界では10年後には会社がなくなってしまう場合もあると思いますが、どうするのですか？**

A 基本構造部分については10年間の保証期間が義務付けられました。

品確法では、「万が一、新築住宅に不具合があった場合、施工を行った工務店や住宅メーカー等が無償で修復を行う」と定められています。

住宅の基本構造部分の瑕疵（欠陥）は、外から見ただけではなかなか発見できません。住んでみてしばらくしてから気付くことが多いため、この部分の瑕疵担保責任期間は10年間と義務付けられたのです。

ちなみに、基本の保証期間は10年間ですが、特約で20年間まで延長することも認められています。

住宅瑕疵担保履行法（特定住宅瑕疵担保責任の履行の確保等に関する法律）の施行により、現在ではすべての住宅提供事業者は、保証金を供託するか保険に加入しなくてはなりません。

万が一、住宅提供事業者が倒産した場合でも、保険金で修繕費用を賄うことができるのです（保険適用は10年間です）。

Q **瑕疵保証**では、建物のどの部分が保証されるのですか？

性能表示される項目

項　　目	内　　容
構造の安定	地震や風などの力に対する建物の壊れにくさ
火災時の安全性	火災発生時の避難のしやすさや建物の燃えにくさ
構造躯体の劣化の軽減	柱・梁などに使用する材木の腐食、鉄の錆など建物の劣化のしにくさ
維持管理への配慮	水道・ガスなどの配管の点検・清掃・修理のしやすさ
温熱環境	室内の温度や冷暖房時の省エネルギーの程度
空気環境	内外装材のホルムアルデヒド放散量の少なさ、換気の方法など
光・視環境	居室の窓などの大きさ
音環境（選択項目）	騒音の低減など
高齢者等への配慮	加齢等に伴う身体機能の低下に配慮した移動のしやすさ、転倒などの事故防止

A　保証される基本構造部分は、「構造耐力上主要な部分」（基礎、柱、梁、壁、床等）と、「雨水の浸入を防止する部分」（屋根、外壁、サッシ等）です。

要するに、引き渡してから10年以内に建物構造に不具合が生じたり、雨漏りがしたら保証されるのです。

もっとも、10年以内にこうした不具合が発生するようでは、欠陥建築と言わざるを得ないでしょう。

不具合の箇所が保険適用項目に該当すれば、保険会社から建設会社に修理費用が支払われるか、修理を怠るようなら直接建物オーナーに支払われます。

耐震等級と劣化等級の評価

	3等級	2等級	1等級
耐震等級（地震に対する強さ）	建築基準法の1.5倍の地震力に対して倒壊、崩壊等しない程度	建築基準法の1.25倍の地震力に対して倒壊、崩壊等しない程度	建築基準法のレベル：極めて稀に（数百年に一度程度）発生する地震による力に対して倒壊、崩壊等しない程度
構造躯体の劣化の軽減（大規模改修までの期間の目安）	住宅が使用限界に至るまでの期間が3世代以上（概ね75年～90年）の対策が講じられている	住宅が使用限界に至るまでの期間が2世代以上（概ね50年～60年）の対策が講じられている	建築基準法で定めている対策レベル

なお、保証は基本構造部分についてのみ適用されるもので、建具の建て付けが悪い、床がきしむ、クロスがはがれる、結露するといった、よくあるクレームについては保証されませんので、有償または無償のアフターフォローの中で行うしかありません。

また、地震や台風などが原因の基本構造部分の不具合については保証されません。

Q 「住宅性能表示制度」とは、どのような制度ですか？

A **住宅性能表示制度**は、これまでの建築基準法という一律基準からレベルアップした建物の普及をめざすもので、この制度に従って性能評価書が交付された住宅は、次のようなメリットがあります。

①万一のトラブルには紛争処理機関が対応し、円滑・迅速で専門的な紛争処理

が受けられます。

②地震保険加入時に保険料が耐震等級に応じて10%～30%割引になります。

③住宅性能評価書が交付された住宅は、売却する際の査定が有利になる可能性があります。

Q **住宅の性能といってもいろいろあると思いますが、何の性能について表示されるのでしょうか？**

A 83ページの表のように、構造や安全・環境など9項目について分類され、それぞれの項目について基本は3段階、項目によっては4段階に評価されます。

Q **たとえば構造に関しては、具体的にどのような性能ですか？**

A 構造に関して性能表示される項目は、84ページの表のとおりです。

構造に関しての評価表示は、この表に記載されているように3段階になっており、「1等級」が建築基準法レベルで最低限です。

耐震等級については、「2等級」で関東大震災や阪神・淡路大震災レベルの地震の1・25倍、「3等級」だと1・5倍の地震でも倒壊しないように躯体を丈夫にする（筋交い・鉄筋量を増やす、鉄骨を厚くするなど）ことが必要になります。

構造躯体の劣化等級については、通常30年～40年の耐用年数を60年～90年まで長くする

（太くて丈夫な木材の使用、かぶり厚が多く水の少ないコンクリート、強化された防錆対策など）ことで評価レベルが上がります。

Q **これらの等級が表示されたとしても、実際にそのような性能で建てられているかは、どうすればわかるのでしょうか？**

A 性能評価には、設計段階での**設計住宅性能評価書**と、建設される住宅がこの設計住宅性能評価書どおりの性能を実現できるか否かをチェックした結果の**建設住宅性能評価書**、それぞれの評価書が必要となります。

建築基準法では、検査といっても、中間検査と竣工検査の2回が通常ですが、性能評価を受けることにより、等級で「1等級」の項目があったとしても、すべての項目について現場での検査が何度も行われるため、工事ミスが減るなど安心できる住宅を手に入れることができるというメリットがあります。

Q **性能評価書を取るには、いくらくらいの費用が必要でしょうか？**

A 木造の一戸建住宅で、設計評価で4万円～6万円、建設評価では現場検査の回数により6万円～10万円程度となっています。

どちらも、民間の確認検査機関が行っています。

営業トーク

弊社の住宅は、基本構造部分について独自に20年間の瑕疵保証を行っています。また、ご希望に応じ、建築基準法で定められた性能より、さらに上の性能を持った住宅をご提供できます。

Q **建て主にとって建物の性能は重大な関心事だと思いますが、ほかに法律で改正になったことはないでしょうか?**

A 2005年の構造計算偽装事件を受け、2007年6月、構造計算のダブルチェックのほか、中間検査が義務付けられました。

この頃から、検査済証がない建物に対して、「不動産信託の対象にしてはいけない」、「融資不可」など、いわゆるコンプライアンス（法令遵守）が求められるようになったのです。

2007年の改正以後は、設計や工事内容についての検査が厳しくなったため、欠陥建築がグンと少なくなったと考えていいかもしれません。

このように、1981年を境に、すべての建物について耐震性能の区分けができるわけではないので、不動産業者として、この点はしっかり押さえておいたほうがよいでしょう。

営業トーク

新耐震基準以外の物件について、耐震性能に関する調査・アドバイスをいたしますので、安心して取引を行っていただけます。

5 建物の地震対策

Q **建物の地震対策には、どのようなものがありますか?**

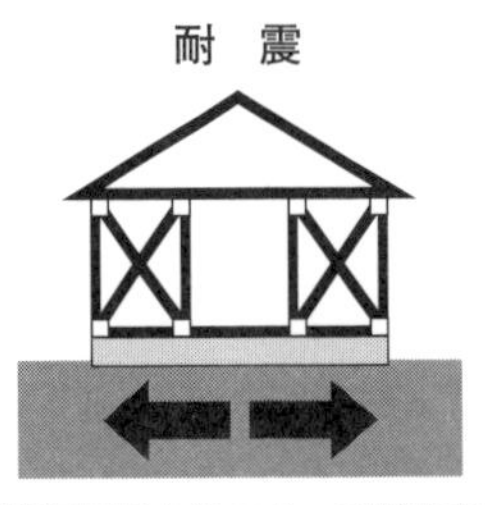

建物を頑丈につくって壊れないようにする。

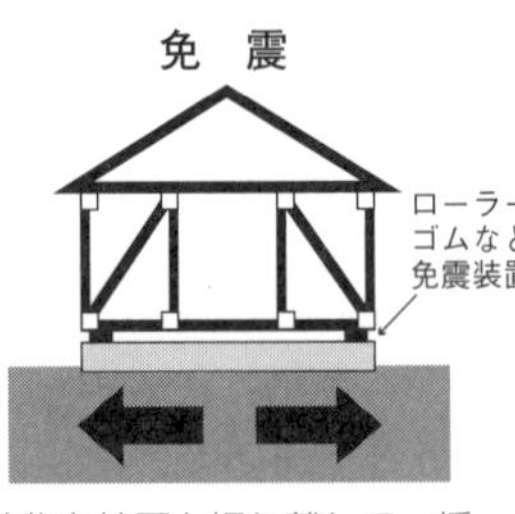

建物を地面と切り離して、揺れを伝えないようにする。

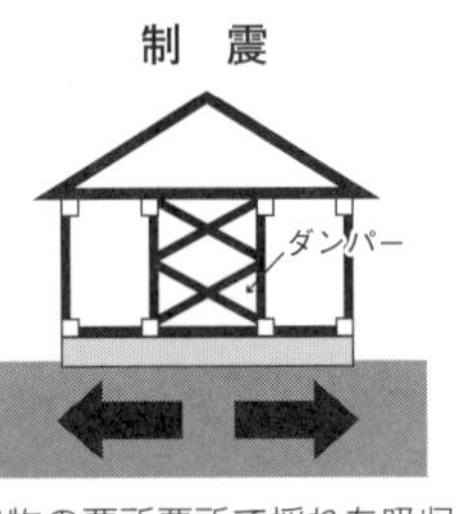

建物の要所要所で揺れを吸収する。

A 建物の地震対策には、

①柱や壁を補強して固く強くする（剛構造）⇩耐震構造でつくる（耐震補強を行う）。

②地震波のエネルギーが建物に入らないような装置を付ける⇩免震構造でつくる（免震工法で改修する）。

③地震波のエネルギーを建物内部で吸収する装置を付ける⇩制震構造でつくる（制震工法で改修する）。

の3種類があります。

Q 「耐震構造」について詳しく教えてください。

A 建物を堅固にするのが**耐震構造**です。

木造の場合は、金物で柱・梁・基礎をしっかりと固める、耐震壁や筋交いをバランスよく入れる、コンクリート造の場合は、コンクリートの強度を上げる、鉄筋量を増やす、耐震壁をバランス良く入れるなどして、建物を堅固な構造にします。

耐震基準については建築基準法で定められていますが、建築基準法はあくまでも最低基準であり、さらに強度を高める

Coffee Break

熊本地震で判明したこと

2016年の熊本地震では、多くの木造建物が崩壊しました。大きな地震が2度も起きたことも一因ですが、後日の調査で、木造の構造改正が行われた2000年以降の建物でも崩壊した住宅が少なくありませんでした。調査すると、手抜き工事であったり、1階と2階の柱が通っていない箇所が多かったりするのが原因でした。このような建物は非常に多く、読者の皆さんの家もそのような建物かもしれません。

ことについて問題はありません。

Q 「免震構造」について詳しく教えてください。

A 地震の揺れを抑えるのが**免震構造**（めんしん）です。

建物に地震力が伝わりにくくするよう、基礎と建物本体との間にクッションを設け、ゆったりとした揺れに変える工法（免震工法）により、大地震が起こっても、小地震程度（30％～50％に低減）に振れを抑えることができる構造になります。

免震構造の弱点は、コンクリート造では地震のときに、建物が大きく移動するスペースが周囲に必要となったり、床下の有効利用が難しくなることです。

また、地震時に正確に稼働するかどうか、免震装置の定期的な点検も必要となります。

免震工法は、工事期間や敷地に余裕のある場合は非常に有効な工法であり、新築建物では、地震力が低減された分、建物本体の構造工費も低減されるため、免震装置の工事費がそのまま増加とはなりません。

しかし、既存建築物を免震構造に改修する場合は多額の工事費が必要となるため、建物本体に手をつけづらい文化財的建物や防災拠点となる建物などを除いては利用されにくく、主にコンクリート造の新築建物の工法として利用されることが多いといえます。

Coffee Break

外資企業は旧耐震建物から撤退

2011年の東日本大震災以降、外資企業が旧耐震の建物から撤退する動きがみられました。それまでは立地で出店を決めていましたが、建物の耐震性に目を向け始めたのです。マクドナルドはいち早く旧耐震の建物への出店を取りやめました。現在では、さらに耐震性や快適性を高めたAAクラスのオフィスビルが建設され、大手企業が移転しています。就業人口が増えない限り、旧耐震のオフィスビルは空室になってしまう恐れがあります。

Q 「制震構造」について詳しく教えてください。

A 建物に入った地震力を吸収するのが**制震**(せいしん)**構造**です。

建物に入った地震力を吸収するダンパーを設置する制震工法により、大地震が起こっても、中地震程度（70%～80%に低減）に振れを抑えることができる構造になります。

どちらかというと、軽くて柔らかい建物に有効なため、鉄骨造に使用されており、塔状の建物においては風揺れ対策としても効果を発揮します。

最近では、木造建築においても、筋交いに代わる制震ダンパーを挿入(そうにゅう)する工法が多数みられます。

制震工法は、免震工法と違い、点検は一般的に不要です。

また、免震工法のように建物本体そのものに大きく手を入れることが少ないため、工事費用も安く、改修に向いている工法といえます。

営業トーク

新築では予算に応じて各種の耐震構造を、改修工事では建物の構造に応じて最適な耐震改修をご紹介できます。

6 木造の地震対策

Q 木造の地震対策について教えてください。

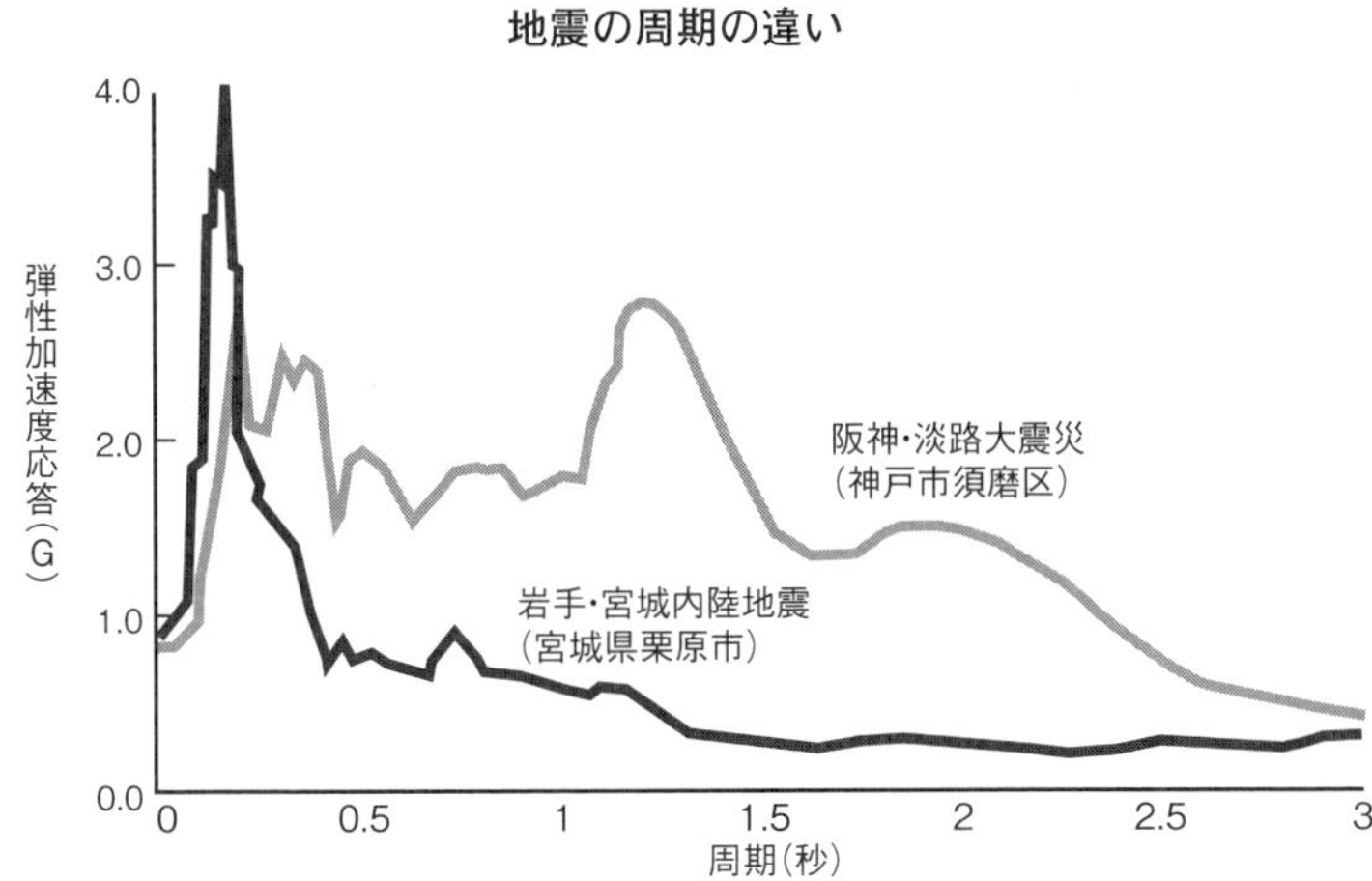

（出所）　筑波大学地震防災・構造動力学研究室

A　木造では、筋交いや耐力壁を適正に配置することが対策の要（かなめ）になります。

木造の建物は、「在来工法」、「ツーバイフォー（2×4）工法」、「パネル工法」に大きく分けられますが、ツーバイフォー工法、パネル工法は壁構造のため基本的に耐震性が高く、基準に則った壁を配置しておけば、まず間違いないと思われます。

Q　それでは、**木造在来工法**の場合は、どのようにしたらよいのでしょうか？

A　前述しましたように、2000年以前の建物では、耐震壁のバランスが良くない建物も多いので、69ページの**四分割法**に沿って、バランス良く耐震壁を設置しなおすことが必要です。

耐震改修費用そのものは100万円~200万円ですが、一般的には耐震改修工事を行ったついでに外壁や内装の工事を行うことも多く、予算は耐震改修費用の倍をみておくと良いでしょう。

Q　2011年の東日本大震災は地震の規模が大きかったのですが、倒壊した住宅が少なかったのはどうしてでしょうか?

建物の崩壊の大小は、「揺れの周期」と深い関わりがあるのです。

A　東日本大震災では、震度6強という大地震に匹敵する規模の割には、大きな地滑り被害はあったものの、建物や人的被害は少なく、ほとんどは津波による被害でした。

実は、建物は地震との**共振**（きょうしん）**作用**で大きく揺れるのです。

91ページの図は地震の揺れの周期を示したものですが、1995年の阪神・淡路大震災と比較するとわかりやすいと思います。

阪神・淡路大震災では大きな揺れの周期は1・2秒ですが、2008年の岩手・宮城内陸地震では0・2秒です。

また、この図から、地震は、単に強い・弱いだけでなく、ガタガタという揺れ（0・2秒~0・7秒程度の短周期地震動）、ユサユサという揺れ（1・0秒~1・5秒程度のやや中周期地震動）、ユラユラという揺れ（2秒~5秒の長周期地震動）が複雑に混ざり合っていることがわかります。

これらのうち、どの周期の地震動が卓越（たくえつ）しているのかによって、地震の被害状況は変

営業トーク

将来、改築する際の妨げとならないよう、耐力壁をバランス良く配置していますので、お孫さんの代まで住み続けることができます。

わってくるのです。

このうち、ユサユサという揺れが建物に大きな被害を及ぼすのです。

そのため、この周期の揺れは**キラーパルス**といわれています。

「共振」についてもう少し教えてください。

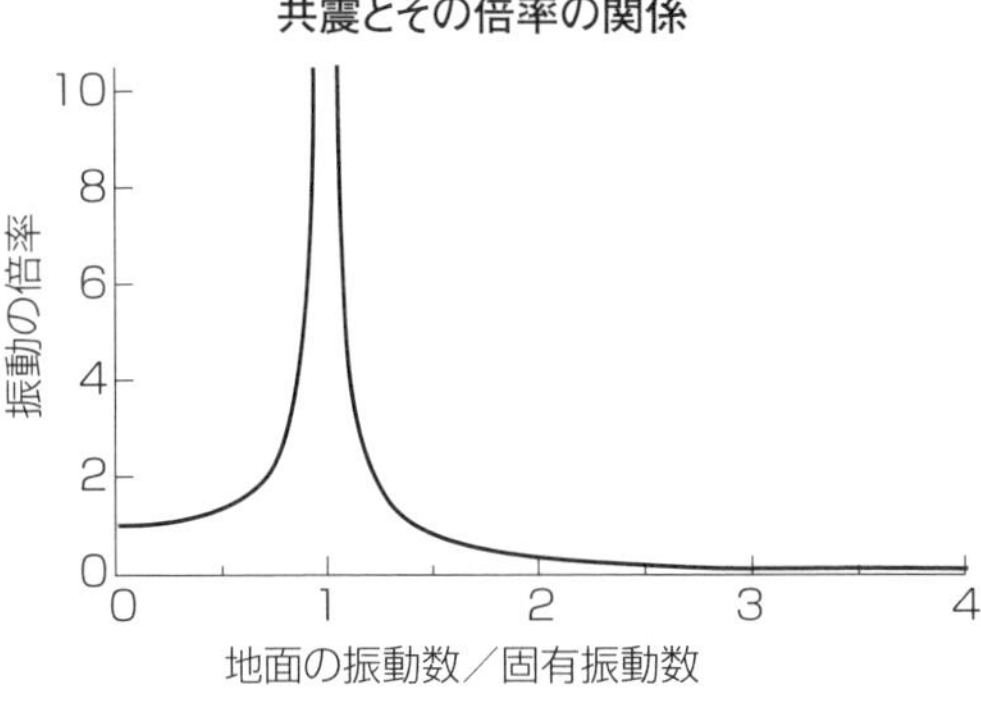

A つり橋を揺らしたり、ブランコを漕ぐときに、タイミングを合わせて動くと大きく揺れます。

このタイミングを合わせることを**共振**といいます。

共振させれば小さな力でも大きなエネルギーになり、破壊力にも達するのです。

たとえば、兵隊が皆で行進したら橋が落ちた話や、風の共振により橋が崩壊した話などは有名です。

Q **建物の場合の「共振作用」についてもう少し詳しく教えてください。**

A 建物（構築物）は、それぞれの構造方式と形態により、とても揺れやすい固有の振動数（力をかけて放したときに1秒間で何回揺れるか）をいくつか持っています。

通常、建物の高さが高いほど、また、材質が柔らかいほど固有振動数は小さくなり、ゆっくりと揺れます。

それを**固有周期**（1÷固有振動数）に直すと、人の体は0・12秒〜0・15秒（余談になりますが、車はこの周期の振動をつくらないように設計してあるそうです）、木造住宅は平屋で0・2秒〜0・4秒、2階建てで0・3秒〜0・6秒、ビルならコンクリート造の5階建て〜10階建てで0・3秒〜0・6秒、鉄骨造の10階建てで1・2秒前後となります。

地盤にも固有周期があり、岩盤で0・1秒、洪積層（山の手）で0・2秒〜0・3秒、沖積層（下町）で0・4秒〜1秒、埋立地で1秒以上です。

この地震の周期と建物の振動数が似通ったときに、非常に大きな揺れとなります。いわゆる「共振作用」のことで、古来、多くの建造物がこの現象によって破壊されています。

Q **東日本大震災では、どうだったのでしょうか？**

A 地震周期からもわかるように、2011年の東日本大震災では、強い地震の周期が0・2秒前後に集中していたことが功を奏したのです。

他の同規模の大地震と比べ、被害が少なかった理由は、この地域に固有周期のやや長い伝統工法でつくられた木造住宅が多かったこと、そして地震の初期に土壁が崩壊し（柔構造になり）、固有周期がさらに長くなったために、地震の揺れに共振しなかったからです。

実際、土蔵の壁のほとんどにヒビが入ってしまいました。

Q **木造住宅は固有周期が0・2秒～0・6秒なのに、どうして共振しなかったのですか？**

A 現代の木造住宅は、柱と梁を金物（かなもの）で緊結（きんけつ）しています。

木材は長期にわたり乾燥するとわずかに収縮しますので、金物が緩（ゆる）んでしまうのです。

通常なら多少緩んでも壊れることはありませんが、大きな地震で揺さぶられると緩みが一気に表面化し、固有周期が1・0秒～1・5秒になってしまい、共振しなくなったのです。

阪神・淡路大震災では、この周期の揺れが大きかったため、多くの木造建築に被害が生じてしまいました。

Q **それでは、建物の固有周期を地震の周期と合わないようにすることも、地震対策の一つになるのではないでしょうか？**

A その通りです。

しかし、どの周期の地震が起きるかはわかりませんが、ということです。

Coffee Break

地震は、大きさだけでなく振動数も見る

数年に一度は日本のどこかで大地震が起きています。そのときには、地震の規模だけでなく、振動数をネットで調べて、建物の被害状況と比べてみると、建物被害が少ない場合は、振動数が高い地震であることがわかります。どこかで大きな地震が発生したら、数日後に、ネットでその地震の周期を検索すれば、皆さんも地震の専門家になれるでしょう。

地盤の質により周期に特徴があります。

東京を例に挙げてみると、皮肉なことに、地盤の**固有周期**が長めの下町には昔ながらの筋交いが少ない住宅（固有周期が長め）が多く、地盤の固有周期が短めの山の手にはコンクリート造や壁の多いしっかりした木造の住宅（固有周期が短め）が多いのです。

そのため、どちらも地震時の揺れに建物が共振して、揺れが強調される可能性が高いのです。

もちろん、耐震基準が改正された２０００年以降の木造建物は、しっかりとした耐震力を備えているため、問題は起こりにくいと考えられますが、それ以前の建物は地盤の種類を考慮して耐震補強などを検討すると、より安全だといえます。

したがって、たとえば、敷地面積の小さい下町で固有周期の長い3階建て木造住宅を建築する場合は、最低限を定めた建築基準法に合えば十分というのではなく、品確法でいう耐震等級２（建築基準法の1・25倍）以上を考えてもよいのではないか、という提言ができるでしょう。

一方、地盤の頑丈（がんじょう）な山の手地域では、現在の堅固な木造は地盤と共振しやすいため、開放的な民家風の家のほうが安全かもしれません。

営業トーク

建物が大地震で安全かどうかは全国一律ではなく、地域の地盤の状態に大きく関係しますので、当地の地盤情報を見込んで建物の耐震性についてアドバイスいたします。

❼ 鉄骨造の地震対策

Q **鉄骨造の地震対策について教えてください。**

A 現在、毎年建設される建物のうち、鉄骨造が約4分の1を占めています。

本来、鉄骨造は地震に対して有利なはずですが、阪神・淡路大震災の調査で判明したように、新耐震基準が適用された鉄骨造の建物でも、約3分の1が修復不能というほどの損傷を受けました。

これは、品質管理の悪さが原因だったのです。

鉄骨造は溶接部分の良否(りょうひ)が決め手ですので、徹底した溶接部分の検査が重要です。

Q **鉄骨造のすべてに注意しなければならない溶接部分があるのですか?**

A 鉄骨造は、大きく**軽量鉄骨造**と**重量鉄骨造**に分類されます。

軽量鉄骨造は、プレハブ工法によるものがほとんどで、鉄骨造建物全体の約3分の2を占めています。

Coffee Break

世の中は溶接欠陥だらけ!? 私の遭遇した現実です。私の事務所では、溶接の検査会社を指定していますが、以前にある鉄骨の建物で検査会社から溶接部の全箇所が欠陥だという連絡が入りました。元請の鉄骨工場は大きいのですが、下請けの工場に出しており、そこの溶接方法が良くなかったのです。しかし、これまで何千という建物が鉄骨工場の懇意の検査会社から問題なしとして出荷されていたことを考えると、恐ろしい現実が見えてきました。

プレハブ工法は、決められた工程・規格に基づいて専門工場で製作され、さらに新耐震基準で設計されていれば、品質が安定しており、地震に対してまず問題はないでしょう。

しかし、軽量鉄骨造は鋼材が小さいため、木造とほぼ同様の空間しかつくれないのが一般的です。

そこで、柱や壁を設けない大空間や、4階建て以上の建物を鉄骨で建築する場合は重量鉄骨造となるのです。

重量鉄骨造は、主に倉庫や工場の建物用に規格化された部材や部品を組み立てるプレハブ工法のものもありますが、注意したいのは、それ以外の一般的な重量鉄骨造の建物です。

Q　一般的な重量鉄骨造の建物で、溶接の管理が不十分なものが多いというのはなぜなのですか？

A　重量鉄骨造は、溶接で部材が接合されています。

プラモデルをイメージしていただければわかりやすいのですが、接着が不完全だと簡単に壊れてしまいます。

それと同様に、重量鉄骨造で建物が壊れてしまった大きな原因は溶接の欠陥なのです。

通常、溶接は専門の資格を持つ職人が作業を行いますが、人がやることですから、どうしても欠陥となる場合があります。

そこで、外部の検査会社に委託して**超音波探傷**（たんしょう）**試験**等を実施し、溶接内部に欠陥がないかを調べるよう行政から指導されています。

ところが、溶接作業を行う鉄工所がその工事費から検査料を支払うのが一般的であるため、少しでも費用を抑えようとして十分な検査を実施しないというケースが見受けられるのです。

阪神・淡路大震災後は、溶接部の検査をさらに徹底するよう、行政側から強く指導されることになりました。

そのため、以前に比べると、溶接部分の品質は向上していますが、阪神・淡路大震災が起こった1995年以前の重量鉄骨造の建物には注意が必要です。

Q それでは、既存の重要鉄骨造の建物の溶接がしっかりしているかどうかを調べるには、どのようにすればよいのでしょうか？

A 建物オーナーが、第三者の超音波探傷検査会社に依頼して溶接部の安全性を確認する方法がベストです（一般社団法人日本非破壊検査協会の会員の中から第三者検査会社を建築主が指名するなどの方法を取るのも一法です）。

それでは、溶接部分の確認方法について説明していきます。

重量鉄骨造の建物は、石綿（1990年頃まではアスベストが使用されていました）などの耐火材料により、溶接部分が被覆（ひふく）されていますので、**アスベスト**の混入があるかどうかの耐火被覆の調査が必要になります。

アスベストの混入があると検査対象部分を数か所剥（は）がすことになりますが、専門会社に

Coffee Break

昔から知られていたアスベスト問題

私が学生のころ、アルバイトで建築現場に行ったとき、「肺に刺さるからしっかりとタオルを口に巻けよ！」と言われたことをいまだによく覚えています。今考えると、それがアスベストの吹き付け工事だったのです。アスベスト問題は今さらではなく、昔から現場では知られていたことなのです。

依頼することになります。

アスベストの混入がなければ、検査会社が耐火被覆を除去し超音波探傷試験を実施します。

検査会社はいつも溶接部分を見ているので、溶接部分の溶接された形状で良否の判断がつくともいわれます。

溶接欠陥については、設計監理者が建設会社と別にいる場合は問題が少ないと考えられますが、設計と施工が同じ会社の場合は、たとえば、竣工（しゅんこう）時の書類の中に**ミルシート**（鋼材の品質を証明する添付書類。規格値と製造実績値が記載されています）や検査書類があることを確認するなどの注意も必要です。

Q　重量鉄骨造では、床材や外装材を取り付けるときにも溶接が行われているようですが、大丈夫なのでしょうか？

A　重量鉄骨造の外壁材として使用されることの多い**ALC板**についても、構造体との取付けを溶接で行うため、溶接部の安全性が疑問視される建物が少なくありません。

私の事務所が監理していた建物でも、資格を持たない外国人が溶接していたことが何度かありました。

そのような場合は、溶接箇所を2倍にして作業するよう指示して事なきを得たのですが、監理者が不在であったためにそうした指示が出されず、建物が完成に至ってしまったケースもあるのではないでしょうか。
先にお話ししたように、重量鉄骨造の建物は、基本的には地震に対して強いのですが、溶接部分の良否によって性能が大きく変わってしまう構造物といっても過言ではありません。

営業トーク

当社では、第三者の検査会社を指定して超音波探傷試験を行っていますので、安心していただける建物をご提供しています。

❽ 鉄筋コンクリート造の地震対策

Q 鉄筋コンクリート造の地震対策について教えてください。

A 鉄筋コンクリート造は一番ポピュラーな構造形式ですが、地震に対しては構造的なバランスとコンクリートの品質が重要です。

重量鉄骨造は、構造に欠陥があると大地震時に全崩壊するリスクがあることはお話ししましたが、鉄筋コンクリート造はたとえ欠陥があったとしても、全崩壊することは少ない構造物です。

にもかかわらず、1995年の阪神・淡路大震災で多くの鉄筋コンクリート造が崩壊したのは新耐震基準（1981年）以前の建物で、特に1971年以前の建物に関しては鉄筋量が少なかったため、新耐震基準の鉄筋コンクリート造で崩壊してしまった建物もありました。

その原因として、構造体の平面的・立体的なバランスが重要でした。

Q **構造体のバランスって何ですか？**

A 崩壊した建物で顕著だったのは、1階がピロティ（駐車場のように柱が樹立している部分）形式が多かったことは前述しましたが、1階が他の階や基礎の部分に比べて弱くなっています。

それまでの構造計算では問題ないとされてきましたが、建物の中で弱い部分があると、そこに地震力が集中しやすいことが十分に検討されていなかったのです。

一方、同年代に建設された建物でも、たとえば1階が住居になっているマンションのように柱に壁が取り付いている建物は、崩壊を免（まぬが）れているものが少なくないのです。

コンクリート造の中高層建物では、耐震壁が平面的かつ立体的にもバランス良く入っている必要があるのです。

したがって、阪神・淡路大震災以降は、基本的にはマンションの建築では**ピロティ**が禁止されていると考えていいかもしれません。

どうしても1階にピロティが必要な場合は、1階の柱の鉄筋量を割り増し、柱も太くします。

以上のことから、阪神・淡路大震災以前の既存建物の耐震性をみる場合は、1階と上層

Coffee Break

誰にでもわかる耐震性

耐震性が強いかどうかは、計画しようとする建物の模型をつくるとよくわかります。建物の模型を横から手で押してみたりして、強ければ耐震性の強い建物で、弱ければ弱い建物です。当たり前のことかもしれませんが、コンピュータのない時代では、試行錯誤で実際の建物で実証しながら地震に強い建物をつくっていたに違いありません。

階が「平面的に構造体が同じ」であるほど耐震性が高いと考えられます。

　また、木造の壁構造であるツーバイフォー工法のように、鉄筋コンクリート造の壁構造も耐震性に優れています。

Q 立体的なバランスについてもう少し教えてください。

上層階がセットバックしている建物の耐震性

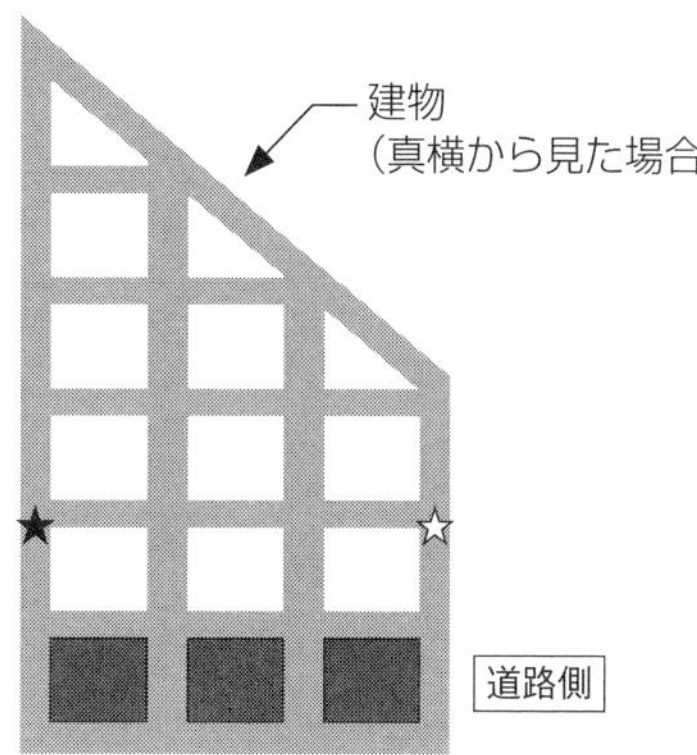

☆面と★面にかかる加重が違うため、バランスを崩しやすい。

A 　最近では建築基準法が改正され、**天空率**（道路境界の反対側、隣地境界のある算定位置での、全天空に対する空の水平投影面積の割合をいいます。ある地点からどれだけ天空が望めるかを示します）という設計手法を使用することにより、道路斜線制限・隣地斜線制限・北側斜線制限による上層階の**セットバック**（斜めに屋根部分が後退します）が不要になりました。
　しかし、天空率ができる以前の建物では、建物の上部が道路斜線制限のためセットバックしている建物も少なくありません。

セットバックによるコンクリート造の斜め屋根は、内部の使用勝手だけでなく防水的にも不利ですが、構造的にも不利です。

たとえば、前ページの図のような建物では、1階の柱にかかる加重が道路側と反対側とでは違うため、バランスを崩してしまっています。

また、阪神・淡路大震災では、8階建ての旧神戸市庁舎の6階部分が崩壊するという不思議な現象が起きました。

この建物は、6階から上が鉄筋コンクリート造、5階から下が鉄骨鉄筋コンクリート造でした。

構造計算上は問題がないとしても、耐震強度が6階を境に大きく異なったため、急に弱くなったところに地震力が集中したのが一因ともいわれています。

これも構造バランスの崩れが崩壊につながった事例です。

Q　コンクリートの品質低下とは、何ですか？

A　鉄筋コンクリート造の耐震性については、コンクリートの質も重要なポイントです。

コンクリートの強度が低かったり、ヒビ割れにより鉄筋が錆びて、鉄筋とコンクリートの一体性が損なわれていたら、耐震性が低下するのは当然のことです。

阪神・淡路大震災で高速道路の橋桁が崩壊したのは、コンクリートの強度不足が原因ともいわれています。

実際に崩壊した小学校のコンクリート強度を計測したところ、新築当初よりコンクリート強度の低下がみられた建物がいくつかあったと報告されています。

そもそも、コンクリートは100年に向かって強度が増していくといわれていましたが、そうではなかったのです。

コンクリートは、砂利・砂・セメント・水から構成されていますが、セメント量に対して水が少ないほど強度が高く、また、コンクリート打設後に型枠を保持する期間が長いほど強度は高くヒビ割れはしません。しかし、建設会社が施工性や施工期間の短縮を求めると、この重要な点が疎かにされがちになります。

100年建築を求めるのなら、少ない水と、十分な養生期間をとるというコンクリートの品質管理が重要です。

これによりコストが大きく上がるわけではありませんので、ぜひ実行していただきたい事項です。

営業トーク

当社の提供する建物は、100年建築をめざし、高強度でヒビ割れの少ない施工方法を採用しています。さらに、耐震性を考慮して構造バランスも十分に検討しているので安心していただけます。

Q **日本のコンクリートの品質は、そんなに悪いのですか？**

A 100年建築をイメージした場合、コンクリート造の建物をイメージする人が多いと思います。

しかし、日本では100年超のコンクリート造の建物はほとんど見当たりません。

以前、日本の建築設計事務所が開発途上国に対し、日本国内レベルのコンクリート仕様で設計した際、途上国側から「これではダメだ」とはねつけられたという逸話があります。

実は、日本は耐震性能は世界一なのですが、品質に関しては途上国に劣るほどのレベルの〝貧コン（コンクリート）〟な国なのです。

Q　なぜ、日本のコンクリートの質は、そんなに良くないのでしょうか？

A　建築現場で「コンクリート打ち」といった言葉があるように、コンクリートは打ち込むもので、**打設**（だせつ）ともいいます。

本来、コンクリートは振動を与えたり、突き固めたり、叩いたりして施工するものです。

コンクリートは、「打ち込む」もので、「流し込む」ものではないのです。

そうすることで、密実なコンクリートが形成され、収縮やヒビ割れの少ないコンクリートができるのです。

ところが、コンクリートを「流し込んでいる」のが日本の現状です。

皆さんは、工事現場で、生コン車がポンプ車にコンクリートを入れ、そこから長いホースでコンクリートを圧送（あっそう）するところを見たことがあるのではないでしょうか。

Coffee Break

ＳＲＣ造のマンションは旧耐震でも買い？

鉄骨鉄筋コンクリート造（ＳＲＣ造）のマンションは最近見かけなくなりましたが、耐震的には粘りがあり、耐震性能は優れています。阪神・淡路大震災でも、ＳＲＣ造の建物が崩壊した報告は聞いていません。おそらく、旧耐震でも大地震に対して耐える建物が多いと考えられます。そういった意味では、金融機関の融資が難しいかもしれませんが、現金払いなら旧耐震の分譲マンションは買いではないでしょうか。

なぜ流しているのでしょうか。

それは施工しやすいからです。

現在では、どこの国でもコンクリートを圧送して施工しているのですが、コンクリートの柔らかさが問題なのです。

コンクリートは、前にもお話ししたように、砂・砂利・セメント・水の4つをミックスすることで成り立っています。

日本では、どちらかというと品質よりも施工性を重視するため、水の配分を多くしたコンクリートを使用することが少なくなく、法律で決められた品質基準でも、他国に比べて水分量は多めです。

実は、このことが〝貧コン〟の大きな原因なのです。

Q　それでは、どうすればコンクリートの質を上げることができるのですか？

A　100年も200年も耐久性のあるコンクリートにするには、水の量をいかに抑えるかが重要なポイントとなります。
鉄筋コンクリート造におけるコンクリートの究極の働きは、
①所定の圧縮強度を保持し続けていること
②鋼材と一体化して錆を発生させないこと
の2点です。

この究極の働きを達成させるためには、通気性、透湿性などを良くして、ヒビ割れを起こさないようにしなくてはなりません。

しかし、砂・砂利・セメント・水を適当に混ぜ合わせると、コンクリートは固まってしまいます。

触れば固く感じるし、一見普通のコンクリートに見えます。

また、水が多いコンクリートでも、当初は所定の強度が十分あるため、専門的に詳しく調べないと、良質なコンクリートかどうかがわからないのです。

逆にいうと、コンクリートを打ち込んだ後では、何の手立ても講じることができないということです。

Q　水を少なくすれば、コンクリートの強度も上がるのですか？

A　水の量を極端に少なくしていくと強度の高い高強度コンクリートになり、高強度鉄筋を使用すれば、鉄筋コンクリート造の超高層マンションができあがり、２０００年くらいから多く建設されています。
しかし、高強度・高密度のコンクリートは、地震時などの火災によって内部の水分が気化膨張した場合、逃げ場がなくなり、爆裂する危険もあるのです。

そのため、高強度・高密度のコンクリートは特に品質管理が重要となりますが、通常のコンクリートでも、水の量を多くせず、十分注意して施工することにより、「１００年コ

Coffee Break

古いＲＣ造の性能は壁厚でわかる

最近のＲＣ造は、それなりに壁厚も最低150㎜以上になりましたが、古いＲＣ造では100㎜や120㎜という建物も見受けられます。このような建物だと鉄筋量も少なく、かぶりも少ないため、特に外壁だとヒビが入り、鉄筋が錆びて雨漏りの原因にもなります。一見、外から見ると吹き付けタイル仕上げできれいになっているかもしれませんが、要注意建物です。

ンクリート」が確保できます。

その証拠に、1908年（明治41年）に第1期工事が竣工した「小樽港北防波堤」（北海道小樽市）は、海水と寒風にさらされながら、現在も厳然として存在しています。

コンクリートの構造物に慣れていない昔だからこそ、一生懸命、注意深く施工したのでしょう。

Q **養生期間を十分にとるのは、どのような理由からですか？**

A コンクリートは、打設後の**養生期間**が非常に大切です。

鉄筋コンクリート造の仕組みの項で説明したように、型枠を外す期間が長ければ長いほど強度が高まるという実験結果があります。

現場で型枠を外していたのでコンクリートをさわったらホカホカと暖かった等はもってのほかです。

それでは、何日くらい型枠を外さないほうが良いかといえば、4日以上かつ「120÷（外気温＋10）」日以上が良いとされます。

つまり、気温が10度なら6日となります。

現場がそれではどうしても工期の関係上できないといえば、3日間に短縮して（2日で外す現場が少なくありませんが、3日は外さないほうが良いです）、残りの3日に関しては、専任の現場員が霧状の水を壁にかけて養生させるのが良いでしょう。

屋上の場合は、排水穴に栓をしてコンクリートがヒタヒタになる程度に水を貯めて、1週間は放置しましょう。

こうすれば、強度が高い驚くような品質のコンクリートになります。

雨漏りが一番心配な屋上のコンクリートの品質を確保すると、建物自体の品質がかなり向上します。

屋上の水張りは数か月かけても、現場の作業の迷惑にはなりませんので、RC造の新築を考えている建物オーナーの方にはぜひ実行していただきたい簡単な品質向上策です。

Q　コンクリートの品質の高め方はよくわかりましたが、素人の私が工事会社に指示できるようなことはないでしょうか?

A　コンクリートの水分量やかぶり厚については、設計事務所などの専門家に指示してもらわないと難しいですが、養生期間は素人の方でも指示できるでしょう。
通常よりも1日~2日長いだけで品質は上がります。

しかし、工事期間を短縮したい工事会社は、工期が延びると工事に影響があると返答するかもしれません。

それでも、最上階の屋根については工事期間に影響を与えませんから、コンクリートが固まったら、雨水の排水穴に布などを入れて水張りを行うことは可能なはずです。

そうすることにより、コンクリートの質はかなり上がるのです。

Q **屋根部分のコンクリートの質が上がると、どのような効用がありますか?**

A 鉄筋コンクリート造の建物の**雨漏り**のメカニズムを考えてみましょう。
鉄筋コンクリートの屋根はアスファルト防水などの防水材で被覆されているのが普通です。

漏水のメカニズム

防水の亀裂
雨水
アスファルト防水などの防水
ひび割れ
漏れ水

屋根のすぐ下の天井から雨漏りがあったとします。

そうすると、天井裏を見ることになると思いますが、よく見ればコンクリートにヒビがあり、そこから雨が漏っていることがほとんどです。

そこで、すぐ上の屋根部分を点検しますが、防水が切れたり、劣化などで雨水が入った形跡が見られません。

どこから雨水が浸入したのかがわからないのです。

要するに、どこかの場所の防水の亀裂から雨水が浸入し、コンクリートのヒビ割れ部分から**漏水**(ろうすい)したのです。

漏水している個所からは、どの部分から雨水が浸入したのかが不明なため、結論的には防水材の全面のやり直しを行わざるを得ません。

そこで、もしコンクリートにヒビが入っていなければ、防水の亀裂から雨水が入ったとしても、建物内には漏水しませ

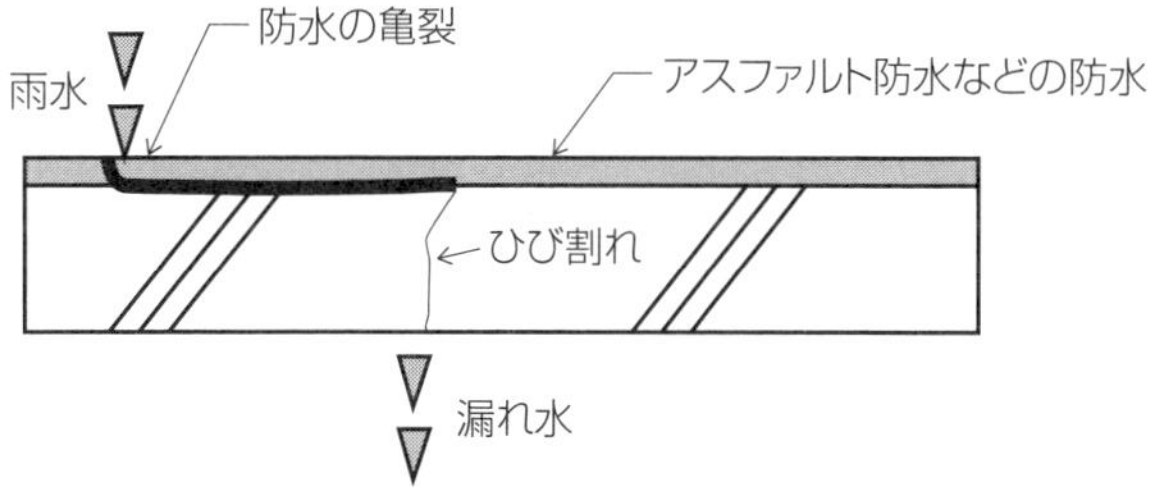

ん。

防水の下に雨水が溜まっていたとしても、コンクリートには悪影響を与えません。

雨が降らなければ、そのうち乾燥してしまいます。

そのように考えると、ヒビ割れがしにくい質の良いコンクリートなら、防水材が必要ではなく、そのままのほうが良いという考え方もあるのです。

たとえヒビ割れが生じても、その部分だけ補修すれば雨漏りは止まるので、修理費用もかなり抑えることができるのです。

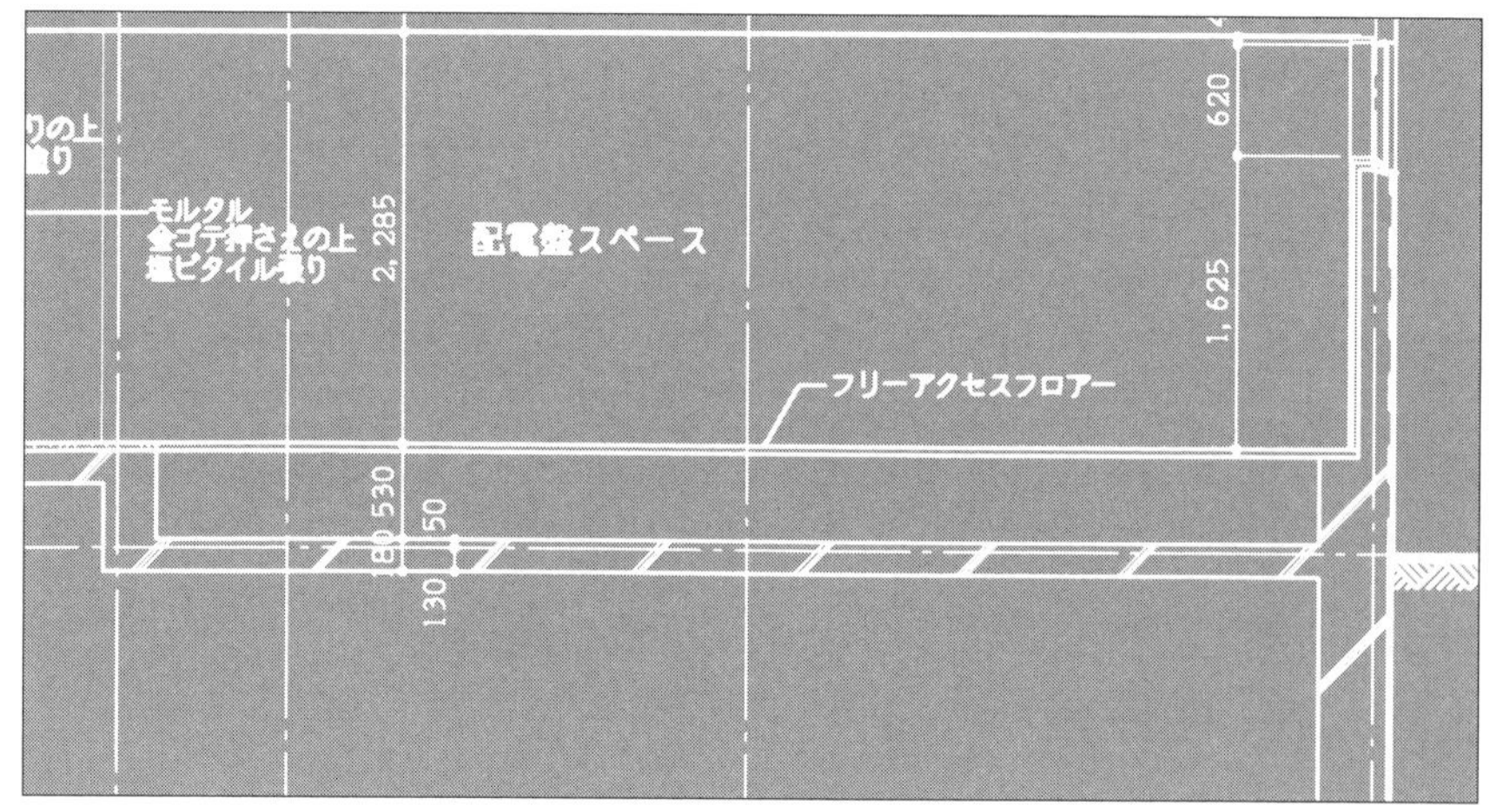

3　屋根や窓ガラスなどの建物の外装材の種類や、防水・断熱対策の仕方について教えてください。

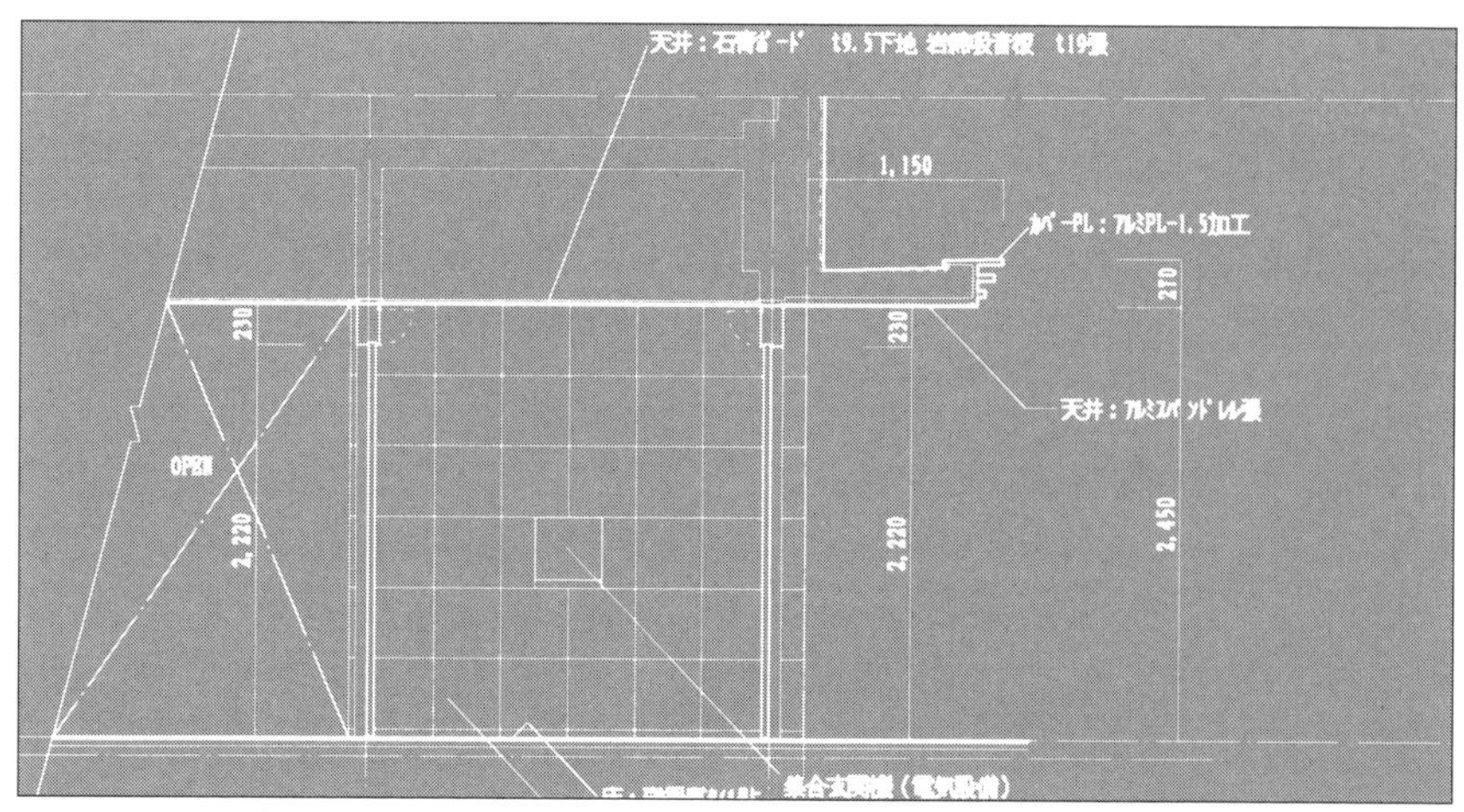

❶ 屋根の形状

Q 建物（住宅）の屋根の形状には、どんなものがありますか？

A 建物のスカイラインをつくり出しているものの一つは、屋根の形です。その角度や形には、世界各国の風土や文化が反映されます。

たとえば、西欧でよく見られる石造りの建物の屋根は、木造の切妻屋根が多いのですが、切妻壁の前に屋根形状を隠すような装飾壁が施されているため、印象が薄いかもしれません。

日本や東南アジアなど雨の多い地域では、昔から屋根を意識した建物デザインが多いため、いろいろな形状の屋根が誕生し、現代に至っています。

現在、日本で屋根の形状を選択する際は、コストから判断する場合が多いのですが、外観デザインや室内空間で決まることも少なくありません。

Q 一番基本となる屋根の形状は何ですか？

A 基本は、**切妻屋根**（きりづま）です。

最も多く採用される形で、和風、洋風どちらの建物にもなじみます。

片流れ屋根

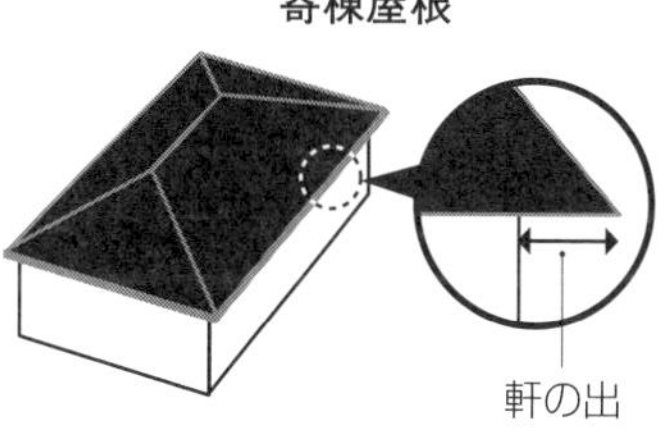

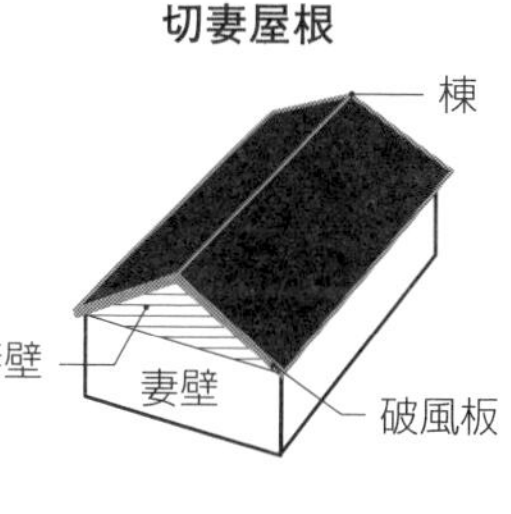

形状が単純なため、雨仕舞い（雨水の浸入を防ぐ方法）が良く、工事コストも安いのが特徴です。

また、左右の屋根の勾配を変えることで、デザインに変化をつけることもできます。

屋根裏の換気も容易なことから、屋根の基本形として採用されています。

棟と直角の面を建築では「妻」といいます。

妻壁の上部の三角形の切妻壁部分を「切妻壁」といい、破風板を含めて「破風」とも呼びます。

日本の古建築では、装飾が施されたり、格子が組み込まれたりしています。

切妻の次によく採用されるのは**寄棟屋根**です。雨仕舞いは、切妻より優れています。

その分施工は難しくなりますが、軒の高さが4周同じであることから、高い足場が不要で工事がしやすいため、古来より親しまれています。

安定感があり、落ち着いた外観を持ち、「軒の出」を深くすることでさらに高級感を演出できます。

また、どの方向からの風に対しても強いのがこの屋根の特徴で

Coffee Break

棟換気　伝統的な民家や農家の屋根には、「越屋根」といって、台所の煙を逃がす開口を持った小屋根がつくられています。これは、煙を逃がすだけでなく、温かい空気は家にたまりますので、熱気を逃がす役目もしているため、夏の暑さ対策にもなります。現代の屋根は一般的に空気層を挟んだ二重構造になっており、軒裏の換気口（穴の開いた板）で空気は多少は動きますが、切妻屋根や寄棟屋根なら一番高い棟に「棟換気」という屋根部材を取り付けると、二重構造の熱気を逃がし効果は大きいのです。

すが、屋根裏の換気は軒先（のきさき）や棟から行う必要があります。

Q 一番人気のある屋根の形状は何ですか？

A **片流れ屋根**（かたながれやね）と呼ばれる屋根です。
最もシンプルな屋根の形状です。

屋根の頂部にあたる部分が他の形状と比べて高くなるため、天井を高くする、吹き抜けをつくるなど、デザインを凝らした、魅力ある室内空間をつくり出すことができ、人気があります。

片流れ屋根を組み合わせた屋根を**差しかけ屋根**といいます。1階が2階より広い場合、2階の外壁に接して設けられた片流れ屋根のことをいい、この部分が小さいと「下屋（げや）」と呼ばれます。

平屋の住宅でもこの屋根の形状を採用し、高さの異なる屋根と屋根の間にある外壁部分に窓を設けると、暗くなりがちな1階の室内中央部に明かりを採り入れることができます。

日本の伝統的な屋根は何ですか？

A

入母屋屋根が代表的です。

上部が切妻、下部が寄棟の形をした屋根です。

本来は、古民家などの切妻屋根に開口部を設けることで、室内で炊かれた煙などを排出する目的でつくられたと考えられます。

昔ながらの格式ある家などに採用されており、和風の品格のある外観デザインとなります。

寺院や武家屋敷では、切妻屋根同様、破風部分には装飾が施されたり格子が組み込まれたりしています。

ただし、複雑な形ですので、コストがかかり、雨漏りにも注意が必要です。

寄せ棟の平面形状が正方形になると、**方形屋根**になります。

寺院にみられる八角形の平面形状の屋根も「方形」と呼ばれます。

構造的には一番しっかりしていますが、正方形の中につくる間取りにバラエティさが少ないため、住宅にはあまり使用されていません。

陸屋根

Q

たいらな屋根のことを何というのですか？

A

陸屋根（りくやね／ろくやね）といいます。

一般に木造住宅では採用されません。

昭和初期に外国の陸屋根を採り入れてインターナショナルスタイルとして建築家が好んだ時代がありましたが、雨の多い日本ではなじまない形状です。

一方、コンクリート造の建物では、斜打ちが難しいため必然的にこの形になります。

それでも50分の1以上の水勾配をとるのが安全です。

Q **屋根の形状は、どのように考えるとよいでしょうか？**

A

屋根は雨水が建物内に入らないようにするもので、**勾配屋根**が基本です。

伝統的な木造建築の屋根も勾配屋根で、庇（ひさし）も付加させて雨水が建物内に入らないようにしています。

しかし、コンクリート造では勾配屋根でつくることは困難で、**陸屋根**になってしまうため、排水口の下が室内になってしまうのが一般的です。

マンションのように外廊下やベランダが付く場合には、その部分に当たる屋根が庇になり、排水口をつくることにより室内への漏水リスクを減少させることができます。

古代建築では、建物全体が木造でも石造でも、屋根の構造は木造です。

たとえば、有名なアテネのパルテノン神殿は、今では柱と梁しか残っていない石造ですが、以前は骨組みが木造・瓦葺きの切妻屋根がかかっていました。

営業トーク

お客さまのご要望にお応えできる、さまざまなバリエーションの屋根を取りそろえています。これらの屋根は、切妻と片流れなど、組み合わせることで、住宅にオリジナリティを出すこともできます。

広い空間を覆う屋根を石でつくることは不可能なため、長くて軽い材料の木造が選ばれたのです。

その後、屋根は、**トラス**（三角形の集合体で構成する構造形式➡16ページ参照）が主流になります。

広い空間を安定した構造形式で覆うには、木材を三角形に組み合わせたトラスが構造的に有利なためです。

そして、近代になると、木材が鉄材に置き変わっていきます。

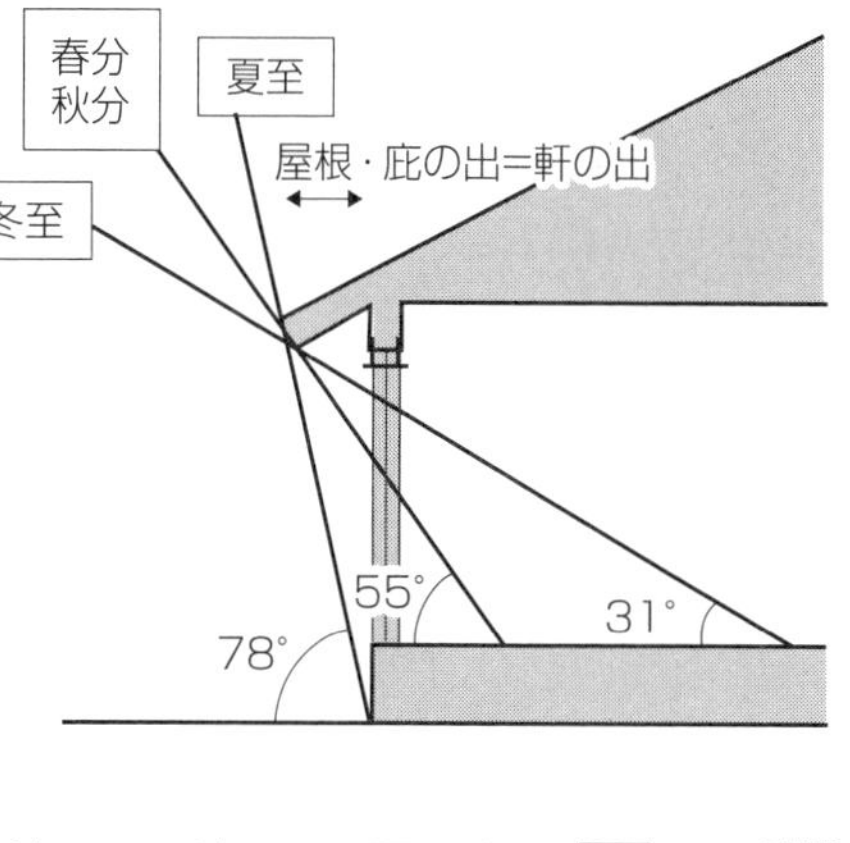

Q **屋根には、雨よけ以外に庇（ひさし）の役目もあると思いますが……。**

A その通りです。

東南アジアのような高温で雨が多い地域では、勾配屋根を延長して庇の部分の出を大きくし、雨や日射から防護しています。

庇は、開口部の上に取り付けられる日除（よ）けや雨除（よ）け用の小型の屋根を指します。

日本の伝統建築も同様に勾配屋根で、寺院建築では庇の出がかなり大きいものがありますが、住宅はそれほどではありません。

四季がある日本では、夏の日差しは遮りたいけれど、冬の日差しは取り込みたいからです。

窓の上端から20㎝ほど上に屋根や庇の下端があると仮定すると、出窓が80㎝あれば、暑さが和らぐ9月中旬までの南中時における日差しを遮ることができます。

Q 屋根の形状で、ほかに注意する点はありませんか？

A 屋根が外壁より伸びることにより庇の役割が加わりますが、庇は日差しを遮る役目以外に壁の汚れを防ぐのに大きく役立ちます。

日本のように雨が多く湿度が高い土地では、建物にホコリやチリが付着しやすく、カビも生えやすくなります。

そうした汚れを防ぐには、建物の四周を覆う屋根が効果的です。

窓の上に庇の出が30㎝～50㎝程度の**小庇**（開口部の上部に付ける小さな屋根状の小庇は「霧除け」とも呼ばれます）を付けるケースも少なくありませんが、コンクリート造などで小庇部分が平坦に近い場合、壁に付く両サイドを少し上げて勾配を取ると、雨水が垂れて壁が汚れるのを防ぐことができます。

防汚対策としての屋根や庇は、出が大きいほどその効果は高いものの、風が強くなければ雨はほぼ垂直に降るため、屋根や庇の出が20㎝～30㎝程度でも効果はあります。

Coffee Break

最近の建物は軒の出が少ない

最近のハウスメーカーなどの住宅は、軒の出が少ないのが流行りです。確かに、軒の出が少ないほうがモダンに見えますが、雨が直接外壁にあたり、シール切れがあると雨漏りにつながります。また、外壁についた雨水によってカビが生えやすく、外壁の黒ずみにつながります。デザインを優先するか、機能を優先するか、選択肢があるはずなのですが、完全注文住宅にしない限り選択肢はありません。

Q 建物の漏水対策について教えてください。

A **漏水事故**の多くは屋根が原因で起こりますが、なかでも排水口（ルーフドレイン）周りの事故が目立ちます。

木造の場合、ほとんどは樋が壁より外に出ているため、排水口が詰まったとしても外部に溢れるだけで大きな問題にはなりません。

しかし、コンクリート造の建物はほとんどが陸屋根形式で、デザイン性を重視する傾向があり、排水口が外壁の内側に入るケースが少なくありません。

廊下やバルコニーがあるマンションなどは、その上まで屋根を延ばして排水口を設け、万一の漏水事故に備えられるのですが、排水口が外側にない陸屋根の建物は漏水のリスクが高まります。

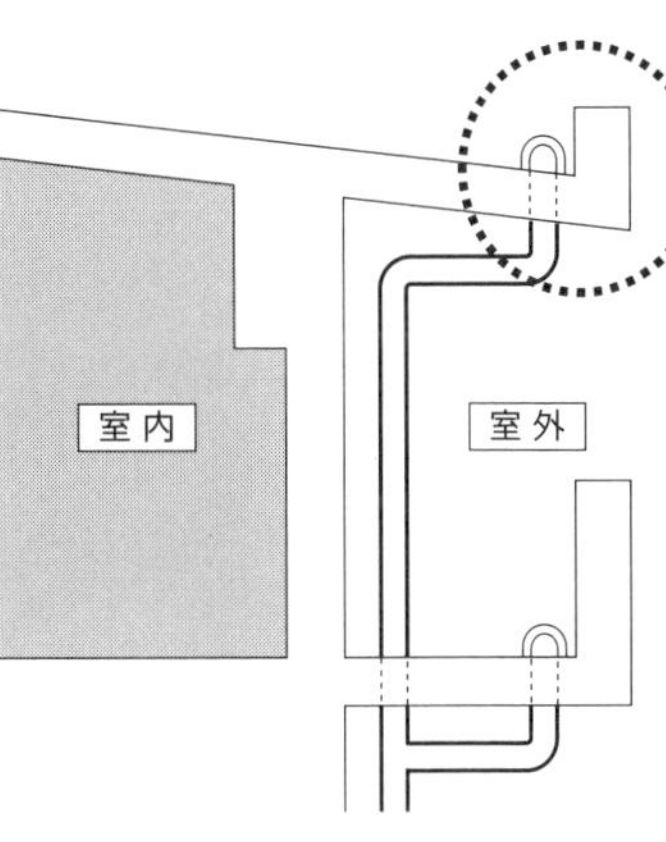

Q 屋根以外に窓などからの漏水も考えられますが、なにか対策はありませんか？

A 漏水事故で最も多いのは屋根からですが、次に多いのが開口部周りなのです。

壁からの漏水事故は壁にクラックが入っているなどわかりやすいのですが、開口部からの漏水はわかりにくいのが特徴的です。

そのために、開口部の上部に小庇をつけることも多いのです。

小庇がついていると、小雨の場合なら窓を開けておくことも可能ですから、室内の換気に大いに役立ちますし（2003年以降の建物はシックハウス法により機械換気による24時間換気が義務づけられています）、玄関などの扉の上に90㎝程度の庇がついていれば傘をたたむ動作ができるスペースがつくれ、濡れずに建物内に入ることができます。

Q　庇以外に似たような雨除けや日差し対策はありませんか？

建物の窓や軒先などに取り付けられる布張りでできた可動式の日除け、雨除けを**オーニング**といいます。

A　一般には、店舗やカフェに使用され、せり出しの程度を手動または電動で調整できるものです。

オーニングは、夏季の冷房稼働率の低減に大きく貢献します。

夏は日射を防ぐことにより外断熱と同じ効果を生み出すのはもちろん、食事やパーティスペースとして新たな空間をつくり出すことにもつながります。

現在は原子力発電の休止によりいっそうの節電が求められていることを考えると、店舗のみならず、今後は一般家庭でも広く使用されるでしょう。

簾（すだれ）や葦簀（よしず）が便利ですが、可動式の日除け・雨除け「オーニング」を活用するのもオシャレ感が増しますので検討するとよいでしょう。

❷ 木造の屋根

営業トーク

弊社の建物は軒の出を大きく取っていますので、夏の日射が室内に入るのを低減することができ、省エネに大変効果があります。

Q **屋根の材料には、どのようなものがありますか？**

A **木造の屋根の材料**には大きく分けて、瓦やスレート、アスファルトシングルなどの成形材料を置き並べて留めていくタイプと、金属板などを敷き込んでいくタイプの2種類があります。

前者は、部材が小ぶりなのでどのような屋根の形状にも対応でき、また部分的な補修が容易ですが、屋根の表面に凸凹ができるため、材料によっては一定以上の屋根勾配が必要になります。

後者は、表面が平に近い屋根をつくることができますので、屋根勾配が少ない形状が可能です。

屋根は太陽光が水平状態で一日中当たり、風雨にも直接さらされるため、建物の中でも最も劣化が激しい部位といえます。

そのため、屋根の材料の選定には十分に気をつけなければいけません。

Q 伝統的な瓦について教えてください。

A **瓦**には、日本瓦（本瓦・和瓦）と西洋瓦があります。

日本瓦は、粘土を焼き固めたもので、焼き方や表面処理でいろいろな種類があります。

耐久性や耐火性、遮音性が高い反面、ほかの材料より重いため、地震の際などに建物への負担が大きいことが挙げられます。

なかでも、耐久性は抜群で、50年～100年は長持ちするとされています。

ただ、下に土を敷く伝統的な工法で葺（ふ）きあげた場合、重量は1㎡当たり50kgに上るため、建物への負荷がさらにかかります。

西洋瓦（セメント瓦・スペイン瓦）は、原料のセメントと砂を加圧成型し、塗装を施したものです。

基本的な特徴は日本瓦と同じですが、弱点として耐久性が日本瓦より劣ること、塗装が落ちやすいことが挙げられます。

価格は日本瓦より安く、カラーも豊富なため洋風の木造住宅によく採用されます。

最近では、金属を瓦状に成型したものもありますが、これも西洋瓦の一種といえるでしょう。

Q **瓦以外で板状の屋根材は何というのですか？**

A スレート材が最も多い屋根材です。

商品名ですが、**コロニアル**とも呼ばれます。

石綿セメント板を着色した屋根材です。

石綿・セメントを主原料に乾式製法で形成されたもので、当初のものはアスベストの混入がありましたが、現在の製品にはもちろんアスベストは使用されていません。

台風や地震に強いほか、廉価で軽量なため施工しやすく、金属屋根に比べて落ち着いた印象があることから、最も広く普及しています。

デザインや色の種類が豊富ですが、退色が早いこと、耐久力が乏しいことが欠点です。

スレートではありませんが、スレートに似た形状でやわらかめの板材の材料がアスファルトシングルという材料です。

「アスファルトルーフィング」（通常、屋根材の下地防水に使用されます）にアスファルトを浸透させ、表面に粘着防止の着色砂などを付着させたものです。

1枚が厚さ5㎜、大きさが40㎝×90㎝程度の柔軟性を持った材料で、軽量・廉価で施工も容易です。

防水性、屋根形成の自由度が高いことが利点ですが、断熱性に乏しく、劣化すると固くなり飛び散りやすいのが欠点です。

Coffee Break

コロニアル ひと昔前は、屋根はコロニアルというのが一般的でした。コロニアルというのはメーカーが付けた商品名の俗称で、正式にはカラーベストコロニアルという商品名です。すなわち、カラーベストとは、今では問題になっているアスベストを主体材料とした屋根材です。再塗装しなければ20年程度で風化してきますので、アスベストが飛散します。それでも飛散量が少なかったせいなのか、健康被害は報告されなかったのですが、現在のような情報社会だったら大変なことになったかもしれません。

Q **鉄板製の屋根について教えてください。**

A 亜鉛メッキ鋼板が昔からよく使用されています。

鉄板の両面に亜鉛メッキを施した鋼板のことで、昔からある**トタン板**と呼ばれる材料です。

亜鉛は、自ら溶け出して鉄板を錆から守る「犠牲防食作用」がありますが、時間の経過とともに溶け出す可能性があることから、完璧な防錆とはいえません。

現在では、**ガルバリウム鋼板**と呼ばれる材料が廉価になり、価格差が少なくなったため、使用されることは少なくなりました。

ガルバリウム鋼板というのは、鉄板の両面に、アルミと亜鉛合金によるメッキを施した鋼板です。

高い耐蝕性によって、トタンの3倍~6倍の耐久性があります。

そのほか、防水性・加工性に優れていますが、断熱性は低く、雨天の際は雨音が響くことが欠点として挙げられますが、現在、いちばん多く使用されている屋根材です。

3寸勾配

10

3

Q **屋根材によって屋根勾配の違いはありますか？**

屋根の傾斜度合いの呼び方は、屋根の底辺10寸に対する立ち上がり部分を指し、前ページの図は3寸勾配です。

屋根材ごとに最低勾配が制限されており、守らないと雨漏りの原因になりますので十分な注意が必要です。

瓦葺きは、一般に3・5寸勾配以上ですが、緩(だん)勾配用の瓦は2・5寸勾配から使用できます。

スレート屋根は3寸勾配以上から可能で、2寸勾配以下にする場合は金属屋根となります。

金属屋根でも、屋根の棟から軒までを1枚の材料でつくり、お互いの端部を重ねて巻き込んだ「立てハゼ葺き」では1寸勾配から使用することができます。

また、6寸勾配以上にすると洋風な印象を与えられます。

最近では、重量のある瓦屋根の住宅は地震に弱いので、軽い屋根に葺き替えたいという要望も少なくありません。

しかし、決して瓦が悪いわけではなく、捨てがたい魅力もあり、家の構造によって適する屋根材は異なってきますので、専門家に相談しながら選択されるのが良いでしょう。

3

鉄骨造・コンクリート造の屋根

Q 倉庫などに使われている鉄製の屋根について教えてください。

A 軽量鉄骨造の屋根材料は、基本的には木造と同じですので、ここでは重量鉄骨造の屋根材料について説明します。

重量鉄骨造の代表的な建物である工場、倉庫などの屋根材料は、トタンやスレートが主流でしたが、最近では、木造の金属屋根で一般化した**ガルバリウム鋼板**が多くなりました。

しかし、金属製の屋根は断熱性が悪く、工場や倉庫では、天井を張らないケースが多いため、夏の暑さや冬の結露対策にも注意しなくてはいけません。

具体的には、金属屋根の表面に遮熱(しゃねつ)塗料を塗装したり、室内側に断熱材を入れます。

また、大型の倉庫や工場などでは、大空間に対応した「折板屋根」と呼ばれる、あらかじめ工場で成型された波板形状の巨大な屋根材料を使用するケースも少なくありません。

折板屋根は、錆びにくいように「塩ビコーティング」を施したものや、裏側に断熱材を張った製品も多く出回っています。

Q **重量鉄骨造のマンションの屋根は、どうなっているのですか？**

A 3階建てを中心とした重量鉄骨造のマンションでは、そのほとんどが陸屋根で、屋根下地には、外壁にもよく使用されるＡＬＣパネルのものと、**デッキプレート**（波形に成形された鋼板⬇15ページ参照）にコンクリートを流し込んだ合成スラブのものがあります。

ＡＬＣパネルを使用した場合は、地震等の揺れに対応できるよう、弾性(だんせい)のある**シート防水**、または**塗膜(とまく)防水**を使用するのが一般的です。

シート防水は、ゴムや塩化ビニルなどをシート状にし、つなぎ目をしっかりと**溶着(ようちゃく)**する方法が一般的です。

また、その製品の良し悪しは、実際に長年風雨にさらされないと判断できないため、実験結果が優れているものより、実績年月が長いものを使用する方が安心です。

パラペット（建物の屋上やバルコニーなどの外周部に設けられた低い手すり壁）がＡＬＣパネルでつくられている建物では、笠木(かさぎ)部分（パラペットの上部）にアルミ製の製品を使用するのがよいでしょう。

また、改修工事などには塗膜(とまく)防水といって、ウレタン樹脂・ゴムなどを液状にして膜状に流し込む方法も使用されます。

液状なので施工性が良く、屋上に狭く区切られた空間がある場合や、手摺(てすり)の基礎や高架水槽の架台がある場合にも使用されます。

Coffee Break

溶接と溶着

みなさんは、「溶接」という言葉は知っていると思いますが、「溶着」という言葉は知らないでしょう。主に樹脂同士を接合することをいい、接合後でも溶融部を外観で判別できないものを溶着と呼んでいます。シート防水のシート同士の接着は溶着です。屋外廊下のシートも溶着が一番ですが、シールで接着しているケースも見受けられますので要注意です。

一般的に耐用性が低いとされていますが、繊維状の材料を挿入して耐久性をシート防水程度まで高めた製品もみられます。

一方、合成スラブの場合は、ヒビ割れ防止の鉄筋が入っているため、シート防水、塗膜防水のほか、次項のコンクリート造でお話しするアスファルト防水も使用可能です。

しかし、パラペットが屋根スラブと一体化していない場合は、シート防水を採用したほうが良いでしょう。☞

Q　鉄筋コンクリート造の屋根は、どうなっているのですか？

A　コンクリート造では、**アスファルト防水**が主流です。

本来、コンクリートは水を通しにくい材料ですから、防水を施す必要はありません。

しかし、わが国のコンクリート造は施工性を重視して発展し、コンクリート自体の防水性能の向上を追求してきませんでした。

そのため、コンクリートの上に施す防水材料が重要となります。

最もポピュラーなものは、アスファルト防水です。

これは、「アスファルトルーフィング」（水をはじくアスファルトをフェルトに染み込ませ、製造された防水シート）と「溶融アスファルト」を交互に2～4層張り重ねた、水密性（すいみつせい）に優れた防水層で形成されます。

営業トーク

この建物の屋根にはALCパネルの下地を使用していますが、地震の揺れにも対応できるよう、性能の高いシート防水を施して（ほどこ）あります。

そのため、ほかの防水方法のような単層に比べ、故障となる確率は低く、安心感のある工法です。

アスファルト防水は以前、施工時に火で溶かすため亜硫酸ガスによる公害が問題とされていましたが、現在ではほとんどガスが発生しないアスファルトやゴムを混ぜた粘着材(ねんちゃくざい)などを使用しています。

Q アスファルト防水を長持ちさせる方法はないでしょうか?

A アスファルト防水を露出したままで使用する場合は、砂の付いたアスファルトルーフィングなどを使用しますが、屋根は日光が直接当たるために劣化が激しい場所です。そのため、劣化の原因となる紫外線防止のため、保護層を設けることも少なくありません。

保護層は、厚さ10㎝程度の保護コンクリートをアスファルト防水の上に施工したり、コンクリートの成型板を敷き込んだりすることで、耐久性は1・5倍程度上がります。また、保護層との間に「硬質スチレンフォーム」などの断熱材を挿入すると温度変化が少なくなりますので、さらに耐久性が上がります。

そのほか、重量鉄骨と同様のシート防水、塗膜防水などの方法も可能です。

アスファルト防水のように保護コンクリートを施工することは難しいのですが、コンクリート等の成型板を設置することで、紫外線や熱から防御する方法で耐久性を上げることができます。

ただし、雨漏りなどで屋上防水を改修する場合は、保護コンクリートの上に手摺の基礎や高架水槽の架台が施工されていると、アスファルト防水やシート防水の施工が難しくなるため、耐久性能がかなり落ちますが、塗膜防水の選択肢しかないのが現状です。

Q　屋根材の性能は、どのように考えればよいのでしょうか？

A　屋根に要求される基本性能は、「安全性」、「居住性」、「耐久性」の3点です。

特に「耐久性」は、建物のあらゆる部位において一番重要視される性能です。

たとえば、雨漏りがあれば住みにくいばかりか、賃貸の場合は、雨漏りのせいで居住者の持ち物に損害を与えたら、損害賠償の問題にまで発展しかねません。

地震や雷などの自然災害については、家主が損害賠償責任を負うことは稀でしょうが、雨漏りを放っておくと大変なリスクを背負ってしまうこともあるのです。

こうした理由から、建物オーナーの関心度が最も高い箇所は、屋根の「耐久性」だといっても過言ではありません。

２０００年に施行された品確法により、建物の構造耐力上主要な部分（基礎・土台・柱・梁など）と雨水が浸入する部分（屋根・外壁・窓・扉など）について、住宅販売会社や施工会社が、新築時から10年間の瑕疵担保責任を負うことになりました。

さらに、２００９年には住宅瑕疵担保履行法が施行され、瑕疵担保責任を確実に履行するために保険加入または供託を義務付けています。

　これにより、新築住宅の屋根は10年間保証されることとなりましたが、実はメーカー側では15年間～20年間は性能を保持するスタンスで屋根をつくっています。

　ですから、10年以内に雨漏りがしたということは、工事内容に欠陥があったといえるのです。

　壁などからの雨漏りについては、メンテナンスが必要な材料もあります。品確法では10年間は保証されますが、それ以降は耐えられない材料もありますので、特徴を理解し計画的な改修が必要です。

Q　**屋根材の耐久性は何年ですか？**

A　屋根の材料により耐用年数は異なりますので、それぞれ具体的に屋根の耐用年数、改修周期について説明しますが、外的要因や居住性についても考慮が必要です。

①**窯業系屋根**
　瓦などの屋根は風化するまで使用できると考えられ、耐用年数は50年以上、少なくとも物が当たって壊れない限りは大丈夫だといえます。

②**化粧スレート**
　カラーベストまたは**コロニアル**と呼ばれているもので、耐用年数は20年～30年です。

Coffee Break

材料の耐用年数はどうやって調べるのか？

建築材料のように、耐用年数が10年以上にわたる材料は、製品が保証されるまで10年以上も放置しておくことはできません。そのため、「ウェザーメーター試験」といって、実験箱の中で人工的に通常より強い太陽光（主に紫外線）や熱・雨風を当てて品質劣化を評価します。屋外に暴露することに比べて数倍から100倍といった劣化促進がわかります。しかし、現実の自然現象は実験とは異なりますので、一定の評価をしますが、実際に年月を経た劣化を見て判断するのが一番です。

美観を考えると、10年〜15年ごとに塗装を行う必要がありますが、15年以上経過した屋根では、塗装工事の際に割れる可能性も少なくありません。

美観だけでなく、塗装が剥げてくると水切りが悪くなり、コケやカビが生え、そこから毛細管現象（瓦の重なり目に沿って雨が吸い上げられる現象）で瓦の裏に水が回り、雨漏りの原因になることもあります。

③**金属系屋根**

塗装などのメンテナンスを十分に行えば、耐用年数は半永久的ですが、5年〜10年ごとに屋根のペンキを塗り替えている建物オーナーは少ないのが現状です。

耐久期間を伸ばしたいのなら、錆に強いステンレス性やアルミ合金性の屋根材を使用すると50年以上、**ガルバリウム鋼板**を使用すると30年以上になります。

④**露出アスファルト防水**

改修周期は12年〜13年といわれていますが、大手防水メーカー団体（東西アスファルト事業協同組合）の調査では、耐用年数は17年〜22年（平均耐用年数18年）でした。

このことから、安全性を重視すれば13年、そうでなくても17年を過ぎた時点で改修を計画したほうが良さそうです。

⑤**保護アスファルト防水**

アスファルト防水の上にコンクリートで保護した場合の改修周期は17年〜18年といわれていますが、先ほどの調査によると、耐用年数は20年〜32年（平均耐用年数26年）です。

安全性を重視した場合は18年、20年を過ぎたら改修を計画するのが妥当ですが、保護アスファルト防水は、30年近く経っていても問題の起こらない建物も少なくありません。

しかし、漏水が生じたときには、保護コンクリートの解体・除去・処分をしなければならず、アスファルト防水工事以上の工事費がかかるため、ほとんどは保護コンクリートの上に新たに防水工事を行っています。

⑥シート防水

多種多様の製品があり、一般的には13年〜15年ですが、20年以上の実績があるものもあります。

⑦塗膜防水

7年〜15年が一般的です。

以前は保証期限を5年とするメーカーがほとんどでしたが、品確法により、10年保証を掲げるメーカーが多くなっています。

しかし、品確法は新築住宅についての法律であるため、改修時に使用することが多い塗膜防水については、改修時でも10年以上の保証が可能か否かを事前に確認しておくと良いでしょう。

屋根材料を選択する際のポイントとして、防水性・耐久性は必要条件ですが十分条件ではない、ということを押さえておいていただきたいと思います。

たとえば、自然環境による気象条件、景観問題からの意匠(いしょう)性、廃材処理など環境面に対する要素も重要です。
最近では、太陽光エネルギーを一番吸収しやすい場所にあることから、温水器や発電パネルを兼ねる製品の開発も注目されています。

❹ 建物の外装材

Q **外装材の選択基準について教えてください。**

A 建物の外装材は、構造躯体を保護するとともに、建物の外観デザインを表現するための重要な役割を果たします。
外装材の選択基準は、「機能」、「美観」、「耐久」、「価格」の4つです。

Q **木造の外壁材について教えてください。**

A 木造の外壁は、**張りもの**と**塗りもの**に大きく分かれます。
張りものは乾式工法とも呼ばれ、現在の住宅では一番多い

下見板張り

営業トーク

屋根防水の保証期間は、新築住宅では10年間と決められていますが、サービスとして改修時にもさらに10年間の保証をお約束します。

外壁です。

張りものは、伝統的な**下見板張り**（木造の板を縦または横に張り付けたもの）のように、各種の建築素材を釘などで固定して張り付けたものです。

Q 「張りもの」の注意点や耐用年数について教えてください。

A **張りもの**は、水を使用しない乾式工法のため、建物の揺れなどの動きに対して追従しやすく、表面塗装等のメンテナンスを怠らなければ、木造建物には一番良い外壁材料とされています。

ただし、都市部では建築基準法により、隣地境界線から3m～5m以内の外壁は延焼の恐れのある部分とされているため、防火材料を使用しなければなりません。

現在では、セメント板や金属の材料を使用して、表面にタイル調・石目調とさまざまな模様を施した**サイディング**と呼ばれる外装材が、7割以上の木造建物で使用されています。

サイディングは、耐久性のある塗料を使用すると高価になりますが、通常10年程度の塗替えサイクルが15年～20年に延びます。

ただし、**シーリング**（サイディング同士のつなぎ目を埋めるために充填するゴム状の素材）部分も同様に耐久性を高めないとバランスを欠く恐れがあります。

シーリングは、紫外線劣化により硬化・ヒビ割れを起こし、雨漏りの原因となるため、

Coffee Break

電車の屋根

電車の屋根には、塗膜防水やシート防水が使われています。そのため、金属製と思われていた電車の屋根が燃えたといった事件も起きるのです。電車やバスなどの交通関連業界は建築業界に比べて、機械を守るため防水に対してシビアなのです。私の事務所では、建物にも電車などに使われているメーカー品をなるべく使用することにしています。

日光が当たる部分については10年～15年ごとの交換が必要です。

さらに、メンテナンスフリーのタイル張りにするには、裏溝のあるタイルに金物で引っ掛けて留める工法がとられますが、工事費は高くなります。

Q **「塗りもの」の注意点や耐用年数について教えてください。**

A **塗りもの**とは、左官仕上げといえばおわかりでしょう。

伝統工法としては漆喰壁や珪藻土のような土壁が使用されますが、下塗り・中塗り・上塗りと工程が多い上、デザインが固定化されやすいため、一般的には純和風住宅以外には使用されるケースは少ないと思います。

左官仕上げで代表的なのは**モルタル仕上げ**です。

モルタル下地の上に**リシン吹付け**（合成樹脂・セメント系の砂壁状の材料を吹き付けて表面を粗く仕上げます）や、**吹付けタイル**（表面を凸凹に仕上げます）で仕上げるのが一般的です。

また、モルタル仕上げの上にタイルを張り付けている建物を見かけることがありますが、全面に張り付けるのは避けたほうがよいでしょう。

玄関周りなど一部のアクセントとして石やタイルを張るのは問題ないのですが、全面となると、木造建物のように動きのある建物ではヒビ割れを起こす可能性が大きいので注意が必要です。

Coffee Break

シーリングとコーキング

「コーキング」という言葉は一般的に知られているように思いますが、「シーリング」とどう違うのでしょうか。隙間を埋めて防水する（「シールする」といいます）という役割の意味ならどちらでもよいのですが、建築業界では、コーキングというと、昔ながらの油性コーキングで性能が悪く、現在では使用されておらず、アクリル樹脂やウレタン樹脂によるシーリングが一般的です。屋根防水のシールに使うのは、アスファルト系の材料で「コーチング」といいます。

どうしても全面に張りたいという場合には、１・５ｍ～２・０ｍごとに**シーリング**による目地を設けると、ヒビ割れ防止につながります。

モルタル仕上げの耐用年数は、モルタルの上につける仕上げ材の耐用年数によります。

モルタル仕上げに何の仕上げ材も塗らなければ20年～30年で風化してしまう恐れがありますが、耐久性の高い塗料で仕上げ、メンテナンスをおろそかにしなければ、長期間の耐用性が確保されます。

Q　鉄骨造での外装材について教えてください。

A　鉄骨造では、軽量・重量ともに外壁の下地となるパネルを取り付けなくてはなりません。

軽量鉄骨造では、ハウスメーカー等が仕上げ材と一体化したオリジナルパネルを製作しているケースも少なくありませんが、重量鉄骨造では**ＡＬＣ板**か**押出し成型セメント板**が使用されます。

最近は、耐久性に優れ、メンテナンスの容易なタイル（**ヨンゴーニ丁**と呼ばれる95㎜×45㎜のタイル）をＡＬＣ板に張ることが多くなりました。

また、押出し成型セメント板は表面が滑らかなため、素地のまま使用したり、塗装で仕上げるケースも多く、すっきりとモダンなデザインの建物をつくることが可能です。

鉄骨造では、溶接やボルトで外壁を構造躯体に留めており、地震時にはコンクリート造より大きく揺れます。

そのため、施工不良による外壁落下が少なくありませんので、外壁工事に対する施工の品質には十分な注意が必要です。

Q **鉄筋コンクリート造での外装材について教えてください。**

A 鉄筋コンクリート造については、自由にタイルや石を張ることができますが、3mくらいごとに、ひび割れ防止の**目地**を入れることを忘れてはいけません。

シームレスな構造体であるコンクリートといえども、熱や揺れによって動くため、わざと弱い場所をつくり、ヒビ割れを集中させる工夫が必要なのです。

なお、実際にヒビ割れが起きると雨が入ってしまうため、目地にはシーリングを充填するのですが、シーリングは劣化しますのでメンテナンスも重要となります。

ちなみに、コンクリート打放しは、コンクリートを打ったそのままではなく、**打放し仕上げ**（コンクリートの上に塗装・タイルなどを施す工程を省き、コンクリート剥き出しのまま仕上げる手法）であり、決して安価な外壁ではありません。

一見、何の工夫もないように見えますが、コンクリートを流す型枠も高額ですし、耐久性の高いクリヤー塗装を施してあることも少なくないのです。

コンクリート打放し仕上げの外装では、北側など湿気の高い場所に面する箇所は、カビやコケが生えやすいのでメンテナンスも必要です。

営業トーク

弊社の建物の外壁は、地震などの揺れに対して安全な工夫をしています。また、耐久性のある材料を使用しているため、メンテナンスは長期間不要です。

❺ 外部の鉄部

Q **外部の鉄部は錆(さび)が問題だと思いますが、錆びると耐力はどのくらい低下するのですか？**

A 鉄が錆びるのは周知の事実ですが、鉄骨に何の防御もせずに外に放置した場合、錆の進行速度は都市部で1年に0・01㎜～0・03㎜といわれています。

ちなみに、大気汚染の激しい東京では0・05㎜、東京タワーでは0・12㎜という試算結果があります。

また、鋼材の厚さの1％くらいが錆びると、鋼材の強さは5％～10％低下し、10％になると強さは約半分にまで低下します。そのため、錆には十分な注意が必要なのです。

Q **錆びさせないための原則を教えてください。**

A 鉄骨を錆から守るには、次の3つの方法があります。

①素地自体を錆びないステンレスやアルミにする。

②鉄にメッキ処理をした材料を使用する。

Coffee Break

外壁と構造体 東日本大震災のとき、外壁が膨らんでいて、建物が崩壊するのではと住民が騒いでいるので診てもらいたいという依頼がマンションオーナーからありました。現地に赴き外壁を見たところ、鉄骨ＡＬＣ造で外壁を留めている溶接が外れたため、膨らんでいましたが、躯体の鉄骨には異常が見られず、崩壊の心配はありませんでした。しかし、放っておくと、その外壁に面した部屋が雨漏りになるので、早急に修理したほうがよく、その他の部屋は問題なく住めますという報告をしました。鉄骨造では、外壁と構造体は別物だと知っておいてください。

③鉄に錆止めをする。
①が最良の方策ですが、素材が高価なため、②や③を使用するケースがほとんどです。

Q 鉄にメッキ処理をした材料とは、どんな材料でしょうか?

A 建築材料にメッキ処理を行う場合、亜鉛メッキをする方法が一般的で、階段や駐車設備の構造躯体に使用する厚い鋼材を除いては、鋼板そのものにメッキ処理を施してある材料を使用します。

最近では見かけなくなりましたトタン板は亜鉛メッキ処理された鋼板、ブリキ板はすずメッキされた鋼板です。

最近では、トタン板に代わり**ガルバリウム鋼板**と呼ばれるアルミニウム(55%)・亜鉛(43・4%)・珪素(1・6%)の合金をメッキしたものが普及して価格も安くなったため、多くの屋根や外壁の材料として利用されています。

耐用年数は、トタン板やカラー鋼板の耐用年数10年~14年の3倍~6倍もあり、30年保証がついている製品もあるくらいの耐久素材といってよいでしょう。

価格はカラー鋼板より3割程度アップしますが、耐久性も考慮するとガルバリウム鋼板に軍配があがります。

ガルバリウム鋼板も素材はスチールのため、切り口は鉄そのものですから、現場で切断加工した場合には切り口を十分に養生しておかないと錆が発生してしまいますので十分な注意が必要です。

Q **鉄に錆止めをする際の注意点は何でしょうか？**

A 屋根や外壁のように鉄板を使用する場合には、カラー鉄板やガルバリウム鋼板を使用しますが、手すりやガレージの支柱、階段などに鉄骨を使用する場合は、錆止めを使用するのが一般的です。

鉄骨にも業界用語で**ドブ漬け**といわれる亜鉛メッキ処理をしたものが一番よいのですが、大きなマンションの外階段や機械式駐車設備など既製品のものでない限り、高額になるため、一般的には使用されません。

錆止め塗料にはいろいろな種類がありますが、錆止めの上に仕上げとして塗装される塗装材料との相性がポイントです。

耐候性（塗料などが屋外で使用された場合、変色・劣化等の変質を起こしにくい性質）の高いシリコン樹脂塗料、フッ素樹脂塗料などは専用の錆止めがありますので注意しましょう。

Q **塗料の種類の決め方について教えてください。**

A 塗料は種類が多いので一概にはいえませんが、耐候性の高い順に、フッ素系、シリコン系、エポキシ系、ウレタン系、アクリル系、油性となります。

しかし、アクリル系でも樹脂の種類によっては耐候性の高い製品もありますので、メーカーに確認するのが一番でしょう。

ちなみに、耐候性と価格はおおむね比例しますが、塗装作業の費用はそれほど差がないだけでなく、足場が必要な場合はどの塗料でも同じですから、長い目で見れば、耐候性の高い塗料で塗り替え期間を延ばしたほうが結果的には得になります。

Q **最近では、外部用でも水性塗料が出ていますが、大丈夫なのでしょうか？**

A 水性と溶剤系のどちらがよいかという疑問も少なくありませんが、メーカーは変わらないといい、塗装業者は溶剤系（特に2液型の溶剤系）のほうが良いというのが一般的です。

私も、外部は溶剤系のほうが多少匂いは出ますが良いと思います。

塗料については、統一的なものが少なく、また新商品の開発も少なくないため、建築の専門家だけでなく塗装業者でも完璧にわかっている人はいないと思ってよいくらい難しく、塗料メーカーのお客様相談室が一番だと考えてください。

Q **錆がたくさん出ている部分でも、錆止めを塗れば大丈夫でしょうか？**

Coffee Break

塗料記号：ＯＰ・ＥＰ・ＶＰ

現場では、塗料を決めるのに、「ＥＰにしますか、ＶＰにしますか」などと聞かれます。ＯＰは、いわゆる昔からいうペンキ（オイルペイント）のことで、木部などに塗るもので、最近はＳＯＰといって合成樹脂調合ペイントが主流です。ＥＰは水性ペイントで、エマルジョンペイントで室内の塗装が主流ですが、においの問題で外部にも塗るようになりました。ＶＰは、塩化ビニル系ペイントで、主に水廻りや共用部分に塗りましが、これもにおいの問題でＥＰが多くなりました。

A

錆がたくさん出てしまっている部分で重要なのは、塗装よりも錆落としです。

錆落としが十分でないと、いくら高性能の錆止め塗料を塗っても、鉄にしっかり付着しないため、再び錆が生じやすくなってしまいます。

錆落としは**ケレン**と呼ばれ、腐食が非常に激しい場合の1種ケレンから、**チョーキング現象**（「白亜化」ともいい、塗料が劣化してチョーク（白墨）のような粉になってしまう現象です）程度の4種ケレンまでランクがあり、工事費用も変わってきます。

塗装を指で触ると白い粉が付く「チョーキング現象」

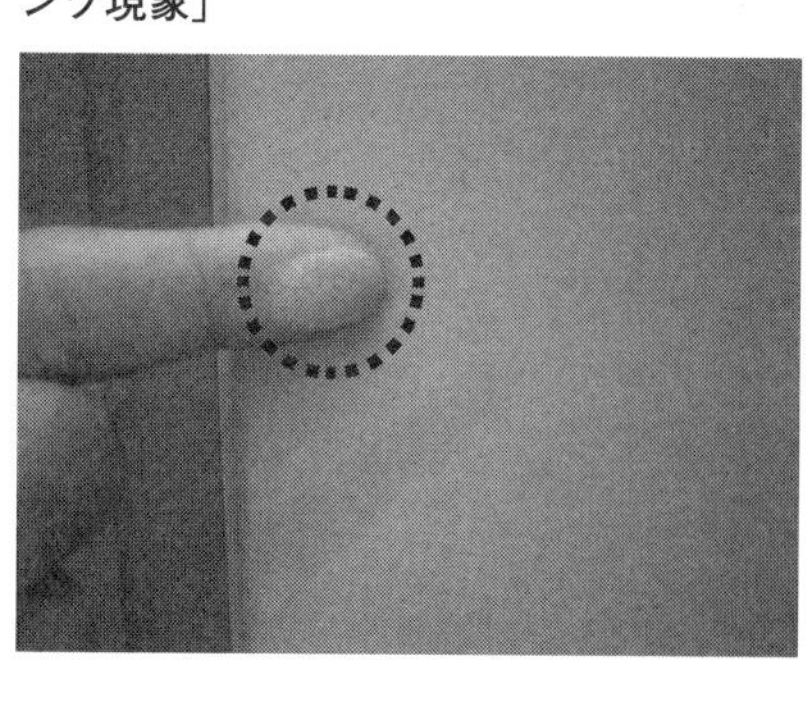

Q **塗装工事を依頼する際の注意点について教えてください。**

A

塗装工事費の内訳は、①足場費用、②ケレンの人件費、②養生の人件費、④塗装の人件費、⑤塗料の材料費です。

①〜④の費用はかさみますが、実はいくら高価な塗料を使用しても、①〜④に比べたら、⑤の費用は大したことはありません。

ですから、工事で特に足場が必要であれば、次回の塗装工事のことを考慮し、高価でも耐候性の高い塗料を使用しておいたほうが、ライフサイクルコストで考えると低額で済み

> *Coffee Break*
>
> **塗料の注文の仕方**
>
> 塗料を注文するときは、記号でなく、臭いと耐候性とを考慮して水性か油性かを選びます。つまり、水で溶かすか、溶剤（塗料用シンナー等）を使用するかです。基本的には、油性のほうが耐候性は良いです。耐候性の違いで、各種様々な塗料が各メーカーから販売されているので、カタログを熟知して、その材料名を指定するのが良いでしょう。あとは、艶あり、５分艶、３分艶、艶なしを選びます。艶ありのほうが耐候性は強いですが、室内などは３分艶などが良いでしょう。

ます。

新築でも塗り直しでも、下塗りと上塗りの2回塗りが通常ですが、同じ色だと2回塗りが行われているかがわかり難い上、職人も忘れがちになりますので、下塗りと上塗りの色は多少変えると良いでしょう。

また、塗装色を決める場合には、必ずA４判程度の塗装見本をメーカーに依頼し、取得後は日射も考慮して、遠くから眺めて決めることが必要です。

小さな色見本では、実際に塗装した場合、かなり違って見えます。

⑥ 窓ガラス

Q　窓ガラスも省エネのためペアガラス（二重ガラス）が多くなったと聞いていますが、どんな状況ですか？

A　**ペアガラス**は、正確には**複層**（ふくそう）**ガラス**といいます。

複層ガラスの低コスト化により、多くの建物で使用されるようになりました。

節電・省エネが叫ばれている昨今ですが、断熱対策が最も難しいのが「窓」です。

建物の省エネを進めるには、窓から出入りするエネルギーをどうコントロールするかが重要となります。

営業トーク

建物は、建ててからのメンテナンスに想像以上の費用がかさみますが、弊社の建物は耐候性の高い材料と塗料を使用していますので、将来のメンテナンス費用が低額で済みます。

たとえば気温の低い地域では、開口部をできるだけ少なくしたデザインにしており、これは日本だけでなく諸外国も同様です。

一方、日本では、明るく開放感があるため、南に面した大きな窓を持つ住宅が好まれますが、窓が大きくなれば室内温度を保つためのエネルギー消費量は増えることになります。

そのため、多くの先進国では、エネルギー消費量を抑えるために、複層ガラスの使用が義務化されていますが、日本では特に規定はありません。

しかし、分譲マンションやハウスメーカーが建てる住宅では、最近、複層ガラスが標準仕様となってきたため、複層ガラスのコストが下がり、多くの建物で使用されるようになりました。

板硝子協会が2018年に実施した調査によると、新築戸建住宅では複層ガラスが約96%、さらに遮熱効果も高めた**Low-Eガラス**は約80%の普及率となっています。

Q **窓からの熱の放出は、そんなに多いのでしょうか？**

A 住宅の熱の放熱は、壁などと比べてかなり高いのです。

壁の断熱はローコストでできますが、窓の断熱効果を上げるには断熱性能の高いガラスを使用する方法をとるため、かなりのコストがかかるだけでなく、断熱を施した壁と同じ性能にすることは現在では不可能です。

夏の冷房時に熱が入ってくる割合

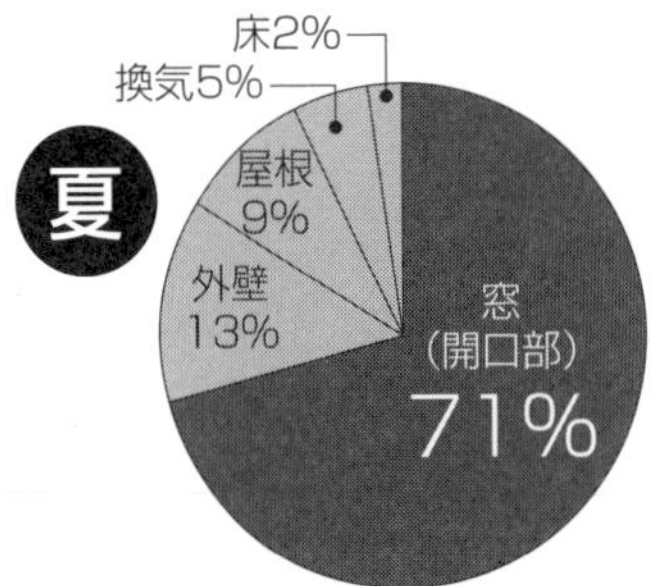

冬の暖房時に熱が逃げ出す割合

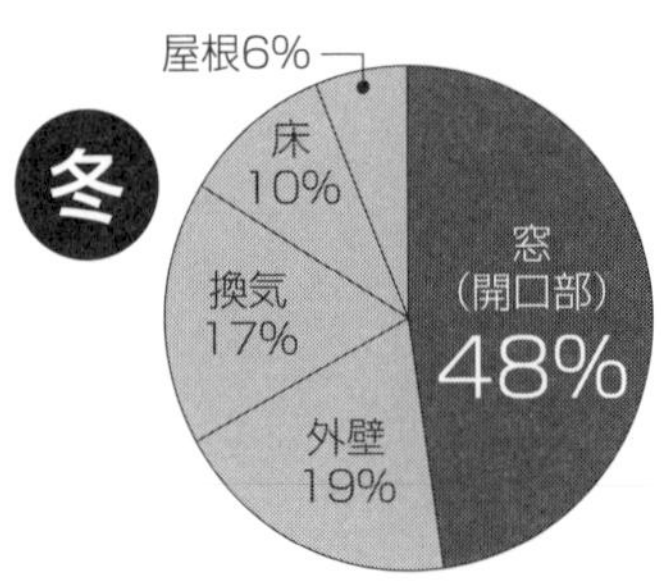

（出所）（社）日本建材産業協会 省エネルギー建材普及センター「21世紀の住宅には、開口部の断熱を…！」平成４年省エネ基準で建てた住宅モデルにおける例

多くの先進国では、エネルギー消費量を抑えるために複層ガラス（**ペアガラス**）の使用が義務化されているのですが、日本では特に規定されてはいませんが、通常の住宅用の窓のアルミサッシはペアガラスが標準仕様となっています。

多くの分譲マンションやハウスメーカーで複層ガラスが標準仕様となったため、複層ガラスのコストも急速に下がり、多くの建物で使用されるようになったのです。

現在は、大手ハウスメーカーの住宅や賃貸共同住宅についてのみ省エネ基準が義務づけられていますが、今後は、３００㎡以上の非住宅建物の義務化と３００㎡未満の住宅を含む建物に対し、建て主への省エネ性能の説明義務化が課されることになります。

Q　既存住宅のガラスをペアガラスに変えることは可能でしょうか？

Coffee Break

真空ガラスは携帯電話がつながりにくい

真空ガラスは高価ですが、性能は非常に高いのです。しかし、カタログには記載がないのですが、室内で携帯電話を使用するときに、電波がつながりにくいという欠点があることを工事中に発見しました。ガラスの中に鉛の粒が入っているため、それが電波を阻害するようです。しかし、昔のサッシのガラスの交換には、厚みの薄い真空ガラスしか使用できません。

A 既存住宅でも築10年程度の新しい建物なら大丈夫かもしれませんが、古い建物ではガラスの入る溝幅が狭くペアガラスを入れることは困難です。

しかし、**真空ガラス**というペアガラスなら薄いため取り換えることが可能な場合が多いです。

しかし、真空ガラスは通常のペアガラスと比べて断熱性能も高いですが、価格もかなり高額になります。

Q ガラスにもいろいろな種類がありますが、その特徴について教えてください。

ガラスにはそれぞれ、次のような種類と特徴がありますので、それらを知っておくと便利です。

A

①**フロート板ガラス**

一般的な透明ガラスです。

②**型板ガラス**

曇りガラスのことで、模様が入っているガラスです。

一般的に外部に使用されているのは、霞（かすみ）と呼ばれるものです。

内部には梨地（なしじ）模様やその他いろいろな模様の入ったガラスが使用されますが、最近では、昔の曇りガラス（スリガラス）に近いサンドブラスト仕上げのシンプルなものも好まれています。

③**網入ガラス、線入ガラス**

防火仕様のガラスで、厚みが6・8㎜で、中に細い鉄線が入っており、透明ガラスと曇りガラスがあります。

線入ガラスは昔は多く使用されていましたが、現在では製造されていませんから、取り替えると左右のガラスの網模様が違ってしまうので注意が必要です。

なぜ鉄線が入っているのかといえば、火にあぶられると窓ガラスが割れて落ちてしまい、そこから炎が侵入したり、あるいは隣家に火が燃え移ったりしてしまうからです。

そこで、火にあぶられてもヒビが入っても落ちないのが防火仕様のガラスなのです。

多くの市街地では防火地域の指定がなされており、防火地域・準防火地域内の建物で、隣地境界や道路中心線から1階で3m以内、2階以上の階では5m以内の部分の窓は防火仕様にしなければならないと建築基準法で規定されているため、防火用のシャッターがつけられていない建物の窓には網入ガラスが必要なのです。

④**合わせガラス**

2枚のガラスの間に強化透明フィルムなどを挟み込んだ防犯ガラスです。

衝撃に対し、ヒビは入っても破片がほとんど飛散せず、耐貫通性に優れています。

⑤**強化ガラス**

フロート板ガラスを加熱・急冷して通常のガラスの3倍~5倍の強度をもたせたも

ので、破損しても破片が粒状になるため、傷害防止に効果があります。
自動ドアや車のガラスに使用されていますが、高価です。

⑥**熱線吸収板ガラス**

いわゆる色つきガラスです。

熱線（赤外線）をより多く吸収するガラスで、ガラスに混入する金属により青や黄緑、薄茶色をしています。

⑦**熱線反射ガラス**

ハーフミラーといわれるガラスです。

表面に金属酸化物を塗布し、熱線を反射して遮熱効果を持たせています。昼間の屋外からは鏡のように見え、屋内からはガラスと同様に見えます。

⑧**複層ガラス**

ペアガラスとも呼ばれ、2枚のガラスの間に乾燥空気やガスを封入し、断熱効果を高めたものです。

空気層の厚さは6㎜～12㎜で、厚いほうが断熱性は高まります（ただし、12㎜を超えると、内部で空気の対流が発生し断熱性能は頭打ちになります）。

空気層の部分を真空にして断熱性をさらに向上させた製品もあります。

複層ガラスはガラスが二重になっているため通常の窓ガラスに比べて重くなりますので、高齢者が使用する大きな掃（は）き出し窓では注意が必要です。

また、ガラスの端のシールが粗悪ですと、外の空気が中に入り込み複層ガラスの内

Coffee Break

本当に重たい大型掃（は）き出し窓　窓を子割りにするよりは大きくしたほうが見栄えが良いので、大きくしたいという要望がありますが、掃き出し窓で注意したいのは、現在の窓はペアガラスが標準で、さらに網入ガラスとのペアガラスとなると、ガラス自体が相当な重さになることです。そうなると、女性や高齢者が動かすのに一苦労で、注意しなくてはなりません。私の経験では、おばあちゃんが動かせなく、別途にサッシに取っ手を付けたことがありました。

サッシの遮音性能等級

	等級なし	T1	T2	T3	T4
500Hz 以上の遮音性能	15db 程度	25db 以上	30db 以上	35db 以上	40db 以上
サッシ	普通サッシ	一般的断熱サッシ	召し合わせやクレセント部分の隙間を良くした製品		二重サッシにしないと出来ない
性能表示（音環境）	等級1	等級2			

（注） db とは、デシベル（音の強さを表す単位）のことです。

側が曇ってしまい、それを取り除くのは難しいため、安価な製品を使用する場合は要注意です。

⑨ LOW－E複層ガラス

複層ガラスの片方に特殊金属膜を施し、外部からの熱や内部の熱を反射し、夏を涼しく、冬を暖かく過ごすための遮熱複層ガラスをLow－E（ローイー）複層ガラスといい、断熱と遮熱効果の両者を兼ね備えたガラスとして注目を浴びていますが、高価であるため普及が遅れているのが現実です。

Q **ペアガラスは断熱効果だけでなく、遮音効果も高いのでしょうか？**

A 複層ガラスに断熱効果があることは誰もが知っていますが、多くの人が遮音性能も高いと思い込んでいます。

遮音性能を上げるポイントは、遮音性を高める（サッシの気密性を高める）、壁や開口部の質量を上げる（重たくして振動しにくくする）の2点です。

遮音性能がT3以上のものを**防音サッシ**といいますが、T3以上の性能を求める場合はビル用サッシか二重サッシで対応することになります。

複層ガラスは単板ガラスが2枚になっていますので、効果が2倍ありそうですが、同じ厚さの場合、低音域で共振現象を起こし、遮音性能が下がります。

ガラスの厚さを変えれば共振はなくなりますが、合計の厚さに遮音効果は比例しません。確実に遮音効果を上げるには、外部サッシの内側に広めの空気層（70㎜〜150㎜）を確保してインナーサッシを取り付けた二重窓にする方法があります。

また、複層ガラスの空気層を真空にした真空ガラスにすると、遮音効果はさらに高まります。

営業トーク

弊社の建物は、標準仕様でペアガラスを採用しています。また、ご要望に応じ、高基準の省エネ仕様や防犯仕様にも対応できます。

❼ 防水対策

Q **まず初めに、バルコニーとベランダ、テラスの違いは何ですか？**

建物の階上部分の窓の外の物干しスペースを何と呼びますか。

A バルコニー、ベランダ、テラスと、いろいろな呼び方があります。

『建築大辞典』（彰国社）によれば、**バルコニー**は「建物の外壁から突き出し、室内生活の延長として利用できる屋外の床。劇場の座席の一つで高い場所に壁から突き出ているもの」、**ベランダ**は「建物の外周に沿って長くつくられた廊下状の部分で、側面は全部または部分的に開放され、通常は屋根付き」、**テラス**は「建物の前面にある露天の台状部分」と説明されています。

この説明によれば、ベランダというのが正解ですが、わが国の不動産業界や建築業界では、戸建住宅やアパートの2階につく場合はベランダ、マンションにつく場合はバルコニーと呼ぶのがほとんどです。

建築基準法で、その部分をバルコニーといっているために、聞こえのよさと重ねて、そのように呼ばれるようになったのかもしれません。

テラスは、基本は1階ですが、屋根の上にある、広めのスペースをルーフテラスとかルーフバルコニーと呼んでいます。

Q **屋根の防水はしっかりとしているはずですが、バルコニーやベランダからの雨漏りが心配です。**

A バルコニーやベランダからの雨漏り事故は少なくありません。

バルコニーやベランダの防水は、屋根に比べて安易に考えているケースが多いのです。

その場合、建物から張り出して下には部屋などの室内がない場合と、下に部屋がある場合で考えてみる必要があるのです。

下に部屋がある場合は、きちっとした防水が必要だからです。

Q それでは、建物から張り出している場合はどうなのでしょうか?

A 1階の屋根や建物から張り出しているバルコニーやベランダのケースでは、万一漏水しても下に居室がないため、一般的には簡易な防水を床部分に施すか、**グレーチング**(金属製やFRP(繊維強化プラスチック)製の格子状の排水用の溝蓋(みぞふた))をつくって対応すれば事足ります。

ただし、木造の場合に危険なのは、下地の木や骨組みの木の梁が腐って、気づいたときにはバルコニーごと落下寸前の状態になっていることがあることです。

グレーチングを設置したほとんどのケースでは、グレーチングを留める部分が腐朽(ふきゅう)していきます。

コンクリート造や重量鉄骨造の場合は、床にコンクリートを使用するため、大きな問題は発生しにくいのですが、コンクリートのヒビ割れから**エフロ**(白華(はっか)ともいい、コンクリートの表面部分に浮き出る白い生成物)が軒裏に出ることも少なくありません。

Coffee Break

マンションの最上階はリスクが高い

マンションの価格は上階に行くほど高くなります。しかし、最上階にもリスクがあるのです。まず、雨漏りは最上階に限られます。自分が費用を負担するわけではありませんが、下の階の人にとっては基本的には他人事です。工事が遅れたり、工事中に在宅が必要であったり大変です。また、他の階は上下に住居があるため、お互いに冷暖房が少なくて済みますが、最上階は上に住居がないため断熱材だけになります。その分、冷暖房費は多くなります。最上階から1つ下の階が良いかもしれません。

下に部屋がある場合の注意点について教えてください。

A　階下に居室がある場合は、防水に注意するのはもちろんですが、**ルーフドレイン**（陸屋根に使われる排水口）部分にはかなりの注意が必要です。

ルーフドレインはできるかぎり横引き型を使用して、縦樋は外壁をはわせ、万一の水漏れ部分を建物の外に配する方法が良いでしょう。

縦引き型を使用すると樋が天井裏を通ることになり、断熱材をしっかりとまきつけておかないと結露の原因になってしまうからです。

防水はなんともないのに水がポタポタというのはよくある事故です。

天井裏に配管された、設備機器の配水管や給水管による結露事故も同様です。

このように木造住宅で居室の階上にバルコニーやベランダをつくるのは、そもそも雨漏りのリスクがあるのです。

木造建築は傾斜屋根が基本です（西洋の石造のお城でも屋根は木造で傾斜屋根がかかっていますよね）。

本来、木造住宅には平らな屋根であるバルコニーやベランダをつくるより、一度屋根をつくった上に置屋式のバルコニーをつくるか、住宅と縁をきった上で柱を建てて独立したものをつくる、アルミの既製品のものを設置する、といった方法が住宅の耐久性を持たせるには最も良いのです。

しかし、どうしても、それでは古臭い、お洒落ではない、となれば、前述の注意点を十分に考慮して施工することが必要になります。

当然、バルコニーやベランダにも瑕疵担保履行法による10年間の雨漏り保証をつけなければなりません。

Q ベランダやバルコニーで屋根が付いていれば、雨漏りのリスクは激減すると思いますが、どうなのでしょうか?

A 屋根付きのバルコニーやベランダは、雨水にあたることも少なく、スペースも小さいため、簡易に考えられがちです。

しかし、階下に居室がある場合は、屋根の有無にかかわらず、同等の十分な防水対策が必要です。

漏水事故の起きる箇所は、雨水の量とは比例しません。

漏水事故は、実は紫外線による劣化が著しい箇所や、施工のしにくい箇所で起こりやすいのです。

屋根付きのバルコニーやベランダは、紫外線による劣化が少なく、防水材は屋根の約2倍以上の耐久年数になります。

しかし、施工のしにくい箇所ですので、事故が起きやすいため注意が必要です。

アパートやマンションの共用廊下も同様です。

防水施工で難しい場所は、平らな部分から垂直に立ち上がる部分、立ち上がりの仕舞い部分(端部)、ルーフドレイン周りの3箇所です。

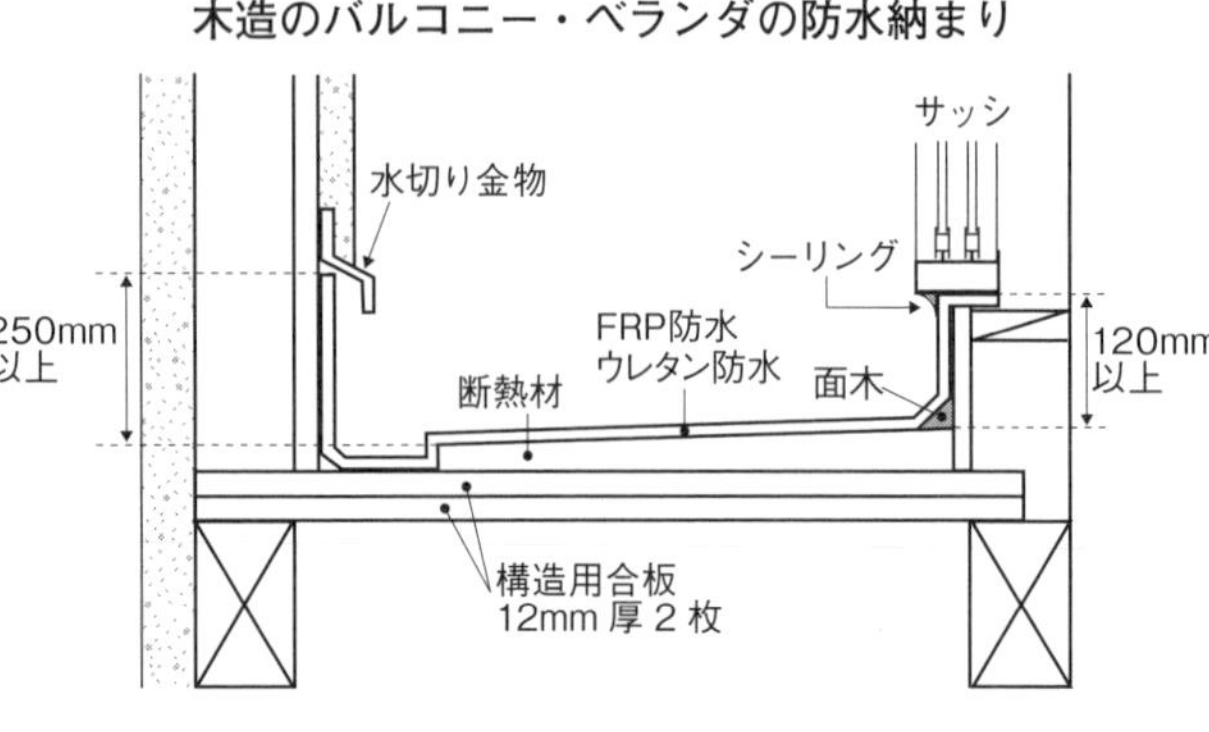

木造のバルコニー・ベランダの防水納まり

この3箇所は、陸屋根（平らな屋根）の場合も同様です。

特にバルコニーやベランダは平らな部分の面積が狭い上、四周とも壁に囲まれているため、上図のように立ち上がり部分が多く、そこが漏水の原因になることが多いのです。

Q **それでは、どのような防水材料を使用するとよいのでしょうか？**

A バルコニーやベランダの防水には、木造では**ＦＲＰ防水**、コンクリート造や重量鉄骨造では**ウレタン防水**を使用することが多いです。

ＦＲＰは硬いため、熱膨張などによる割れを生じやすいので、広い面積に使用するときは弾性（だんせい）ＦＲＰを使用します。

立ち上がり部分やルーフドレイン（排水口）周りは増し張り（ましばり）で丈夫にし、端部はアルミ製の水切りで押さえる必要があります。

端部をしっかりと固定していないと、壁との隙間から雨水が防水層の下に入り込み、木部を腐（くさ）らせます。

ウレタン防水では、立ち上がり部分の防水は厚みが薄くなりやすいので、ガラス繊維などを挿入して補強すると良いでしょう。

どちらの工法も、立ち上がり部分は250㎜以上、掃き出し窓の下は120㎜以上を設け、サッシの下部まで防水層を巻き込むことが、雨の吹き上がりによる漏水を防ぐための重要なポイントです。

8 断熱対策

Q 断熱の基本知識について教えてください。

A そもそも**断熱材**って何でしょうか。

身近にある断熱材は、梱包時のクッション材として電気製品などの箱に入っている発泡（はっぽう）スチロールが代表例でしょう。

触（さわ）ってみれば軽くて暖かです。

なぜ暖かいのでしょうか。

発泡スチロールがあたかも発熱しているように感じますが、実は暖かく感じるのは自分の手の温度なのです。

発泡スチロールは空気を閉じ込めて動かなくしている材料です。閉じ込められている空気は熱を伝えにくい材料なのです。

そもそも材料自体が熱を伝えにくい材料（熱伝導率が低い材料）でつくられていますが、動きやすいため細かく仕切って暖められた空気が対流しないようにしたのが断熱材なのです。

空気を小分けに仕切る断熱材も、細かく仕切りすぎれば材料そのものが多くなり、材料自体の熱伝達が多くなり断熱効果は薄れます。

断熱効果の高いペアガラスはガラスとガラスの間に空気を入れていますが、ガラスの空気層を厚くしすぎると、内部で空気の対流がおき、断熱性能は下がってしまうことはガラスの項で説明しました。

Q　断熱の高い材料の見分け方はありますか？

A　空気の量をできるだけ多く、しかも細かく（対流が起きにくいように）区切られており、材料そのものの熱伝達が小さいものほど、断熱効果は高くなるのです。

空気を多く閉じ込めることができる材料は、空気が多いため軽いのです。

そのため、同じ大きさなら軽い材料の方が断熱効果は高いといえるのです。

布団に使用する綿や建物の壁の中に断熱材として挿入するグラスウールは、材料を細かい糸状にして空気を大量に閉じ込めて動きがないようにしているのです。

Coffee Break

鉄はなぜ冷たいのか？

鉄などの熱を伝えやすい材料（熱伝導率が高い材料）に触れると冷たく感じるのは、手の温度より鉄の温度が低く、手の熱が鉄の方に急速に逃げていくからなのです。鉄とアルミとでは、アルミのほうが熱伝導率が高いので、同じ場所なら、窓サッシのアルミのほうが冷たく感じるはずです。

木材でも、目の詰まった檜(ひのき)や松(まつ)よりも、箪笥(たんす)で使用される桐(きり)のほうが暖かく感じるのは、空気を多く含むため軽く、断熱効果が高いのです。

床も、Pタイルよりもフローリングのほうが暖かく感じるのは、木のほうが空気を多く含んでいるからです。

Q **熱伝導率が低い材料のほうが断熱材料としては良いということですが、熱伝導率とは何ですか？**

A **熱伝導率**というのは、その材料の熱の伝わりやすさです。

鉄やガラスは熱を伝えやすく、熱伝導率が高い材料で、木材や水・空気は熱を伝えにくく、熱伝導率が低い材料です。

断熱材には、熱伝導率が低い材料を使用するのが基本です。

熱伝導率が低い材料で室内が囲まれるほど外気温の影響を受け難くなり、その結果、温度の変化は少なくなり、快適な室内環境をつくり出すことができるのです。

気泡が多く含まれる材料の方が断熱性能は高く、その材料の厚みに比例して性能は高まります。

いろいろな建築材料の熱伝導率を上表に掲げましたが、発泡スチロールと鉄は約２８００倍もの差があることがわかります。

建築材料の熱伝導率

（単位：W/mK）

空気	発泡スチロール	グラスウール16K	木材	水	レンガ	土壁	ガラス	コンクリート	鉄	アルミ
0.02	0.03	0.04	0.15	0.56	0.61	0.69	1.0	1.6	83	117

（注） 熱伝導率 κ ［W/mK］は、厚さ1mの板の両端に1℃の温度差があるとき、その板の1㎡を通して、１秒間に流れる熱量をいいます。

建築材料の容積比熱

（単位：J／K・㎤）

空気	グラスウール16K	木材(杉)	土	紙	レンガ	ガラス	コンクリート	アルミ	水
0.0013	0.013	0.6	1.1	1.2	1.4	1.6	1.9	2.4	4.2

Q **住宅で断熱材を効果的に使用する方法はありますか？**

A 断熱材を効果的に使用するには、建物の熱容量も考慮すると良いのです。

熱容量とは、熱を蓄えられる大きさのことです。

私たちの身の回りの材料には、「熱しやすく冷めやすい」ものと、「熱しにくく冷めにくい」ものがあります。

前者の例は空気で、これは熱容量の小さな材料です。

後者には水があり、こちらは熱容量の大きな材料となります。

お風呂場の空気はすぐに寒くなってしまいますが、お湯は冷めにくいですね。

コンクリートも暖めにくいですが冷めにくい材料で、熱容量が大きいといえます。

熱容量の大きな材料で室内が囲まれるほど温度の変化は少なくなり、快適な室内環境をつくり出すことができるのです。

床暖房で室内を暖めたとき、暖房を止めたあとでも温水式は暖かさが継続しますが、電気ヒーター式はすぐに温度が下がるのも同様です。

Q 熱容量は具体的に数値で表わせるものですか？

A 熱容量を数値で表わす場合、体積当たりどのくらいの熱を蓄積できるのかの単位として**容積比熱**（体積比熱）が用いられます。

前ページの表から、40坪の建物（室内の空気容量は約700㎥）の室内空気の熱容量と同一の容量は、木材（杉）で1・5㎥（700×0.0013÷0.6）、コンクリートで0・48㎥（700×0.0013÷1.9）、水ならわずか0・22㎥（700×0.0013÷4.2）の量でまかなうことができるのです。

すなわち、バスタブ一杯に貯めたお湯が1度下がるときに放出する熱量と、家全体の温度を1度下げる熱量とは同じなのです。

理論的には、10㎝の厚さのコンクリート板を4・8㎡分室内に立てておけば、外気温の影響による室内温度の変化は半減する計算になるのです。

Q 外断熱は内断熱より良いのですか？

A 外断熱の宣伝が多いせいか、外断熱は良くて、内断熱はあまり良くないと思い込んでいないでしょうか。

北欧では断熱材の厚さが300㎜などという情報から、100㎜程度の厚さでは性能はイマイチと考える方も少ないと思います。

しかし、よく考えれば、ストックホルム（スウェーデン）の緯度は北緯60度、ロンドンで北緯52度、パリで北緯48度と、実は札幌（北緯43度）よりずっと北に位置しています。緯度だけでは気温は決まりませんが、東京の緯度は36度とロサンゼルスやローマに近く、最近の温暖化傾向を考えれば、東京ならむしろ夏対策のほうが重要と考えてよいのではないでしょうか。

そこで、外断熱は夏も有効なのかと問われると、答えに窮するのではないでしょうか。

実は、断熱性能を考えるには、断熱材の性能だけでなく、建物の熱容量などを総合的に考える必要があるのです。

Q **在来工法**の木造住宅の断熱で、**内断熱と外断熱はどう違うのですか？**

A 住宅の室内環境を一定に保つには、住宅の外部と接する部分（外壁、屋根、窓など）から、冬なら暖かさを逃さないように、夏なら熱気が入らないようにすることです。

工法的には、外壁・屋根には断熱材を入れ、窓はペアガラスにすれば良いのです。

断熱材の入れ方に外と内がありますが、木造や軽量鉄骨造の場合は、**外張り断熱工法**（柱の外に断熱材を入れる＝**外断熱**）と**充填断熱工法**（柱と柱の間に断熱材を入れる＝**内断熱**）になります。

ほとんどの在来工法の木造住宅では充填(じゅうてん)断熱工法ですが、内部結露を防ぐための防湿

Coffee Break

省エネ法 省エネ法（建築物のエネルギーの消費性能の向上に関する法律）は、現在（2019年時点）、2,000㎡以上の非住宅は適合義務、300㎡以上の建物は報告義務、大手ハウスメーカーの住宅については適合誘導となっていますが、今後は300㎡以下の建物についても適合義務化の方向に進むことになっています。具体的には、確認申請の図面等に書き入れることになりますが、完成検査でその通りにできているかの確認は写真でするのでしょうか。難しいですね。

シートや内部で気流が生じないように断熱材をしっかり充填してあれば外断熱工法と遜色はありません。

外断熱工法は、北欧のように200㎜や300㎜と厚い断熱材が可能なのが強みですが、日本では一般的には100㎜程度の厚さでも対応できるはずです。

むしろ、外断熱工法で特徴的な柱と柱の間の空洞スペースに、熱容量の高い材料を充填すると性能が上がります。

Q **鉄筋コンクリート造の建物の断熱で、内断熱と外断熱はどう違うのですか?**

A **鉄筋コンクリート造**や北欧のレンガ造の建物については、室内環境的には外断熱が優れています。

それは、コンクリート自体の熱容量が高い材料のため、夏季は外の日差しや温度を遮断することにより室内温度を一定に保ちやすく、冬季は昼間の日差しを室内に十分に取り込める工夫や、一定時間暖房機を稼動しておけば、夜になっても暖められたコンクリートが今度は熱を放射して室内温度を一定に保ちやすいのです。

一方、内断熱の場合は、熱容量が高い材料は内装の石膏ボード程度しかなく、ほとんどがコンクリートの1500分の1の熱容量である空気になってしまいます。

そのため、換気をすればすぐに暑くなったり寒くなったりしてしまうため、室内温度を一定に保つには連続空調が不可欠ともいえるのです。

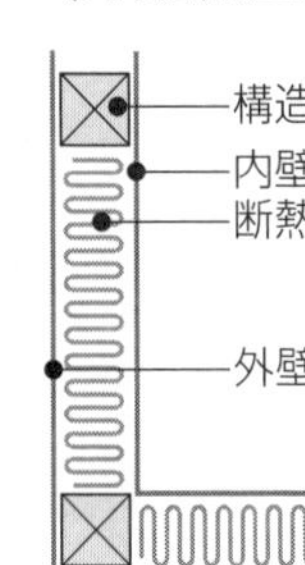

逆に考えれば、冷暖房が効きやすいが、冷めやすいともいえます。

内断熱では熱橋（ヒートブリッジ）という外部の熱が侵入しやすい箇所が多く、断熱補強が十分に行えないのですが、外断熱ではバルコニーがある場合に熱橋が少し生じる程度で、断熱補強で対応しやすく断熱性能としては優れています。

外断熱工法では、紫外線や風雨にさらされる外部に断熱材を設けますが、施工しやすいプラスチック系の断熱材が多く使用され、その耐久性やメンテナンスなどは十分にチェックすることも重要です。

コンクリート造の外断熱工法では、構造体の耐久性と断熱材の耐久性をどうバランスさせるか、工事費がアップする分と室内環境の快適性向上分とをどうバランスさせるかが採用のポイントといえるでしょう。

Q **日本の伝統建築は、断熱的にはどうなのでしょうか？**

A 外部の温度を遮断するには熱伝導率が低い材料で覆い（保温）、機密性を高める（栓をする）のが良いのです。

さらに、内部に熱容量の高い材料があれば、外気温の温度変化による影響を受けにくく（暖めにくいが冷めにくい）、温度を一定に保ちやすいのです。

昔からある土蔵造りは、そのような材料を使用した唯一の伝統建築といえます。

さらに、土壁は調湿効果がありますので、貯蔵用・倉庫用の建物には土蔵造りが理にかなっているといえます。

海外に同様な効果をもつ建物としてはレンガ造りの倉庫がありますが、同じ壁の厚さなら土蔵造りよりもデータ的には性能がわずかに勝っています。

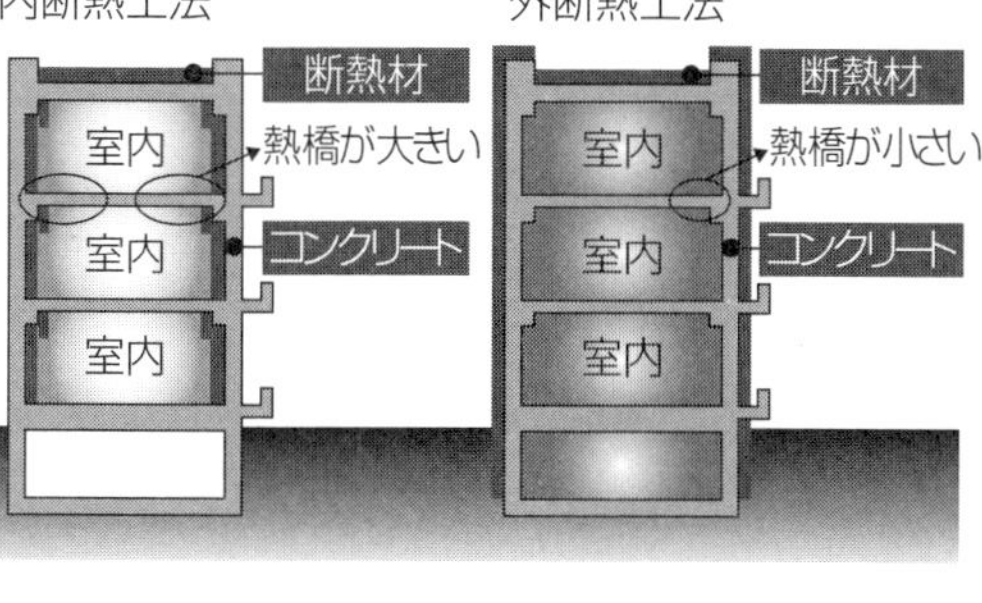

土蔵造りやレンガ造りは壁が多く雨風や寒さから守っているように見えますが、実は暑さ対策から室内温度を一定に保つ役割のほうが大きいといえるのです。

夏の日射や外気温による壁の温度上昇も熱容量の大きい土蔵造りやレンガ造りでは、暑くなるまでに時間がかかり、夜には放熱され冷やされ、というサイクルを繰り返しているため、直接室内に暑い外気を循環させないかぎり、温度変化の少ない室内環境を保つことができるのです。

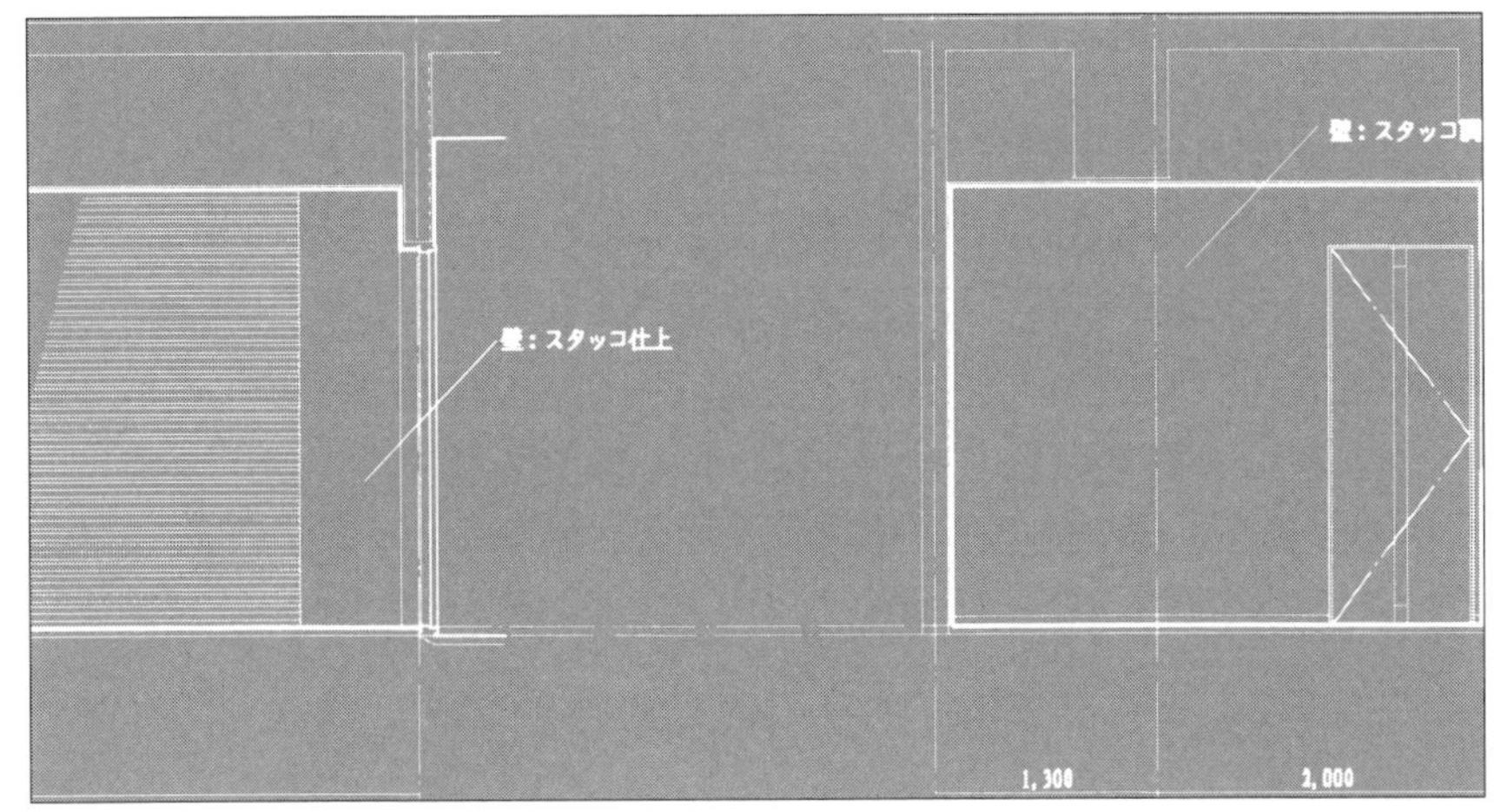

4 床や壁、天井などの建物の内装材の種類や、色や素材を使った上手な空間づくりのノウハウを教えてください。

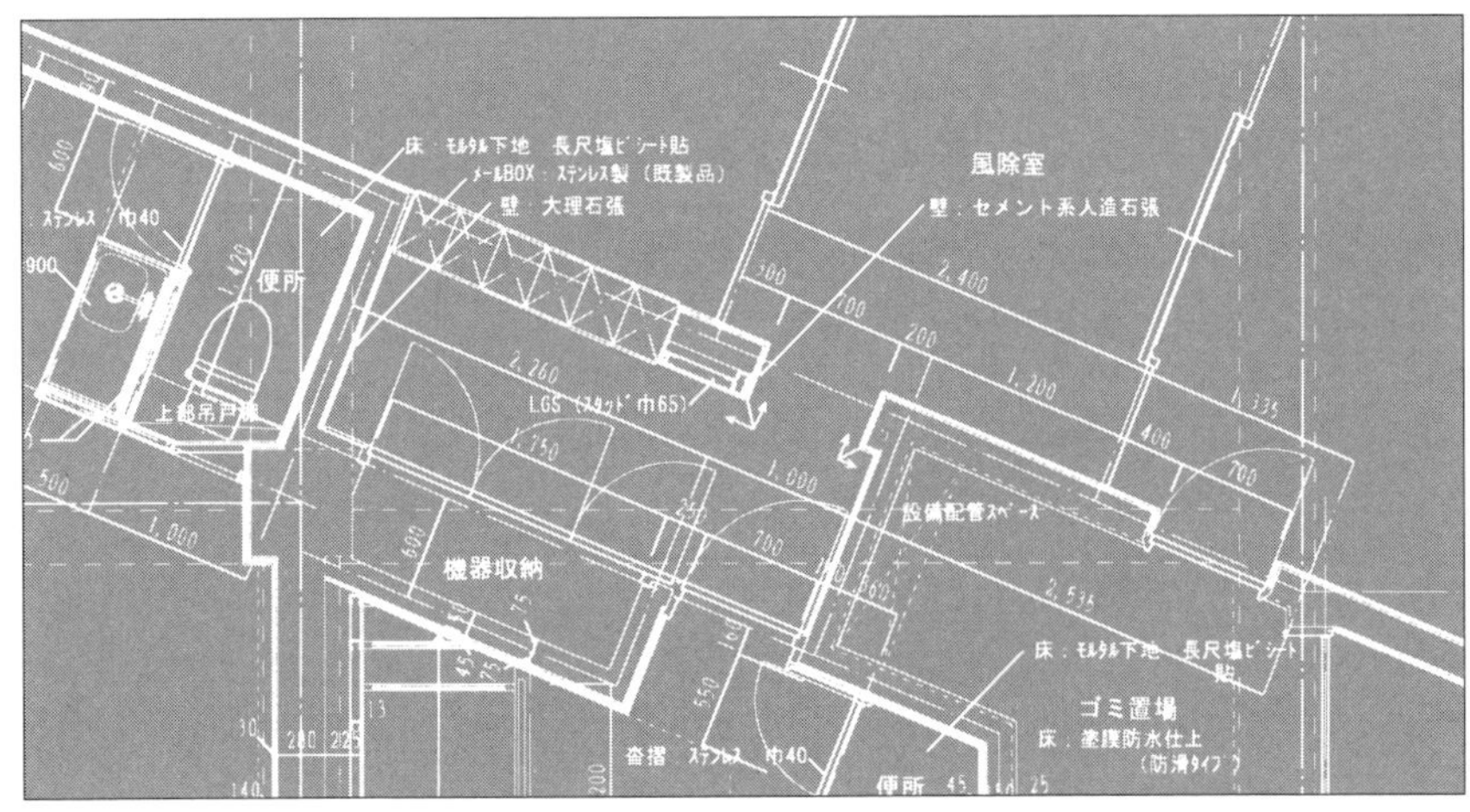

1 床の材料

＊本章掲載の実例写真は、株式会社ユニ総合計画（代表取締役・秋山英樹）がデザインしたものです。

Q **住宅の床材には、どのようなものがありますか？**

A 基本的なものとしては、フローリング、タイル、塩ビ系シート、塩ビ系タイル、カーペット、畳があるでしょう。

Q **それでは、フローリングについて教えてください。**

A **フローリング**は、単層（無垢）フローリングと複層（複合）フローリング、樹脂系フローリングに大別されます。

無垢フローリングの仕上げ材

○自然塗料＝オイル

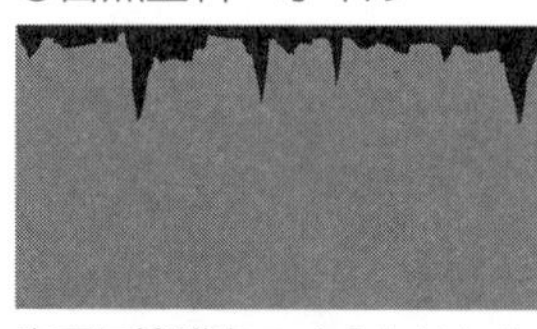

表面に塗膜をつくらないため木が呼吸し、調湿効果がある。

×化学塗料＝ウレタン塗料

表面がコーティングされるため木が呼吸せず、調湿効果はない。

Q 単層（無垢）フローリングについて教えてください。

A **単層（無垢）フローリング**は、一枚の木から構成された床材で、一般的に**無垢材**（むくざい）と呼ばれます。

無垢ならではの風合いがあり、経年

変化により、深い趣（おもむき）を演出できます。

その反面、乾燥や湿度による変形があり、施工時にも注意が必要です。

また、施工後の取扱い、メンテナンスが床材の状態に影響を与えます。

製品としては、全く表面処理をしないもの、施工前に塗装などの表面処理をしたもの、施工後に同様の表面処理を施すものなどがあります。

Q 複層（複合）フローリングについて教えてください。

A **複層（複合）フローリング**は、数層の下地合板の上に、０・３㎜～２㎜程度の厚さにスライスした木（突き板）を張った床材です。

突き板の厚みにより価格が変わります。

木の質感が出ているため、見た目には無垢フローリングと区別しにくいのですが、無垢材に比べて乾燥や湿度による変形が少なく、施工・メンテナンス・取扱いも容易です。

ただし、表層を越える傷がついた場合、下地の合板が現われ、見た目が極端に悪くなります。

それを防ぐため、最初からＵＶ塗装によるハード塗装仕上げ（コーティング）を施し、丈夫にしたものが多くみられます。

Q 樹脂系フローリングについて教えてください。

A **樹脂系フローリング**はＷＰＣ（Wood Plastic Combination）床材と呼ばれ、樹脂化粧板を表面材として用いた床材です。

手入れがしやすく価格も安価です。

樹脂化粧板は、木材の中に樹脂液を注入し、硬化かつ高分子化させたもので、傷にも強いのが特徴です。

見た目の木の質感は劣りますが、変形は少なく、施工時のメンテナンス、取扱いが最も簡単です。

Q 分譲マンションで一番よく使用されるフローリングは何ですか？

A この3種類のなかで、分譲マンションで多く使用されるのが、複合フローリングです。

近年、標準装備されることが多くなった床暖房に、無垢フローリングを使用すると、床材にねじれや割れが生じやすく、後日クレームにつながるリスクがあります。

そのため、メーカーは、入居者の要望がない限り、無垢材は使用しない傾向にあるのです。

ところで、床材のオプションで最近人気なのは、10年〜30年保証が付いた**ハードコー**

ティングです。

これは、「水拭き、洗剤拭きOK。フローリング内部から発生する有害化学物質も封止」と売り文句で販売されています。

フロアコーティングが人気なら、最初からワックスなどを塗る必要のないフローリングが良いということで、ワックスレスのフローリングも急速に普及してきています。

それは、表面に木目を印刷した薄いフィルム状のものを中間層の**MDF**（エムディーエフ）〈Medium Density Fiberboard〉（中密度木質繊維板。生長が早く、容易に再生できる樹種を選び、それらを高温・高圧状態で小片に細分化し、再び接着剤で固めた材料で基本的に紙と同質のもの）に貼った構造になっています。

しかし、この中間層のMDFと表面のフィルム層の間がアルカリ性の剥離剤（はくりざい）や水に濡れた場合は大変弱いため、水拭きは厳禁です。

また、硬いものを落とすなどで表面のフィルムに傷がつくと修復は困難です。

ここまでくると、フローリングって何？　どうしてフローリングを選ぶの？　という疑問もわいてきます。

要するに、「木の雰囲気がでていれば、メンテナンスフリーのものがいい」というのが人気なのでしょうか？

無垢のフローリングを使用したいのですが、注意点は何ですか？

A

フローリングは、

①歩き心地が良く、疲れない

②木が呼吸して調湿（ちょうしつ）作用をもたらす

③平滑（へいかつ）であるため清掃がしやすくハウスダストやダニなどが低減できる

といった効用があることからも多用されてきました。

健康面でいえば、最も良いのは無垢フローリングです。

無垢材は、木が呼吸することから調湿作用があるからです。

その調湿作用を考えれば、仕上げ塗料には木の呼吸を止めるウレタン塗料ではなく、呼吸を妨げない植物オイルなどの自然塗料を使用するのが良いでしょう。

ただし、自然オイルの場合、木に浸透するだけで表面に塗膜をつくらないため、床材を保護しきれず、汚れや傷がつきやすくなります。

そのため、日々のこまめな手入れが必要となります。

ちなみに、汚れを目立たなくするには、濃い色の床材を使用すると良いでしょう。

今では、床暖房に対応した含水率6％以下の無垢フローリングもありますが、そのほとんどがウレタン塗装のため、調湿効果はありません。

自然素材では、多少の割れや劣化、変色は否（いな）めないので、消費者には、そのような商品リスクを伝え、長所・短所を理解してもらった上で選択してもらいましょう。

営業トーク

弊社の建物は〝健康住宅〟をコンセプトにしていますので、床のフローリングは無垢の木材を使用しています。塗装も自然オイルを使用した仕上げですから、調湿効果に優れた性能を発揮します。

Q 木目の模様がついた塩ビの床材を最近見かけますが、どうなのでしょうか？

A 正式には**ホモジニアスビニル床タイル**と呼ばれるもので、塩化ビニル樹脂の配合率が30％以上の柔軟性があるタイルです。

色柄が豊富で、「歩行感」が快適なことから、住宅で多用されます。

ちなみに、ホモジニアスビニル床タイルは、**複層ビニル床タイル**または**フロアタイル**とも呼ばれており、30㎝、45㎝角のほか、10㎝～15㎝×90㎝などの長形でフローリング代わりに使用する製品も数多く出回っています。

木目がプリントされ、見た目には本物のフローリングと区別がつきにくい上、既存のフローリングの上に直接張れる上、耐水性が高く、賃貸住宅の改修や、キッチンや洗面所などの水廻りの床材として重宝されています。

塩ビ系タイル（左）と無垢材（右）

Q 塩ビシートについて教えてください。

A 塩ビシート、インレイド塩ビシート、CF（クッションフロア）シートに大きく区分されます。

これらは一般的に、幅182㎝のシート状のものが使用されており、比較的広い面積の改修に向いています。

Coffee Break

賃貸住宅にはフロアタイル

賃貸住宅の床は、フローリングかクッションフロアが大半です。しかし、次回にリノベーションを行う際には、フロアタイルがおすすめです。既存のフローリングの上に張ることも可能で、見た目も本物のフローリングそっくりで傷もつきにくいのです。スリッパで内覧すれば、だれしもフローリングと思うはずです。クッションフロアはフローリングには見えず、また傷がつきやすく、原状回復時の改修も必要になるケースも少なくありません。

塩ビシートは、前述のホモジニアスビニル床タイルをシート状にしたもので、傷がついたり磨耗が激しいと表面のプリント模様が消えてしまいます。

それに対し、**インレイド塩ビシート**は、床材の表裏、内部まで色や柄が均一に施されたインレイド構造で、磨耗や傷に強く、表面が削れても見た目の色や柄が変わりません。

そのため、歩行者が多い場所や台車などをよく使う場所には効果的です。

CFシートは、塩ビ系の床材の中では、最も安価で弾力性が高いことから、階下の防音対策にもなるため、アパートなどの床に多く使用されます。

その多くは、凸凹状でエンボス加工が施されていますが、プリント模様の表面を覆う透明の塩化ビニル層は非常に薄いため、傷がつきやすいことから、家具などを移動する場合は十分な注意が必要です。

フローリングに似せた木目調の製品もありますが、見た目の安っぽさが目立つため、フローリングの代用には、価格が多少高くても塩ビ系タイル（フロアタイル）の使用をお薦めします。

営業トーク

弊社の建物の水廻りには、フローリング調の塩ビ床材を使用していますので、水に濡れても変色しません。しかも、見た目は本物のフローリングと変わりありません。

Q **その他、天然素材を使用した床材があると聞いたのですが……。**

A 天然素材を使用したタイルには、リノリウム、ゴム、コルクがあります。

リノリウムタイルは水や薬品には弱いのですが、抗菌性があり、色調や質感に深みがあります。

天然系タイル（ゴム）

耐磨耗性は、ホモジニアスビニル床タイルと同等であり、福祉施設、病院、学校などに使用されることも多いです。

ゴムタイルは、弾力性があるため「歩行感」が良く、鉄骨階段に使用すると音が響きにくいというメリットがあります。

コルクタイルは、柔らかさと温かさを備え、フローリングと比較すると素足への感触が良く、「歩行感」にも優れ、直に座っても冷たくありません。

また、床に対する衝撃音が階下に伝わりにくいことから優れた床材といえます。

しかし水に弱いため、水廻りに使用する場合は、表面にウレタン塗料などによるコーティングを施（ほどこ）します。

Q **石やタイルを張るときの注意点はありますか？**

A **石材**を居間に張るケースは少なくありません。

その場合で注意すべきは、必ず床暖房とセットにすることです。

石材は熱容量が大きいため温まりにくいだけでなく、**冷輻射**（れいふくしゃ）によって足元が冷（ひ）え冷（び）えするためクレームにつながりやすいのです。

石材は薄くスライスして他の材料に張るという突き板のような技ができず、材料そのものが厚みがあるため熱容量が大きいのです。

熱容量が大きいため、壁に施工すれば室内の温度を一定に保つのに役立ちますが、床に使用する場合には注意が必要です。

焼き物の**磁器タイル**を床に使用した場合は、材料そのものの**熱容量**が石より少し小さく、また厚みが薄いため、全体の熱容量が石材より小さく、足元の冷たさは幾分和らぎますが、床暖房を併用したほうが無難といえるでしょう。

磁器タイルでは、タイルとタイルの間の目地幅が石材より大きく（制作誤差が大きいため）、また目地自体が多いため（石材より形状が小さいのが一般的です。しかし、最近は輸入物を中心に30㎝角の大判タイルも多く出回っています）、目地の汚れが目立つことにも注意が必要です。

以上のような機能的なデメリットがある石材や磁器タイルですが、デザイン的に高級感を演出することができるメリットがあります。

そのため、絨毯敷きの部屋の四周のみ石材や磁器タイルを使用したり、テーブルやソファ周りにはラグを敷くなどの使い方が良いでしょう。

Q 床に直に座れる材料について教えてください。

Coffee Break

磁器質タイル・石器質タイル・陶器質タイル

それぞれ焼く温度により違い、焼く温度が高ければ吸水率が低くて硬いタイルになります。吸水率は、それぞれ３％以下、10％以下、50％以下なので、陶器質タイルは外装には使用されません。磁器質はテリのあるものが多く、磁器質のほうが落ち着いたものが多く、外壁にも十分使用されています。

A

床に直に座ることの多い我が国では、絨毯・カーペット・畳などが広く使用されています。

しかし、これらの床材は埃(ほこり)やダニがつきやすい、掃除が面倒という理由から避ける人もいますが、歩行性や足ざわりの温かさに優れるため、住宅の床材にはたいへん適しています。

Q　絨毯とカーペットの違いは何ですか？

絨毯(じゅうたん)は英語で**カーペット**ですが、日本では手織りの厚手のカーペットを一般に、**緞通**(だんつう)ともいいます。

A

緞は段とも書きますが、緞帳(どんちょう)の緞で模様の入った厚手の織物のことです。

絨毯はシルクロードを通って日本に入ってきましたが、薄い高級なペルシャ絨毯に対して、厚い中国製の絨毯を緞通といったのが始まりだそうです。

正確な違いを無視していえば、日本では絨毯のなかでも厚手で高級なものを緞通、それよりも安価で機械で織られているものがカーペットと呼ばれているのです。

Q　絨毯やカーペットの長所・短所について教えてください。

A

絨毯やカーペットは、

①防音性（足音が下階に伝わりにくい）
②衝撃吸収性（転倒やガラスなどの割れ物の落下による破損を防ぐ）
③防滑性（床や畳に較べて、滑りにくく、衝撃吸収効果と併せてバリアフリー対策にもなる）
④断熱性（熱伝導率が低いため床下からの断熱効果が高い）
⑤防塵性（空中に舞い上がる埃を吸着させる）
⑥防眩性（日光や照明の光を和らげる効果がある）

といった長所があります。

短所としては、飲み物をこぼすと染みになったり、他の床材に比べて掃除がしにくいといった点でしょう。

Q **絨毯やカーペットの使用上の注意点は何ですか？**

A 絨毯やカーペットは、人間やペットの毛を吸着したり、塵や花粉が舞い上がるのを防ぐ利点があるため、きちっと掃除さえすれば塵や花粉の蓄積を防げ、アレルギー患者にとっては有効な床材ともいえるのです。

しかし、掃除や換気を怠ると、ダニの大量繁殖に繋がりますので注意が必要です。

絨毯や緞通はウールやシルクが使用されているケースが多いため、市販のカーペットクリーナーは風合いの変化や縮み、色の変化などの恐れから、「絨毯・緞通には使えない」

というような表示がありますので注意が必要です。

Q 部分張り替えが容易なタイルカーペットについて教えてください。

A **タイルカーペット**は、大きさが40㎝～50㎝角程度の、タイル状になったカーペットです。

運搬や施工が簡単なため、素人でも張り替えができます。

パイルと呼ばれる毛足には、縦横に市松模様(いちまつもよう)の網目が施されており、縦方向に柄のあるものや、色違いのものを組み合わせることで、変化をつけたデザインを演出できます。

また、厚みが10㎜ほどある**防音カーペット**は人気があります。

タイルカーペットは、主にはオフィスで多用されています。

床に張る際には、硬化せずに粘着性が保たれる接着剤を使用することで、いつでも簡単に床から剥がして交換ができます。

そのため、配線を随所に引き出すＯＡフロアでは重宝(ちょうほう)します。

ただし、オフィスでタイルカーペットを施工する場合、使用場所の歩行量により、その材質の性能を考慮する必要があります。

割と歩行量の少ないオフィスの応接室・役員室などで、ウールやポリプロピレン製を使用するケースが多いのは、耐摩耗性や弾性回復が弱く、汚れもつきやすいからです。

それ以外の場所では、ナイロン製を施工するのが一般的です。

Coffee Break

タイルカーペットは汚れにくい？

一般に、カーペットは汚れやすいというイメージがありますが、実は一番汚れが目立たないのです。というのは、カーペットは、汚れの原因になるホコリや水を取り込んでしまうからなのです。Ｐタイルや石などは、汚れがそのまま浮き出てしまうので、掃除をまめにしないと汚れが目立ちますが、カーペットは掃除の回数を減らすことができます。そして、どうしても落ちない汚れの個所は、その部分を交換すればすみます。

ナイロン製は価格が3割～4割ほど高いのですが、耐摩耗性や弾性回復に優れ、汚れもつきにくいため、長期の使用が可能です。

Q　リフォームで使いたい場合の注意点は何ですか？

A　いずれもリフォームなどで扉の下に後づけする場合には、厚みが6㎜～9㎜あるため、扉の下部がタイルカーペットに擦(す)れないように注意する必要があります。

なお、パイルには**ループパイル**と**カットパイル**があり、一般的に多用されているのは、さらっとした肌触り(はだざわ)りのループパイルです。

これは弾力性や復元性に優れていることから、人が頻繁に歩く廊下やリビングなどに適しています。

タイルカーペット

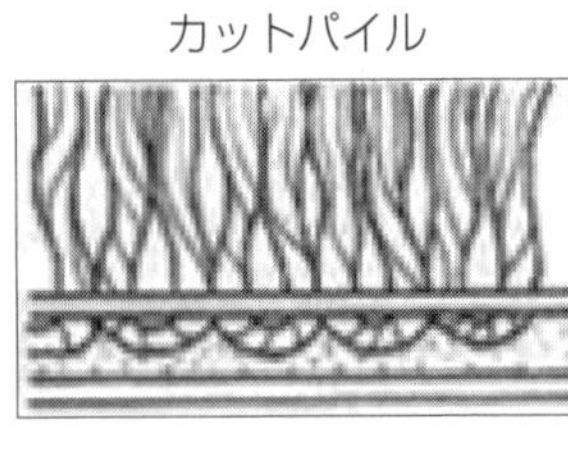

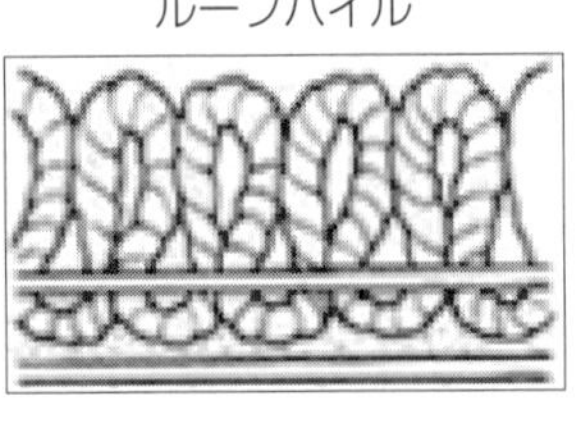

カットパイルは、ループ状のパイルの毛先をカットしたもので、柔らかい肌触りが特徴ですが、弾力性や耐久性に劣るため、歩行量の少ない寝室などに使用されています。

また、ペットを室内で飼育する場合にも、ループパイルに比べてペットの爪がひっかからないことから適しているといえます。

琉球畳

パナソニック電工の「畳が丘」

Q **最近では畳が見直されているようですが、詳しく教えてください。**

A 住宅の床材として、現在は畳よりフローリングが好まれる風潮があります。

しかし、畳は、来客時、客間に利用できるほか、乳児のおむつ交換の際に、乳児を直に畳の上に寝かせることができるなど、大変便利なのです。

そこで最近では、洋風畳や取り外し可能な置き畳が注目されています。

部屋の中に畳コーナーなどと称した**洋風置き畳**を設置するケースも少なくありません。

また、リビングに仕切りをつくらず、小上(こあ)がりを畳敷きにし、その下を収納スペースにした便利な商品も販売されています。

置き畳を設置する場合、**琉球畳**(りゅうきゅうたたみ)という畳縁(たたみべり)がない90㎝角の正方形をした畳が多用されていますが、高価であるため、**めせき畳表**(たたみおもて)（畳目が細かい畳表）を使用した縁のない畳を取り入れてもよいでしょう。

最近では**カラー畳**も数多く販売され、和洋折衷(わようせっちゅう)のリビングも珍しくなくなりました。

❷ 壁の材料

Q **賃貸住宅では壁を好きなように選べないのですが、欧米では自由だとか……。**

A **原状回復義務**のない欧米の賃貸住宅では、住み始めて部屋の内装に入居者が手を加えるのは普通に行われており、建物の本体に傷をつけない限り、棚を取り付けたり好みの色で塗装しても問題はありません。

前の入居者の内装が気に入ればそのままでよいし、気に入らなければ業者に依頼するか**DIY（Do It Yourself）**で自分で手を加えればよいのです。

そのため、原状回復費用が発生することはないのです。

一方、日本では、賃借の部屋に釘を打ったり、金物を取り付けるなど賃借人が手を加えることができない物件がほとんどです。

手を加えた場合には、賃借人は**原状回復費用**を退去時に請求されることになってしまいます。

賃借人へのアンケートでも、賃貸住宅に住みたくない理由の一番が、「賃借だと手を加

営業トーク

リビングや廊下には、ループパイルのタイルカーペットを使用しているため、弾力性に優れています。乳児がいるご家庭には、置き畳はおむつ替えができ便利です。外せばリビングを広く利用できます。

えたり、自由な変更ができない（釘を打つなど）」という項目になっています。

そのため、最近では、入居時にビニルクロスを選べたり、好みのペイント塗りを施せる賃貸物件（**DIY賃貸**といわれています）が出てきており、若者を中心に人気を得ています。

Q　内装材といえばビニルクロスですが、今後も主流なのでしょうか？

A　日本の住宅の内装は、漆喰（しっくい）や土壁・繊維壁であったものが、プレハブ住宅の普及とともに**ビニルクロス**が大量に使用され、現在では住宅建築の9割以上がビニルクロスの内装と思われます。

その急激な普及は、製造コストが安く施工しやすいこと、色や柄のバリエーションが豊富なこと、といった理由と考えられます。

ビニルクロスの主素材は**塩化ビニル樹脂**で、紙や不燃紙を裏打ちして製品がつくられています。

主素材の塩化ビニル樹脂を柔らかくするための可塑剤や、変色やカビを防止する安定剤など、人体に悪い影響を与える化学物質が混入されています。

しかし、シックハウス法により現在ではほとんど発散しにくい化学物質を使用しており、化学物質過敏症（かびんしょう）の人でない限り影響は少ないと考えられます。

ビニルクロスは安価なため、賃貸住宅の入居者の入れ替え時には、全てのクロスの張替

Coffee Break

「ビニール」か、「ビニル」か？

普通の話し言葉では「ビニールクロス」といいますが、クロスメーカーの見本帳には「ビニルクロス」と記載されています。我々設計者は、設計図に「ビニルクロス」と記載するのが一般的です。どちらも間違いではありません。

なお，海外のクロスは，ほとんどが紙クロスです。北欧では，ビニルクロスが禁止されている国もあると聞きます。

えを行うことが多いのですが、そのときに発生するビニルクロスの廃材は高温焼却や埋立て処分されており、環境に与える負荷が大きくなります。

そのため、価格が2割～3割ほどアップしますが、外国製品を中心に紙のクロスも人気が出てきています。

ちなみに、ビニルクロスは施工が容易とはいえ、それは施工業者にとってという話で、素人にとって施工は困難です。

張替えの際に石膏ボードの表面を傷つけたり、クロスの裏紙の多くが壁に残ってしまうこともあります。

Q **海外では、ビニルクロスは主流ではないのですか?**

A 海外では一般に、DIYでの補修が容易な**塗装仕上げ**が主流です。

塗装には、壁に石膏を直接塗る伝統的な**ウエットエ法**と、石膏ボードを張った上に塗装する**ドライウォール工法**があります。

アメリカの住宅のほとんどは、ドライウォール工法を採用しています。

この工法では、石膏ボードのつなぎ目をテープで補強し、一体化させた上に塗装することで、ヒビ割れを防いでいます。

つなぎ目を補強するこの技術は、日本でも塗装下地には必ず施されています。

また、塗装を施した壁のつるっとした肌ざわりや見栄(みば)えが気になる場合には、ヨーロッ

Coffee Break

輸入壁紙は幅が狭い　日本のビニルクロスの壁紙のほとんどは90㎝幅ですが、外国製は50㎝くらいの幅のものがほとんどです。日本のクロスは、施工するときに合わせ切りといって、隣りのクロスを重ね合わせて切り、余分な端を捨てて突き合せます。海外のものは重ね切りをしません。そのままの状態で突き合せて張ります。器用でない外国人にとって重ね切りは難しいからなのでしょうか。

ルナファーザーの壁紙の種類

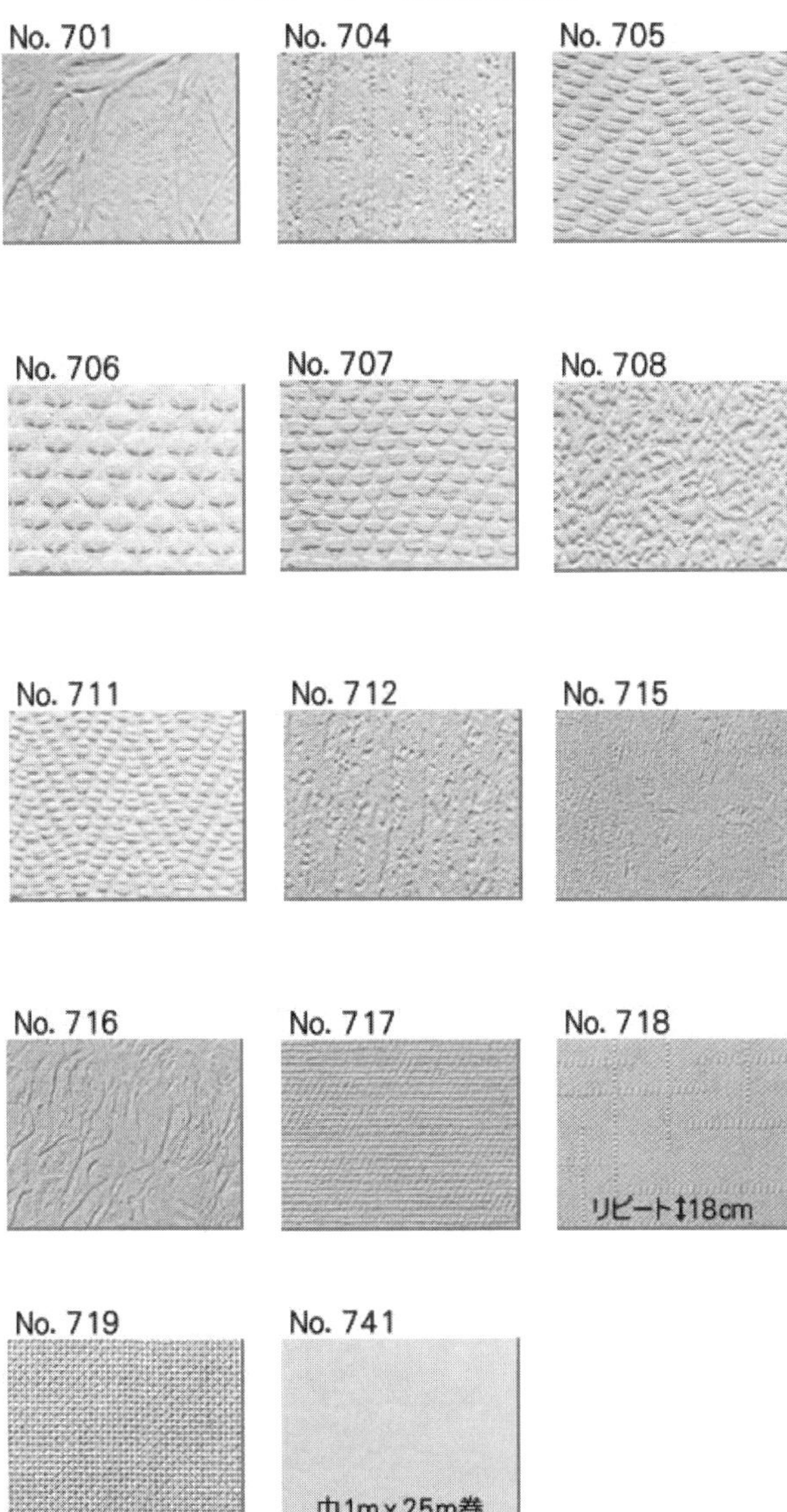

パで100年以上前から使用されている、凸凹模様を施した塗装下地用の壁紙（**ルナファーザー**）を張った上に塗装する方法があります。

ルナファーザーを使用すると、1000円～1500円／㎡ほど施工コストは高くなりますが、原状回復が容易となります。

このため、ヨーロッパの住宅では、入居者自らがルナファーザーを使用して塗装するケースも多いのです。

クロスの場合は一部補修が難しいのですが、塗装なら一部補修が容易で、簡単な落書きなどは消しゴムや洗剤で落とすこともできますし、落書きの線の部分を同じ塗料でなぞって、同じ塗料を薄く塗ればほとんど目立たなくなります。

将来、ビニルクロスの廃材処理のデメリットを考えれば、わが国でも諸外国並みに一般的な内装は塗装仕上げの時代になるかもしれません。

Q 内装を塗装で行う場合の注意点は何でしょうか？

A 塗装なら素人でも施工が可能です。

キッチンやスイッチ、ドア周りなどの壁は汚れがつくことが多いため、原状回復時には、クロスを張り替えるより、家主が自分で容易に部分補修できる塗装が優れています。

元々使用していた塗料を塗った上に薄めた同じ塗料で周りをぼかすように塗るだけで、

Coffee Break

ビニルクロスや塩ビ素材は黄ばんでくる

ビニルクロスをはじめとする塩ビ系の素材は時間とともに黄ばんできます。最初は白ぽかったビニルクロスも、10年もすれば黄ばみます。天井では気付きにくいですが、壁は隣に白い家具などがあると黄ばみが目立ちます。以前は天井と壁のつなぎ目部分に塩ビの見切り材を入れていましたが、天井と壁のクロスを張り替えると、その黄ばみが目立つため、現在は使用することが少なくなりました。

汚れはほとんど目立たなくなります。

現在、塗料の多くは水性のノンホルムアルデヒドタイプで、少し厚めに塗る塗料には、湿度や臭（にお）いを吸着する商品も発売されています。

一般的なビニルクロスの上にも塗装は可能ですが、塗料を4回以上塗り重ねると、クロスが塗料に引っ張られ、剥（は）がれやすくなりますので注意が必要です。

Q　塗装の方が工事費は高いと聞きますが、どうなのでしょうか？

A　賃貸住宅のように費用対効果にこだわる建物では、イニシャルコスト、ランニングコスト（原状回復費用）が重要な選択要素になります。

イニシャルコストではビニルクロスが安く（ビニルクロス：1000円／㎡～1500円／㎡、塗装：1500円／㎡～2000円／㎡）、**ランニングコスト**では塗装が安い（ビニルクロス：1000円／㎡～1500円／㎡、塗装：700円／㎡～1000円／㎡）のです。

工事費に幅があるのは、工事を行う面積や下地の状態により違うからです。

ビニルクロスでも塗装でも、下地調整（パテなどで平らにすること）が大変で、塗装では工事費の半分を占めるのです。

しかし、塗装の場合、原状回復では下地調整が不要ですから半値近くになります。

さらに、同系色で再塗装する場合には、通常二度塗りのところを一度塗りでも十分ですから、さらに2割～3割程度安くなるでしょう（半分にならないのは、塗料がはみ出ないよ

Coffee Break

なぜ，日本では塗装が主流にならないのか？

海外では内装は塗装仕上げが一般的なのに、日本ではビニルクロスが一般的です。私は、CO_2 などの環境問題を考えるなら、塗装仕上げを一般的にすべきだと思います。ある時、塗料メーカーの営業マンにその疑問を聞くと、メーカーでは、車などの工業用塗料が主体で、建築用の塗料は社内では主流ではなく、営業的にクロスメーカーに勝てないからだという答えが返ってきました。なるほど、環境問題などの理屈ではなく、営業力の差なのだと実感しました。

うに行う養生費用は、一度塗りでも二度塗りでも同じだからです)。

前述のルナファーザーを張って塗装すると、1000円/㎡~1500円/㎡ほどアップしますが、その後の塗装は容易で、ヨーロッパの住宅では自分で塗装するのが一般的になっています。

Q 塗装は素人でも施工が可能なのでしょうか?

A 家主自身でも、さらにいえば家主の子供でも、塗装なら可能ですから、安上がりに原状回復ができます。

現在の塗料は、だれが塗っても塗りムラはほとんど出ません。

賃貸物件なら、多少塗料がはみ出ても気にする入居者はいません。

外国のテレビで、日曜大工で家の外装を塗ったり、賃貸マンションに引っ越してきた家族が、家族総出で内部を塗装している映像がありますが、自分の住まいの塗装はプロには頼まないというのは世界標準ともいえるのです。

塗装で面倒なのは、窓枠や扉枠などの造作材との境で、ペンキがはみ出さないようにマスキングテープで境を養生することで、プロの職人も**マスキングテープ張り**が終われば仕事は終わったようなものだといいます。

同じ色で塗装したり、多少はみ出ても気にしなければ、塗装は非常に簡単な作業なのです。

海外の一般的なホテルに泊まって塗装をよく見れば、はみ出たりしていますが、皆さんほとんど気にしていないと思います。

そのため、賃貸住宅の経営を長い目で見れば、**塗装仕上げ**が経済的なのです。

最近では、入居者が好きな色で塗装する「DIY賃貸」も人気になっています。

❸ 天井の材料

Q **天井に使用する材料について教えてください。**

A 床や壁材に比べて、**天井材**に気を留めている人は少ないでしょう。

一般的に、部屋を広く見せるため、天井材には明るい白系の色が多用されます。

また、天井にアクセントをつけるのは稀で、デザイン的要素よりも機能性を優先し、目立たない素材と色が多用されています。

逆に、天井にアクセントをつけたり、鏡張りにすることで、非日常的な空間の演出も可能です。

住宅関係では、壁と同様にビニルクロスを張ったり、木の板を張るケースがほとんどですが、オフィスや店舗ではロックウール吸音板や化粧石膏ボードが使用されています。

営業トーク

内装を仕上げる場合、塗装をすれば、自分の好きな色に変更できます。また、多少の汚れはクリーニングと部分塗装で十分対応可能です。施工が容易なため、家主自らが、低コストで原状回復することができ、大変経済的です。

ロックウール吸音板

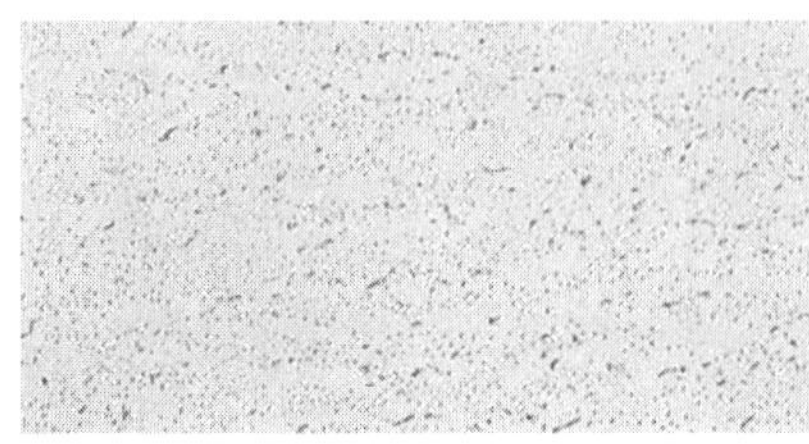

リブ付ロックウール吸音板

Q ロックウール吸音板とは、どんなものですか？

A 広めのオフィスや事務所等に多用されているのが、ソーラートンとかダイロートンという商品名で呼ばれている**ロックウール吸音板**です。

以前は、**岩綿吸音板**とも呼ばれていましたが、岩綿がアスベストの石綿と響きが似ているため、最近のカタログ等にはロックウール吸音板と記載されています。

ロックウールは耐熱性に優れた高炉スラグや玄武岩などの天然石を高温で溶かし、綿飴（わたあめ）をつくる原理と同じように、遠心力で吹き飛ばして繊維状にしたもので、アスベストの数十倍から百倍も太い繊維ですから、体内に入り込みにくく、入っても体外に排出されます。

しかし、昔の一時期には岩綿吸音板にアスベストが含まれていたこともあったようですが、風化していない限り天井に岩綿吸音板が張られていても健康被害を心配する必要はありません。

このロックウールの表面に細かな虫食い穴状の**トラバーチン模様**になるように厚み9㎜や12㎜で303㎜×606㎜の大き

Coffee Break

なぜ，天井というのか

屋根裏を覆い隠すように張られた板を「天井」といいます。その語源は、火事を防ぐまじないとして井戸の形につくったからという説や、囲炉裏（いろり）の上部の屋根に当たる部分に井げたの棚が組んであったからという説などがあり、一定しません。天井の読み方は不思議です。井戸の「井」をどうして「じょう」と読むのでしょうか。「上＝流れ＝水＝水所＝井」から連想したという説もあります。

さに成型し、表面を塗装で仕上げた天井材がロックウール吸音板です。

材料が柔らかくてもろいので、9・5㎜厚の石膏ボードを下地にしてこの材料を張って仕上げるのが一般的です。

※**トラバーチン**というのは、温泉、鉱泉、あるいは地下水中で生じた石灰質の化学沈殿岩のことです。緻密、多孔質、縞状など様々な構造を持ち、温泉沈殿物や鍾乳洞内の鍾乳石、石灰分の多い河川沈殿物などのことをトラバーチンと呼びます。トラバーチンは縞状の細孔を持つ石材で、平行に現れた縞は堆積の跡を示しています。建材の商品名では「大理石」として扱われることもあり、建築用や装飾用に広く使用されてきた石材です。

Q **吸音板には、どのような効果があるのですか?**

A 音が響きすぎる部屋では、声が聞き取りにくいため、余計な神経を使いますが、ロックウール吸音板は、音の響きを適度に調整し、人の声を聞き取りやすくするなどの吸音効果があります。

そのため、高齢者施設などにも使用されています。

空間が狭く音が響きやすい玄関ホールでは、吸音効果やデザイン性を高めた、15㎜や19㎜の厚手の**リブ付ロックウール吸音板**も多用されています。

Q **化粧石膏ボードとは、どんなものですか?**

A 事務所や営業所、店舗などの天井材に多用されているのが、ジプトーンに代表される**化粧石膏ボード**です。

ジプトーンは、石膏ボードにロックウール吸音板に似たトラバーチン模様（少し大きめの虫食い形状）のシートを張り付けたもので、厚さ9・5㎜、455㎜×910㎜、910㎜×910㎜の大きさです。

あらゆるところで使用されていますので、皆さんの事務所でも天井を見上げれば張られている可能性は大きいのです。

施工時に下地が不要で、簡単に切断ができ、ビスで天井の吊り材（**野縁**）に直接取り付けるのが可能なため、天井材としてよく使われています。

ビスで取り付けられているので、取り外して天井裏の点検や電気の配線替えも容易です。

和室には石膏ボードに木目調の杉柾模様のシートを張った製品が多く使用されていますが、天井のように遠目で見る限り、本物の木材と見分けがつきません。

化粧石膏ボードは安価で施工しやすいという特徴があるため、非常に多くの建物で使用されています。

Q **ビニルクロスで張ることもできますか？**

Coffee Break

ビニルクロスの注文は、量産か、千円クロスか

ビニルクロスは、「量産クロス」と「千円クロス」が主流です。賃貸住宅では全てが量産クロスで工事費を下げがちですが、壁の一部にアクセントクロスとして千円クロスを使用しても工事費は3千円～5千円程度しかアップになりません。それで、驚くほど内装イメージは変わり、成約率はアップします。内覧した瞬間の数秒で成約の可否は決まるからです。成約率アップを考慮すれば、数千円の工事費アップは安いものです。

A 事務所や店舗でロックウール吸音板を張りたいが予算がない、だからといってジプトーンでは安っぽく落ち着いた空間になりにくいといった場合はビニルクロスを張ると良いでしょう。

住宅の天井はホンモノの木の板が張られることもありますが、一般にはビニルクロスがほとんどです。

凸凹状の多いビニルクロスを使用すると影ができて、汚れも目立たなく空間がしっくりします。

タバコのヤニ問題を度外視すれば天井は汚れ難く、紫外線焼けし難い箇所ですから、賃貸物件の原状回復時に、そのままでも問題のないケースも少なくないと思います。

デザインの一般論としては、床↓壁↓天井の順に明るくすると部屋が広く見えるため、天井材には明るい白系統の色が使用されますが、トイレなどの限られた空間の天井に濃い色を使用してみると、洒落(しゃれ)た空間になりますので、一度試みるのもよいと思います。

Q **天井を塗装することもアリですか?**

A 壁に塗装を施してある場合、天井に壁と同色の塗装を行うと空間の広がりを演出でき、その際、凸凹のある塗装用の下地クロスの上に塗装すると、より落ち着いた空間となります。

石膏ボードの上に塗装しただけでは、のっぺりとした無機質な空間になってしまいがちです。

コンクリートや構造を剝(む)き出しにした天井では、塗装仕上げが一般的です。

白い塗装により、高い天井を演出したり、逆に、店舗などでは、黒く塗ることで、あえて天井を目立たせないようにするケースも少なくありません。

天井を目立たせたいデザインにするには天井材を剝(は)がして、天井内をすべて塗装してしまう手法が多くの店舗で行われていますが、最近では若い人向けの賃貸住宅やシェアハウスでもよく使用されています。

また、和室を洋室にリフォームする場合、天井、柱、長押(なげし)、窓や扉の枠などに木材が多用されているため、そのままだと和風テイストが強く出てしまいます。

和室の天井を塗装する

また、それらすべてを取り替えると、高額な工事費になってしまいます。
そんなときは、天井に塗装を施すことにより、簡単に洋風の空間へ変更できます。
ちなみに、天井は、地震の揺れに影響されやすい箇所であるため、天井の面積が広い場合は、設計や施工において、材料同士のつなぎ目にわざと目地を設け、目地で変形を吸収できるような工夫をするのもプロの技です。

営業トーク

玄関ホールの天井材には、吸音効果の高いリブ付きのロックウール吸音板を使用しているため、足音や話し声が響きにくく、静寂(せいじゃく)な環境をつくり出しています。それぞれの部屋の機能と、コストに見合った材料を選択できることから、経済的に快適な環境をつくれます。

❹ 造作材

Q 造作材とは、どういうものをいうのですか？

A **造作材**とは、扉枠や窓枠、床と壁の間につく巾木、壁と天井の間につく廻り縁、これらを総称していいます。

大工のつくる仕上材と思えばよいかもしれません。

杉や檜などの針葉樹系の和材は、日本の伝統家屋にはよく似合います。

洋風家屋が主流の現代家屋には、最近では入手しづらいラワンやオークのような広葉樹系の洋材が似合います。

しかし、そのような木は手に入り難くなってきたため、工場でつくられた**突き板**（1㎜以下にスライスした木の板を張り付けたもの）や、**オレフィンシート**と呼ばれるビニル製のシート貼りなどが中心となっています。

Q 無垢材の造作材を使用する際の注意点は何でしょうか？

大工は**無垢**の木材を削って造作材をつくりますが、木材の種類の違いによる木目（もくめ）や色を生かしたデザインでないと効果的ではありません。

木目や色を生かそうとすれば、樹種や材を選別しなくてはいけません。

そうなると、かなり高額になることはしかたありません。

一般的な住宅では、和室の造作材や柱には、**集成材**（しゅうせいざい）（小さい木材を集めて接着剤で合わせた木質材料）に突き板を貼った材料が多く使用されています。

無垢材と比べて割れが生じづらく見た目もきれいです。

ただ、本物の木は表面だけなので、何十年経っても風格や趣が出ず、年月とともに材料が日焼けしていくのが欠点です。

造作材の色味（いろみ）で住宅の雰囲気が変わると思いますが、最近はどのようなものが主流でしょうか？

A

張り物であっても柄は木目を生かしたナチュラルテイストが主流です。

木目が生きる色はベージュ（ブラウン）系で、樹種による違いがそれほど目立たないのはダーク系です。

壁はホワイト系のビニルクロスを基本とし、床や扉は木目を生かして浸透性の塗装を施して色味をつけ、ホワイト系・ベージュ（ブラウン）系・ダーク系と大きく3種類の色味に分けて内装のイメージを変えているのが一般的です。

以前は高級感を持たせたダーク系のフローリングにも人気がありましたが、傷や汚れが目立ちやすいことから、最近はグレー系が主流になっています。

また、30歳台を中心に、ミッドセンチュリーの家具も人気がありますが、それにデザインを合わせたビンテージ風も含めて様々なスタイルをミックスした内装が人気です。

住宅の内装デザインの流行を誘引しているのは分譲マンションと考えられますが、ハウスメーカーやハウスビルダーなどもそれに追従しているのではないでしょうか。

Q **シート貼りのメリットは何でしょうか？**

A 現在、多くのハウスメーカーや分譲マンション業者では、高級住宅や和室を除き、洋室の扉や造作材には、ほぼ100％シートを貼ったものが使用されています。

シートは、最高級の木材を撮影、印刷したもので、見た目は本物以上にきれいです。最近では、表面に凸凹模様が刻まれ、本物と区別しづらいほど精巧な仕上がりの商品も増えています。

また、同一価格であらゆる樹種と色が揃っているため、さまざまなデザインに対応が可能です。

木目や色にムラのない造作材や扉を見たら、シートを貼ったものと思って間違いありません。

Q　シート貼りが中心になったのは、価格が安いからだけなのでしょうか？

A　建築の内装工法には、**湿式**（しっしき）**工法**と**乾式**（かんしき）**工法**の2通りがあります。

湿式は土壁など左官で行うもの（塗装も湿式の部類）で、きちっとした養生（他の部分を汚さないようにシートなどをかぶせること）が必要になるほか、一度の作業で完成するのでなく、同様な作業が複数回必要になります。

乾式は一度の作業で完成させることが可能なため、工事期間が短縮され、工事会社にとっては好ましい材料です。

乾式であるシート貼りの造作材は、そのものが完成品のため塗装の必要がなく、工費的にも、工期的にも好都合な材料なのです。

さらに、完璧なものを求める日本の消費者にとっても、きれいな仕上がりのシート貼り材料は、**木のぬくもりの家**というキャッチで分譲マンション業者やハウスメーカーを中心にほとんどの住宅に使用されてきたのです。

実際はシート貼りなのですが、ほとんどの人がホンモノの木だと思っているのではないでしょうか。

Q　シート貼りのデメリットは何でしょうか？

A

一方で、シート貼りには欠点もあります。

まず、屋外で使用できない点です。

雨水があたると剥がれやすく、また時間の経過とともに紫外線劣化を起こし、ボロボロになってしまいます。

そのため、玄関扉などでは、本物の木や厚めの突き板に塗装を施したものが多用されています。

厚めで丈夫なダイノックシートなどであれば、屋外でも使用できますが、高価です。

また、木製の造作材や家具では、10年~20年が経過すると、木の油が出て、しっとりした風合いが生まれるのに対し、シートを貼った造作材は変化がないため、部屋の中で、木製の家具と馴染まず、浮いてしまう場合があります。

シートに傷がついて捲れると、下地の材料が見えてしまい、改修工事が必要となります。

扉の交換であれば簡単ですが、扉枠や窓枠まで傷むと、周辺の仕上げ材を含めた大掛かりな工事が必要です。

塗装の場合には簡単に補修が可能ですが、シートでは補修ができません。

そのため、使用が荒くなりがちな賃貸住宅の扉枠や窓枠などの造作材には、シートを貼るより、本物の木に塗装を施すほうが良いと思います。

日本の住宅寿命は30年程度で、古くなったら建て替えて、同時に家具も一新するというサイクルでしたが、海外の住宅寿命は50年~１００年と長く、長期の使用を前提としています。

こうした住宅に対する考え方が違うため、シート貼りは海外では発達せず、日本で大きく発達したのだと思われます。

修復しづらいシートより、修復が容易で長持ちする、本物の木に塗装を施す方法が好まれる内装材にも影響するのでしょう。

5 収納

Q 最近の住宅の収納事情について教えてください。

A わが国では、出産や子供の独立等で家族の人数が変わっても、住居は変えないというケースがほとんどです。

そのため、持ち家を取得する場合、将来的に家族の人数が増えるのを見越し、ある程度、余裕をもった収納スペースを求めるのが一般的です。

一方、賃貸住宅では、手狭(てぜま)になったら引っ越すということを想定し、なるべく余計な荷物を増やさないように心掛けるユーザーが多いようです。

こうした理由から、賃貸住宅において、これまで収納は軽視される傾向にありました。

営業トーク

住宅の造作材では、10年〜20年ごとに改装して使用する場合はシートを、改装せず補修で50年間使用する場合は本物の木材を提案するなど、お客様の住宅に対する考え方や希望に沿ったものを提供しています。

しかし、最近増えてきた**積極賃貸派**（生涯賃貸もあり）の住宅選びでは、内装や住宅設備のグレード感などに加え、収納力も重要な要素となっています。

Q **一般的に適切な収納量は、どのように考えたらよいのでしょうか？**

「今後お部屋を探すとしたら重視する設備」（複数回答）

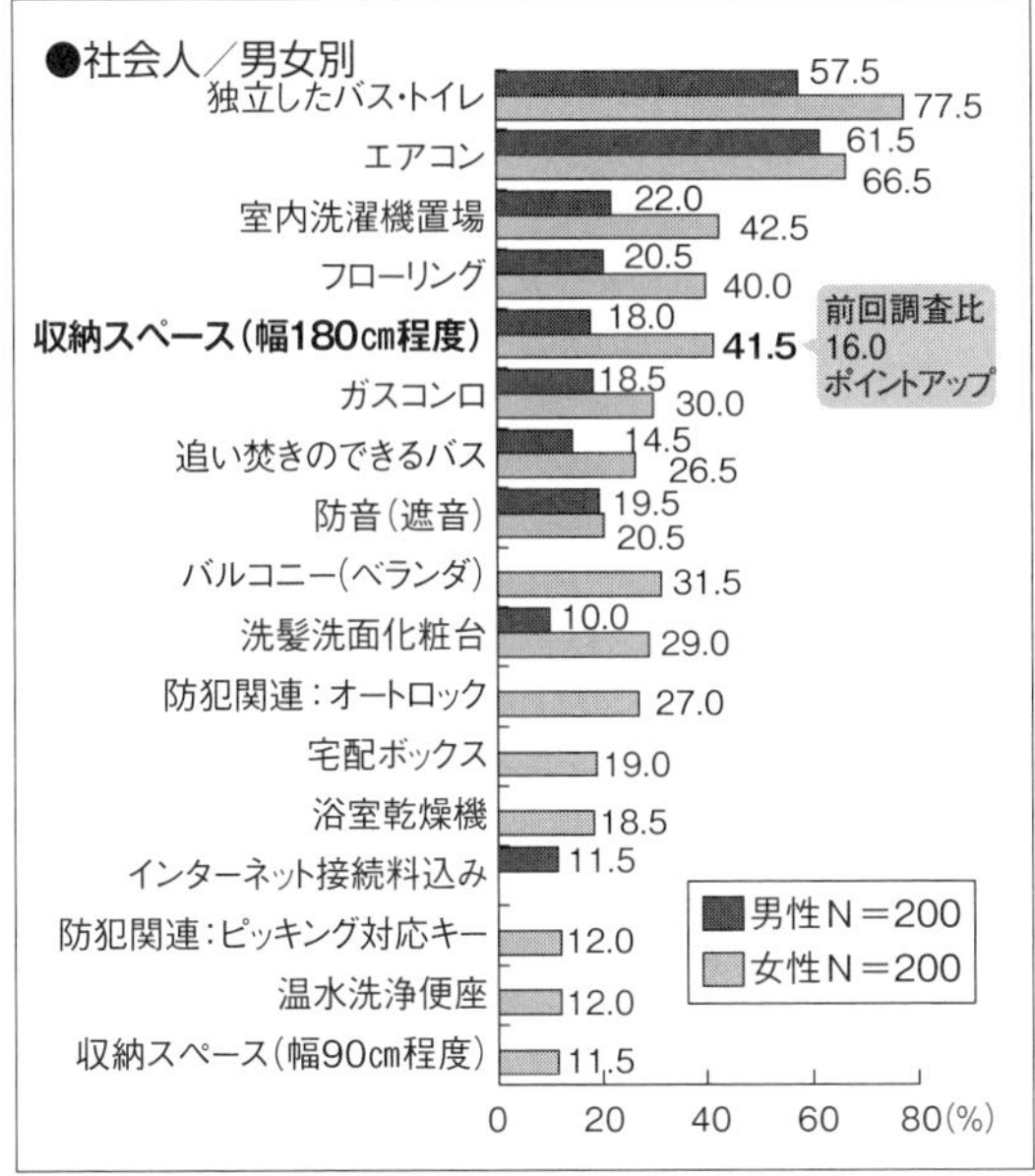

（出所） アットホーム㈱「一人暮らしの実状と部屋探しについて」（2012年1月調査結果）

A 適切な収納量については、住宅面積の10％以上と指摘する専門家が多いのですが、実際は、居住者のライフスタイルや家族の人数で大きく変わってきます。

「収納は住宅面積の○％以上」などといった法規定はありませんが、目安として、マンションでは住宅面積の6％～8％以上、戸建てでは8%~12%以上あれば快適に暮らせると思います。

また、必要な物の量は、家の大きさに必ずしも比例しないため、延べ床面積40坪以下の住宅では収納の割合が高くなります。

ただし、平面的な面積で基準を考えると、高さが半分にも満たない下足入れや流し台なども同様な面積としてカウントしてもよいのかという問題もあります。

そもそも、平面的に見た収納面積が大きければ収納量が多いわけではなく、収納部分の壁面積が大きいほうが収納量は多いのです。

Q　収納は平面的な量だけではないと思いますが、注意点は何でしょうか？

クローゼットの例

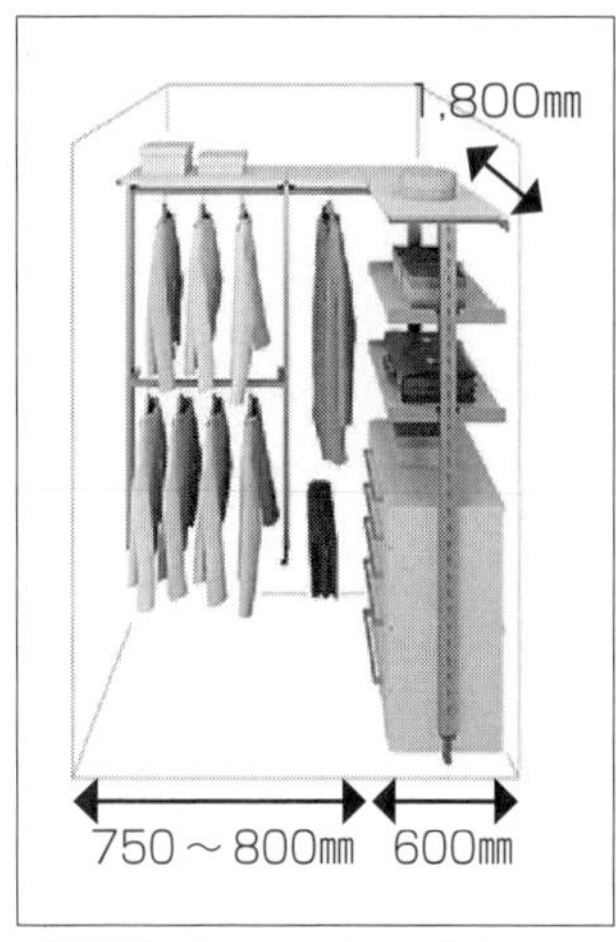

（出所） Panasonic アイ・シェルフ

A　収納で重要なのは、居住者の欲しい場所に、欲しい収納スペースがあることです。

たとえば、和室を洋室にリフォームする場合、押入もクローゼットに改修することになりますが、本来クローゼットに必要な奥行は550㎜~600㎜程度であり、奥行850㎜以上の

Coffee Break

押入れのリフォームは２段式

和室を洋室にリフォームする場合、間取りを変えるのは難しいため、押入の襖を折れ戸などに取り換えることになるでしょう。その際には、中段の棚をなくすだけでなく、２本のハンガーパイプを前後20㎝くらい離し、段差も10㎝程度つけて取り付けると、洋服の収納が２倍になるクローゼットが誕生します。大変安上がりで、喜ばれるリフォームです。

押入をそのままクローゼットに変更すると、３００㎜も余分なスペースが発生してしまいます。

また、収納する物により、必要な奥行も異なってきます。

そのため、収納スペースをつくる際には、収める物を考慮し、それを使う場所や動線なども配慮する必要があります。

その結果、使い勝手の良い機能的な収納スペースを確保することができるのです。

ちなみに、収納家具を置く場合、窓が多いと壁面が少なくなり、配置に大変苦労するため、収納面では窓が多いことが快適だとは限らないのです。

Q **収納面積を多くすると居住面積が減ってしまいますが、そのバランスはどう考えたらよいのでしょうか？**

A 住宅は毎日寝食し、余暇を過ごす大切な生活の場ですから、日々の活力を生み出す空間であることが重要です。

そのため、収納スペースも最低限では

ハンガーパイプや可動棚などが付いたウォークインクローゼット

なく、多少の〝ゆとり〟や〝余裕〟が必要です。

「これ以上物を増やせない！」となれば、生活する上でプレッシャーとなり、また、必要な物を収めるために大切な物を捨てざるを得ないとなれば、住む人の不満は高まるでしょう。

限られたスペースで収納を確保するためには、屋根裏や床下収納などの導入も検討するとよいでしょう。

同様に、〝最低限〟の空間での生活は、寂しさも感じさせてしまいます。

特に、マンションは居住面積が限られるため、仮に収納スペースが増えたとしても、居住空間が犠牲になれば、生活の中で心の豊かさを感じづらくなってしまいます。

室内空間をゆったり使う目的で3DKのマンションを2LDKにリフォームし、同時に収納スペースも増やすのは良いことだと思います。

その際、収納はがらんとした納戸より、ハンガーパイプや可動棚などが付いた**ウォークインクローゼット**（以下、**WICL**といいます）とするほうが使い勝手が良いでしょう。

営業トーク

当社では、必要な場所に必要なサイズの収納を考え、住宅のデザインを行っています。そのため、ストレスのない快適な住まいを提供することが可能です。

Q **最近、〝隠す収納〟〝見せる収納〟という言葉を聞きますが、まず隠す収納について教えてください。**

A **隠す収納**の典型は、買い置きした乾物、缶詰、レトルト食品、キッチンペーパーなどを収納できるキッチンのパントリー（小室・収納スペース）です。

必要なときに、すぐに使える距離に配置され、使わない物は目立たないよう収納できます。

使い勝手を良くするポイントは、収める物の高さに合わせて、棚の位置を変えられること、奥に収めた物でも取り出しやすいよう奥行を浅め（400㎜以下程度が良い）に設定することです。

〝隠す収納〟の大型判には、戸建住宅や分譲マンションで多用されるＷＩＣＬがあります。

納戸ほどの広さはないものの、通常のクローゼットでは収まらない大きなものをはじめ何でも収納できる場所がほしいという要望に応えているのです。

ＷＩＣＬの小型判として、玄関の脇に**シューズインクローゼット**（以下、**ＳＩＣＬ**といいます）を設置するケースも増えています。

靴だけでなくベビーカーやスキー用品、ゴルフバッグなども収納できることから、こちらも重宝されています。

ＷＩＣＬは、とりあえず何でも物を突っ込める、ということから人気がある一方で、人が入るスペースが必要なため、床面積に対する収納量が少なく、効率性に優れているとはいえません。

また、物を詰め込むほど奥に収納した物が取り出しにくくなり、結局、ゴミを収納している状態になってしまうケースもあります。

最も効率的な収納は、物を置かない廊下などに面し、床から天井一杯にまで設置した浅

Coffee Break

置き家具は室内面積に入らない

賃貸住宅では、各室の面積が小さいのが一般的です。たとえば6帖のスペースに、間口１間分の約１帖の収納をつければ、部屋の面積は５帖となってしまいます。しかし、間口１間分の収納家具を置けば、室内面積は６帖として記載でき、収納量も大して変わりません。最近では、置き家具の価格は安く、デザインも悪くないものが多く、工事で収納スペースを造作するより安く済むことも少なくないのです。

シンメトリーに設計された“見せる収納”

（出所） ip20㈱プランニング事例より

棚板にディスプレイを楽しむ例

（出所） 仏 DE TONGE 社キッチンより

い収納（奥行30㎝程度）というものです。

Q それでは、〝見せる収納〟とはどのようなものでしょうか？

A **見せる収納**では、収納する物の配置や素材を統一するなど、〝飾り方〟のセンスが問われます。

シンメトリー（左右対称）に物を配置したり、数量等に一定の規則性を持たせたりすると、統一感が生まれ、〝見せる収納〟として効果的です。

逆に、雑多に物を並べてしまうと、見栄えが悪くなるため注意が必要です。

たとえば、書斎の机や棚に並べるユニットボックスを使う場合には、色や大きさを揃えると、スッキリときれいに見えます。

またキッチンでは、よくある吊り戸棚でなく、壁面に棚板のみを設置し、そこに物をディスプレイすると、〝見せる収納〟を演出できます。

住み手の好みで、鍋やさまざまな種類の瓶、カラフルなフルーツなどを並べ、見た目で楽しむのも良いと思います。

その場合も、素材やバランスの悪い配置によっては、チープな雰囲気になってしまい、〝見せる収納〟として好ましくないため、配置する物の素材やデザインが重要となります。

Q **〝隠す〟と〝見せる〟の両方とも悪くはないのですが、双方の利点を利用した収納はないでしょうか？**

A 〝隠す〟〝見せる〟のいずれの用途にも使い分けられるのが、**システム収納**です。

これは、壁面全体にいくつかの棚の付いた収納をはめ込み、壁と一体化させたものです。

壁に同化させたシステム収納

（出所）大谷産業Gallery収納より施工例（抜粋）

設計段階で収める物の用途などを考慮し、棚に扉を付けるかを選べるほか、引き出しのつまみや扉の種類・色を選択できます。

また、照明を組み込める製品も企画されています。

一般的には、室内の壁に馴染（なじ）む白やア

ネクタイ掛け

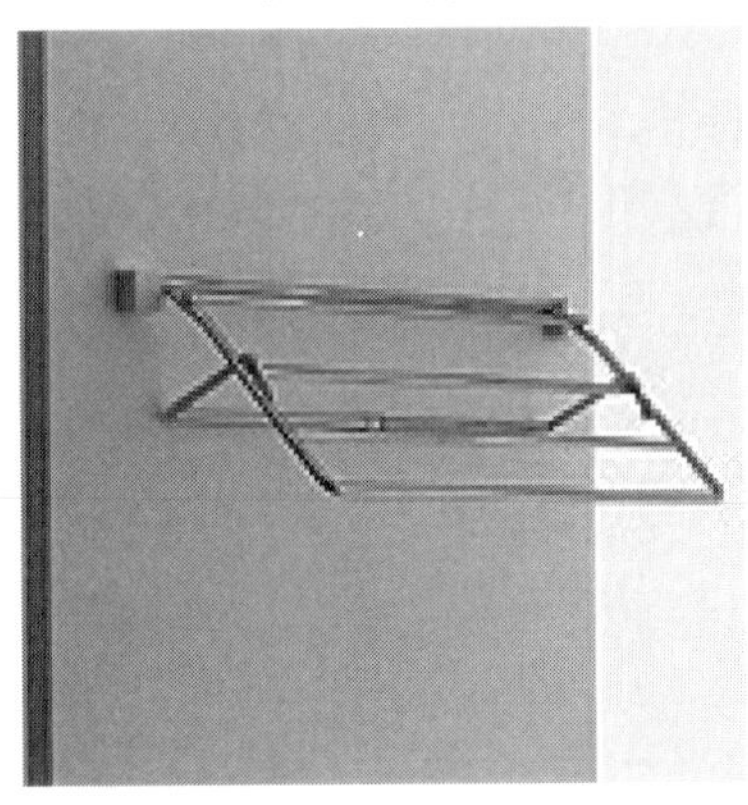

ワイヤートレイ

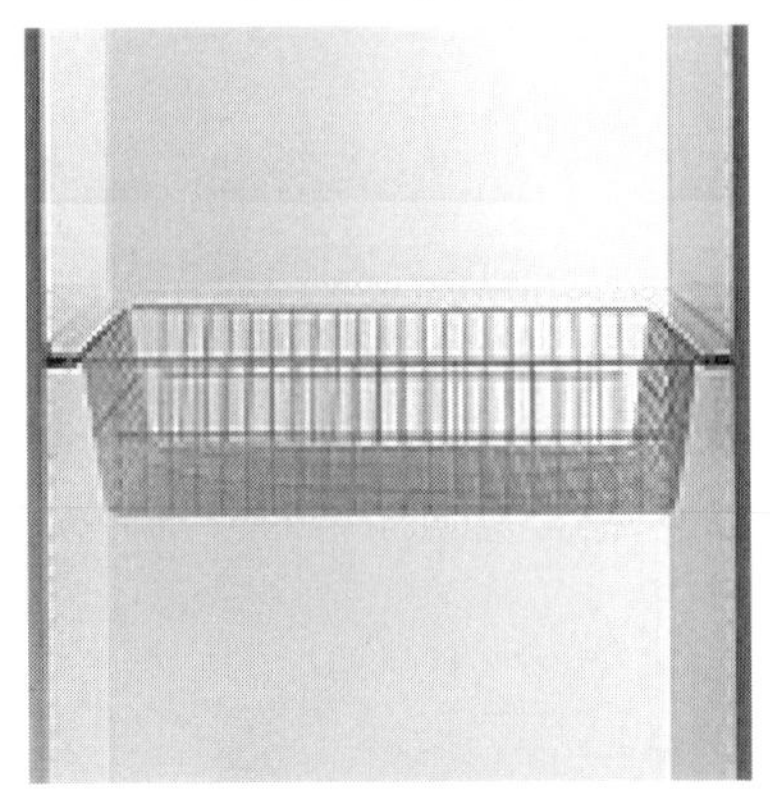

（出所）㈱マノーネ　（共にパーツのみで購入が可能な製品）

イボリー系の色を用い、圧迫感や存在感を感じさせないシンプルなデザインが多用され、誰にでも受け入れられやすいという特長があります。

収める物を隠したい場合には、扉を付けることで〝隠す収納〟とし、本棚や飾り棚など中身を見せて使いたい場合は、扉を付けず、〝見せる収納〟として使用します。

また、20畳以上と部屋が広い場合などには、システム収納を空間のアクセントと捉え、木目調や濃い色を用いることで、メリハリが出て、空間が引き締まります。

そのほか、人目を引きやすいアイレベル（目の高さ）や、縦ラインに〝見せる収納〟を取り入れたり、棚の一部をガラス製にしたりと、インテリアとしてのアクセントとすることで、デザイン性が高まります。

また最近では、収める物が変わっても、入居後にインターネットで細かいパーツ（ネクタイ掛け、小物入れ等）を購入することで、収納方法を変える商品もでています。

システム収納は置き家具と違い、セミオーダーメイドのため、イニシャルコストはやや高くなります。

一方、ミリ単位で空間に合う収納がつくれる上、無駄を省いた仕様であることからスペースの有効活用が可能となります。

ベッド上部の吊り戸棚＋間接照明

また、収納における入居者の要望に合わせた使い方ができるため、人気は高いです。

Q **部屋が狭く、そもそも収納スペースが取れそうもなかったり、狭かったりするとき、何か良いアイデアはないでしょうか？**

A 収納スペースは、住居形態により大きく異なります。

注文住宅の場合は、建て主が収納量について建設会社に希望を伝えることができます。

一方、分譲住宅では、住居面積に対する居室面積の確保を重視するため、収納を軽視してしまうケースが少なくありません。

営業トーク

〝隠す収納〟、〝見せる収納〟など、お客さまの要望に合わせたさまざまな収納プランをご提案しています。

棚＋ハンガーパイプの例

吊り戸棚＋ハンガーパイプの例

賃貸住宅においては、さらに収納より居室の数や広さを優先する傾向があります。

特に、専有面積30㎡以下の賃貸マンションでは、居住スペースを減らしてまで収納スペースを確保することは難しいため、収納量が不足しやすいのが実情です。

そこで、スペースが狭い住宅においても、収納を上手く確保する方法を紹介します。

狭い住宅で収納量を増やすには、寝室のベッド上部の空きスペースを活用する方法があります。

ベッド上部の壁に天井一杯まで吊り戸棚を取り付けることで、空間を有効活用した収納を確保できます。

また、吊り戸棚の下にハンガーパイプを設置すれば、クローゼット代わりに洋服を掛けることも可能です。

実際、ワンルーム居住者の多くは、既設されたクローゼットのみでは収納が不足し、ハンガーラックなどを併用しているケースが多いようです。そのため、吊り戸棚とハンガーパイプを組み合わせた収納方法は大変便利で効果的です。

ちなみに、主寝室などのベッドの上部に吊り戸棚を設けた場合は、吊り戸棚の下に間接照明を組み込むことで、機能的で、お洒落な空間を演出することも可能です。

また、オーナーが、費用をかけずに賃貸住宅をリフォームして収納を造り付ける場合などには、オープンな棚とハンガーパイプのみを設置するという方法があります。

DIY店等で数千円程度で購入できるクリアボックス等を棚の下部に置けば、収納量をよりいっそう増やすことが可能となります。

デザイン壁面収納の例

Q **収納をデザインの一部として見せるアイデアはないでしょうか？**

A 収納自体を室内デザインに生かすことで、狭いスペースを有効活用しながら、デザイン性を高めることが可能です。

置き家具収納の例

部屋のデザインテイストに合わせた置き家具収納の例

たとえば、オープンな棚に加えて、ピン等が刺せるアクセントカラーを使用した壁面に写真などを自由に飾れるようにすれば、室内はスタイリッシュに変身します。

この方法は、居住面積を減らさずにデザイン性を高めることができ、狭い賃貸住宅でも、入居者に喜ばれる収納空間をつくり出すことができます。

また、室内にクローゼットを造り付けると、居住面積が狭くなってしまいます。

そこで、クローゼットでなく、置き家具を備え付けるのも良いと思います。

最近では、廉価でオシャレな輸入家具なども増えており、置き家具を利用することで、表示上の居室面積を減らさずに収納量を確保することが可能となるからです。

営業トーク

当社では、居室面積を減らさずに、収納量を確保するための工夫を凝らした住宅をご提案しています。

❻ 色や素材を使った上手な空間づくり

Q 室内に色を使用する場合の基本事項について教えてください。

A 色使いでは、床を一番濃くし、壁、天井の順に薄い色にすると、最も自然な印象となります。

これは、地面が濃く、空が薄い色となっている、自然界の色の法則にのっとっているため、人が最も自然に感じる色使いだからです。

逆に、床を一番明るくすると、非日常性が高まるため、バーなどの商業空間には最適です。

トイレなど狭い空間では、天井を暗くすることで、アクセント効果が高まります。

また、例外として、和室や茶室の場合などは、畳に座る、布団を敷いて寝るなど、低姿勢での生活になるため、天井高が洋室よりも低くなることも自然と受け入れられるので、天井の色をあえて暗くしたりする場合がありますが、あくまで個性的な場合や特殊なケースであり、一般的な基本ルールからははずれます。

Q **色を選ぶ具体的なコツはありますか？**

A 色を使う際に参考となる比率として、壁などに使用する**ベースカラー**（白やベージュ等）が70％、コンセプトを演出する**メインカラー**が25％、**アクセントカラー**が5％といわれています。

色は、家具やカーテンで代用することもあります。

色の洪水になってしまう前にベースとなる色合いや色調を確かめ、色数は少なめにするのがコツです。

特にアクセントカラーは、地域による好みもありますが、基本は1色、多くとも3色以内で、なるべく色数を抑えたほうが効果的です。

賃貸住宅では、物件を案内したときのカラッポ状態で見たときのインパクトが非常に重

Coffee Break

高齢者は地味が好き？ 高齢者は派手なデザインを敬遠すると思いがちですが、そうとばかりではありません。むしろ、高齢者のほうが派手なデザインを好みます。洋服を見てもわかります。著名なファッションデザイナーでさえ、若い時はシンプルを好みますが、歳をとるにつれてデザインは大柄になります。シンプルは若い人だから似合うのであって、高齢者ではさみしくなるのです。また、微妙な色違いもわかりにくいという現実も重なるからでしょう。

要なポイントとなるため、前述の非日常性を考慮したデザインを取り入れると成約率がアップします。

Q 色を選ぶときに注意しなければならない点は何ですか？

A 注文住宅の場合は、建て主の趣味・趣向が反映されるため色の使い方も多種多様ですが、分譲住宅や賃貸住宅の場合は、どうしてもベースカラーが中心になるため、床も建具も壁も全て淡い色、うすい色、白など空間的に緊張感に欠け、つまらない空間になりがちです。

広い壁面に色を使用する場合、小さなカットサンプルを見る限りよい色だと思っても、実際に使用してみると、思っていた色よりも薄いといった経験はないでしょうか。

広い部分に適用すると、明度・彩度ともにかなり薄く見えるのです。

また、照明のあたり方や光源の種類などによっても異なります。

白熱電球や電球色の蛍光灯を使用した部屋では、白色を使用したはずなのに、アイボリー色（電球色LED電灯ではさらにわずかに紫色がかります）として認識されます。

特に、ワット数が小さい白熱電球は黄色〜オレンジ色の色味が強く出てしまいます。

そのため、色を選ぶときは、必ずその部屋の照明器具と同じ光源下で、やや大きめのサンプルで選ぶと失敗が少ないでしょう。

Q 色が生理作用に影響すると聞いたことがあるのですが……。

A 色の持つ力を理解した上で色を使うことも大切です。

洋服は着てしまえば、自分自身の目に自分の着ている服の色が常時飛び込んできます。

それに、いつでも着替えることもできます。

その日の気分や流行によってコーディネートや色を変えたりするのも自由で、失敗したと思っても着なければ済むわけです。

しかし、住空間では、そうはいきません。

自分が過ごす時間はずっと目に飛び込んできます。

たとえば、いくら赤が好きだからといっても、壁面全てを赤く塗ったとしたら、その空間に長くいるのは難しいのです。

それは、赤という色の持つ力には、実験によれば時間の経過を早く感じさせる効果がある（30分しか居なくても40分程経過したかのように感じられる）ことや、人を興奮させる力があるからです。

ファーストフード店などはこの効果を利用して、お客さんの回転率を上げるために、わざとお客さんが早く出て行きたくなるように赤を中心とした**暖色系**（だんしょくけい）を使っているわけです（「ずいぶん私はここに長居しちゃったな」などと、時間の経過が実際よりも早く経ったように感じるのです）。

高級クラブなどでは赤いじゅうたんやソファを使用すると客の回転が良くなるという話もあります。

人間は、その場所で使ったエネルギーの量で、時間の経過を感じるという生理学的な見地があるようです。

一方で、青や青緑のような**寒色系**(かんしょくけい)は、その逆(30分がもっと短く感じられる)の効果があります。

たとえば、オフィスで1時間残業したのに、「まだ40分くらいしか経っていないな」と感じるわけです。

時間が短いように感じる、すなわち時間の経過を実際よりも遅く感じさせる効果があるということです。

これを利用してオフィスまわりの色を寒色系にすると能率が上がったような気持ちになり、「今日は1日が短かったな」と職場での1日が早く充実していたという印象を与えたり、会社の会議室なども青系統の色を使うと長い会議も苦痛に感じさせないという効果もあるようです。

また、病院や美容院等、待たせる時間の長い待合室等にも有効だといわれています。

このように、全ての色には私たちの深層心理に働きかける、その色独特の力があります。

空間で色を使う際には、特にこういったことを念頭に、慎重に色選びをしなくてはなりません。

Coffee Break

足がつかない椅子は長居できない

カウンターを使用している飲食店は基本的に長居ができません。足置きがついているカウンターチェアーもありますが、人により足がつかない場合も少なくありません。また、ついていたとしても居心地はよくありません。そのため、カウンターのバーなどでは足置の板やパイプを設置している店もあります。逆に、長居させようとすれば、足が組みやすく、片足でもゆっくりと座れるような椅子にすればよいのです。

Q **年齢や性別で色の使い方は変わりますか？**

A 一概にはいえませんが、男女ともに20代～30代、独身男女やDINKSの場合は、**シンプルモダン**といって、シンプルでスッキリとした感じの色を好む傾向にあります。

男性は他人とは違う個性あるものに惹かれるタイプも、独身には特に多いようです。また、「男性＝寒色」と想像しがちですが、年齢が高く、社会的に成功した男性ほど、濃い色や赤、黄色等を好む傾向があるようです。

子育て世代の女性は、カントリー調やナチュラルテイストなど、ベーシックで優しい風合いを好む傾向にあります。

ちなみに、夫婦の場合、男性より女性の方がインテリアに興味が強く、内装のデザインや色についての主導権は奥さまが握っているケースが大半です。

私の事務所で実施したユーザー向けの意識調査でも、女性は「内装や家具を自分でしっかり選びたい」、男性は「プロ目線に任せたい」と、志向に違いが出ています。

Q **若い人をターゲットにした賃貸住宅の場合、色の工夫はないでしょうか？**

A 若者をターゲットにした**賃貸住宅**などでは、ファミリー対象物件よりもデザインや色に冒険を試みましょう。

ベースカラー以外に、建具や枠を彩度の高い色で塗装したり、キッチン前の壁のタイルやフロアタイルを模様張りにしてみるのもよいでしょう。

あるいは、バス、トイレなどの狭い空間なら、多少思い切った色使いをしても、「面白い」、「個性的」とプラス方向に評価されます。

インパクトのある色使いやメタリックな感じなど、生活感を感じさせない雰囲気づくりも効果的です。

住むのも数年なら、お洒落な店舗感覚の住まいが良いでしょう。

これこそ賃貸住宅ならではのメリットなのです。

壁や床のタイルを模様張りした例

賃貸住宅の場合は、学生用であるとか、会社の寮としてなど、ターゲットや目的が特に絞られている場合があります。

そのような物件の場合は、ターゲット層も意識した上での色彩計画が採用されると、より効果的でしょう。

現在は金利が低いため、分譲住宅を誰でも安易に購入できるような傾向にあり、かつ、投資目的としても単身者用で利便性のよい新築マンションなどが売りに出されているため、多くの人がモデルルームなどを実際に体感し、目が肥えてきていると考えられます。

建設会社や不動産会社の方も勉強のためにモデルルームめぐりをしてみるとわかりやすいかもしれません。

色というのは、机上の理論で理解するよりも、実際に体感を通してわかることが多いのです。

Q　高齢者は色の見え方が違うと聞きますが、どのような感じですか？

A　人は40歳くらいから老眼が始まるといわれています。

目の老化が体のほかの部分よりも早く始まるようです。

高齢者は老眼のため目の水晶体が黄色く濁っています。

白内障である場合もあります。そうなると、寒色が褐色(かっしょく)がかって見えるのです。青が茶色のように見えるのです。

高齢者にどのように色が見えているかについては、黄色いセロファンをメガネに貼り付けて体験してみるとよくわかります。

暖色はよいとしても、寒色が汚く見え、青は茶色のような色にしか見えないのです。

つまり、私たちがこういう色と思っている色と、高齢者が見えている色とは違うということなのです。

Q　高齢者用の住宅で注意する点は何でしょうか?

A　**高齢者用の住宅**で特に気を付けたいのは、身体機能が落ちてくることによる、住宅の中での事故です。
健常者にとっては注意を促すと思われる黄色は、高齢者には他の色と区別しにくい色の一つでもあるのです。

段差のあるところには濃い茶や赤などの目立つ色で見切りを入れるとか、視認性の高い色を使用するなどの工夫が必要です。

スイッチも、形をユニバーサルデザインにするだけでなく、ハッキリと視認できるような色にすることです。

ただし、あまり不自然にやりすぎると、リハビリ施設のようになってしまうので、センス良く、バランス良く配色したいところです。

このように考えると、高齢者だからといってやたら落ち着いた色にこだわりすぎる必要

関西人はヒカリモノが好き?　ヒョウ柄を着たおばちゃんが関西人の代表イメージだと多くの人に刷り込まれていますが、ホントは一部だと理解しています。金物でたとえれば、関東はシルバー色、関西はゴールド色という傾向はあるようです。関西のある宝石店のショールームのデザインの依頼を受けたときも、品よくデザインしたら目立たないから派手にしてくれとの要望。近くの店では呼び込みまでしているのだから、とにかく目立つようにということでした。東京だと、そのようなデザインだと安物の宝石店だと誤解されてしまいます。

はないのです。

高齢者になると、デザインを業としている女性でさえ大きな柄で派手目の色が好きになるというのはよく聞く話です。

地味な落ち着いた色使いより、むしろおさえ気味でも明るさのある色使いのほうが向いているのです。

Q 色で特徴のある空間づくりの方法を教えてください。

A 色は部屋に入って真っ先に目に飛び込んでくるものであり、最後まで印象に残るものです。

そのため、色で変化をつけるのは最も手っ取り早くて効果的といえます。

しかし、使い方を間違えると、その効果も悪い方に出てしまうため、注意が必要です。

たとえば、トイレなどの奥の壁や**ニッチ**（壁を飾り棚等に一部くりぬいた部分）のクロスの色だけをアクセントウォールとして他の壁面と色を変えてみるとか、フォーカルポイントとなる部分に意識的に色を使うことで、部屋の印象が大きく変わるのです。

あるいは、収納棚の扉は白、中を開けたら棚は水色だった、などというのも意外性があって面白いかもしれません。

見えないところでおしゃれをしているような、わくわく感があります。

色味に関しても、鮮やかさが高まるとカジュアル感を、黒を多くすると落ち着き感やリッチな雰囲気を、白を多くすると柔らかくやさしい印象を与えるなど、**色相**、**明度**、**彩度**によって色の与えるイメージに私たちはかなり左右されるものです。

色は人によって好みがあるため、賃貸住宅など入居者が特定できない物件では、無彩色やベージュが主流になっているようです。

しかし、借り手市場の現在では、他物件との差別化の意味でも思い切った色を使用したほうが、成約率が高まるというのが実情です。

思い切った色使いでテイストを絞り込まなくとも、無難で特徴が少ないと思われるような色であっても、使い方次第ではメリハリが出て、空間を一段とおしゃれにすることができます。

たとえば上品な柄物（がらもの）クロスを寝室の壁に使い、その中にある一つの色味を単色でカーペットに使う、あるいは柄物クロスの中の一色をアクセントクロスに使うなど、同じ空間の中で上手に色をリピートすることで自然と統一感が出て空間がまとまるのです。

Q　素材で空間に特徴を出すときの注意点は何ですか？

A　素材、つまり建材などの材料で変化をつける場合、色ほど短時間に効果が出るわけではないので、入居者が一瞬見ただけでは印象にも残りません。

材料で変化をつけたほうがリフォーム工事の観点からは大胆でも、色の変化ほどギャップが見えないので、それが意図的な試みであるとは取られない場合が多いのです。

そういう意味では、色に比べ、素材感で勝負をするのは、目に見えた効果としては感じにくいのです。

一般的に、素材感のあるものは人工のものではなく、漆喰や無垢の木など自然素材が中心になるため、イニシャルコストが高くつきます。

しかし、自然素材は時を経るとともに、じっくりと色などに深みが出てきます。革製品と同じで、使い込むほどに味が出るのです。

そして、イニシャルコストがかかる分、経年変化はかえって深みが出ると評価されるため、人工の材料とは異なり、無垢のフローリングでは交換、張り替えせずにオイルでメンテナンスするなどで、かえって長く持たせることができるという利点も出てくるのです。

このように考えると、短絡的（たんらくてき）に色の変化＋ビニルクロスや塩ビタイルなどの人工素材で安くても一見よさそうに見える空間をつくるか、あるいは長期的な視野で経年変化を楽しんでもらうことを念頭に、自然素材で多少初期投資をしても、それを長期間使い続けることで採算を取るという視点で空間づくりをするかは、住まい手やオーナーの価値観によるものだと思います。

Q **室内の色に流行がありますか？**

A 洋服では、今年の**流行色**は何か、などとよく耳にしますが、空間では多少の流行はあるものの（強いて言えば、イタリアで毎年開かれる「ミラノサローネ」というデザインの祭典では多少の流行色の傾向がみられます）、どちらかというと、どのようなテイストを取り入れるかで、使う色が変わってくるという傾向があります。

テイストには、〝北欧、アジアン、和風〟といった地域の特徴を示すもの、〝クラッシック、ミッドセンチュリー、モダン〟といった時代の特徴を示すもの、〝ホワイト、ナチュラル、ダーク〟といった色のトーンやテクスチャー（素材感）で特徴を示すものなどさまざまです。

最近よく使われるテイストは、〝ナチュラル〟〝フレンチカントリー〟〝アンティーク〟です。

Q **ナチュナルテイストとは、具体的にはどのようなテイストですか？**

A **ナチュラルテイスト**とは、木製家具や植物などの自然、天然素材などがモチーフとなるようなイメージで、最近では北欧テイストに人気があります。

カラーコーディネートもベージュやアイボリーなどのアースカラー、自然の中にあるような色がよく使われます。

Q **フレンチカントリーテイストとは、具体的にはどのようなテイストですか？**

フレンチカントリーテイストの例

クラシックテイストの例

A **フレンチカントリーテイスト**とは、ログハウスに代表されるようなアメリカンカントリーより少し上品で、不ぞろいの木目を生かした欧米庶民生活から生まれた農家風の素朴で簡素なスタイルです。

白を基調とし、レトロな感じが特徴的で、日本の主婦の間では根強い人気があるテイストです。

Q **クラシックテイストとは、具体的にはどのようなテイストですか？**

A **クラシックテイスト**とは、ルネッサンス調、バロック調、ロココ調、ゴシック調などのヨーロッパのトラディショナルスタイルの総称です。

アンティーク仕上げの家具や猫脚と曲線を取りいれたデザインで、重厚感のある濃い色調や華やかな装飾性が特徴で格調高いテイストといえます。

伝統的で上質、味わい深い豪華なイメージになりますが、華美（かび）になりすぎないように上品にまとめるのがコツです。

Q　これらのテイストの組み合わせもありますか？

A　最近では、ひとつのテイストにこだわるのではなく、コンクリート打ち放しの空間にアンティークなシャンデリアなど、ミスマッチをあえて楽しむような傾向もあります。

若者を中心としたファッションが様々なスタイルとして出てきているように、インテリアでも、ひとつのテイストを基調として他のテイストを取り入れたミックススタイルや、アクセントとしてデザイナーズ家具を置いたり、アクセント小物などをシックで濃いビビットな色目のものを取り入れたり、様々なスタイルが出てきているといえるでしょう。

このようなことを踏まえた上で、あえて流行について考えてみると、インテリアテイストの流行は洋服の流行の数年遅れでやってくるようです。

それもアパレルショップや飲食店などの商業施設に顕著に見られますが、その他、マンションのモデルルームのコーディネートなどに反映されることも少なくありません。

色そのものの流行というより、このようなテイストの流行で、そのテイストに沿った色が取り入れられるということではないかと思います。

インテリアの流行などに敏感なカフェやアパレルショップも日常的に意識して見ておく

Coffee Break

居室デザインの定石　居室をデザインする場合、滞在期間を考えると良いでしょう。長い順で並べると、一般所有住宅、一般賃貸住宅、マンスリー・ウィークリーマンション、ホテルや旅館、ラブホテル、となります。10 年以上となる所有住宅は時間をかけて自分なりの住まいをつくり上げていくので、何もないシンプル空間がよいのですが、数年の賃貸住宅（特に住み替え期間の短い単身者用）では、自分では考えられないデザインを提供すると興味をそそられます。さらに、ラブホテルのように数時間の滞在なら日常空間からかけ離れたデザインがよいのです。

と、デザインの感性が養われます。

Q 住宅と商業施設とでは、室内の色の使い方は同じと考えて良いでしょうか？

A 室内に派手な色や奇抜な色を使う場合、一見目を引くことができたとしても、時間の経過とともに飽きがきて、嫌気がさすこともあるので注意が必要です。

住空間のように、長くとどまり続けることを目的とする場所では、そこに住む人のやすらぎを一番に考えた空間づくりが大切です。

そのため、所有住宅では落ち着いた色を基本とし、賃貸建物では派手目に、さらに滞在期間が短いマンスリー・ウィークリーマンションではさらに奇抜な色使いにしたほうが人気になります。

一方、商業施設は住空間とは異なり、その空間に身を置く時間が限られているため、派手な色や奇抜な色を使った空間づくりも効果的です。

前に説明した時間の経過を早く感じさせるなどの作用がある赤を内装に使うことで、顧客の回転率を上げているファーストフード店の例のように、その店舗の目的に合わせて色を上手に使うことによって、色ひとつでお客さんの心の動きまでコントロールできてしまうといっても過言ではありません。

7 健康材料

Q **そもそもシックハウスの原因は何でしょうか?**

A 古い建物に住んでいるときは、多少の化学物質が部屋に存在しても、隙間が多い住宅環境では何の問題も起きませんでした。

ところが、皮肉なことに、省エネをうたい文句に、住宅の高気密・高断熱化が進み、さらに新建材と呼ばれる化学物質を含有した建材を多く用いたことにより、室内空気が化学物質などに汚染され、そこに住まう人の健康に悪影響を与えるようになってしまったのです。

部屋の中に存在する主な化学物質は次のようなもので、どれも人体にアレルギー反応等を起こさせやすいといわれています。

①建材・家具などの合板に含まれることが多いホルムアルデヒド
②壁紙の接着材に含まれる防カビ剤・可塑剤
③家具の塗料に含まれる溶剤が揮発して汚染
④床下に使用される防蟻剤や防腐剤が揮発して床下から室内に侵入

⑤畳や衣類に使われる防虫剤には、人体に有毒な有機リン系の農薬などが含有
⑥床ワックスに含まれるトルエンやキシレン

Q **シックハウス対策は、どうするのでしょうか？**

A 2003年7月に、ホルムアルデヒドを中心とした建材や接着剤に含まれる化学物質の規制と全ての居室に24時間換気を義務付ける**シックハウス法**（シックハウス対策に係る改正建築基準法）が施行され、現在では**F☆☆☆☆（エフフォースター）**というホルムアルデヒドの含有が非常に少ないことを示す建材や接着剤が使用されるようになりました。

だからといって、24時間換気が不要になったわけではありません。

シックハウス法では、全ての建物の居室（住宅から事務所まで全ての人のいる場所）は1時間ごとに部屋の空気の2分の1以上が入れ替わるように24時間換気をしなくてはいけない規定になっています。

24時間換気が義務付けられている理由は、建物の中に入る家具等には化学物質の規制がないからです。

子供が生まれると、おむつや小物の整理に手頃な値段のカラーボックスを購入することが多いと思いますが、廉価なカラーボックスにはホルムアルデヒドが大量に使用されているものが少なくありません。

少しの間だからとりあえず手頃なものと考えがちなカラーボックスにこそ危険をはらんでいるのです。

基本的に、安価な家具やおもちゃには危険が一杯と考えてよいかもしれません。

Q 科学物質過敏症の人もシックハウスと同じ対策で良いのでしょうか？

A 建材等にF☆☆☆☆（フォースター）を使用しているからシックハウス等にはならないと言い切ってしまうには危険があります。

シックハウス症候群の人は、シックハウスの部屋に入った状態が続くとシックハウス特有のめまいなどの症状が出てきてしまいますが、部屋を出ると良くなります。

同じような症状で、**化学物質過敏症**という人がいます。

化学物質過敏症の人は、わずかな化学物質でも症状が現われ、部屋を出ても症状がしばらく続きます。シックハウス症候群とは別と考えてください。

化学物質過敏症は、最初にある程度の量の化学物質に暴露されるか、あるいは低濃度の化学物質に長期間暴露された場合に発症し、いったん化学物質過敏症になると、その後はきわめて微量の同系列の化学物質に対しても過敏症状を起こしてしまうのです。

そのため、F☆☆☆（フォースター）の建材を使用したり、自然素材の建材を使用したという改善程度では対応できないため、別途に対応せざるを得ないのです。

体に良いとされる檜から発散されるヒノキチオールも大量に吸うと害になり、化学物質過敏症の人は症状が出ることもあるそうです。

そのため、健康住宅だから全ての人に安心・安全だとはいえないことも覚えておくと良いでしょう。

Q シックハウス対策はもとより、健康に良い材料はありますか？

A 建材そのものがホルムアルデヒド等を吸着する材料としては、木炭（もくたん）、珪藻土（けいそうど）、漆喰（しっくい）が代表でしょう。

また、木炭の多孔性を熱処理でさらに高めた活性炭をはじめ、タイル状に成型した**エコカラット**など、多くの建材が健康材料と称して出回っています。

これらの材料に共通していることは、ホルムルデヒド等の吸着だけでなく、**調湿作用**、**脱臭作用**もあるのが特徴的です。

健康材料といえば、他にも無垢材・本畳・コルク・和紙・柿渋塗装など自然素材を中心に、現在の住宅業界では流行しているといっても良いでしょう。

エコカラット

（出所） INAX

しかし、自然素材を使うには、それなりの覚悟が必要です。

無垢材は反るのが当たり前、珪藻土はヒビが入るのが当たり前といった、自然素材のもつ欠点を入居者に前もって理解してもらうことは必須です。

市販されている健康材料の中には、数ミリ程度の塗り壁でホルムアルデヒド吸着から調湿・脱臭作用まであると宣伝されているものもありますが、薄い材料では効果を十分に発揮することは難しいですから、そのあたりの特徴はきちんと把握しておいてください。

Q　健康に良い材料はやはり高価なのでしょうか？

A　健康材料は石油などからつくられた材料と比べると高価なものが多いのですが、これまでのように30年程度で住宅を建て替えるのではなく、50年以上使用すると考えれば、自然素材が中心の健康材料を使った方がお得かもしれません。

人工素材は古くなって汚れたり、傷がついたりすると、汚れを落とすか、塗り替えるか、取り替えるか、で対応することになります。

一方、自然素材は古くなって、多少汚れたり、傷がついたとしても、それが味わいになるからです。

結果として、リフォーム工事が少なくてすむなど、**ライフサイクルコスト**は大きく低減されます。

このように、健康材料が必ずしも高価な買い物ではないことをお客様に説明する必要があると思います。

営業トーク

弊社では、ホルムアルデヒドなどの化学物質の少ない建材を使用しているだけでなく、家具などから出る化学物質を吸着したり調湿作用のある健康材料を多く使用しています。

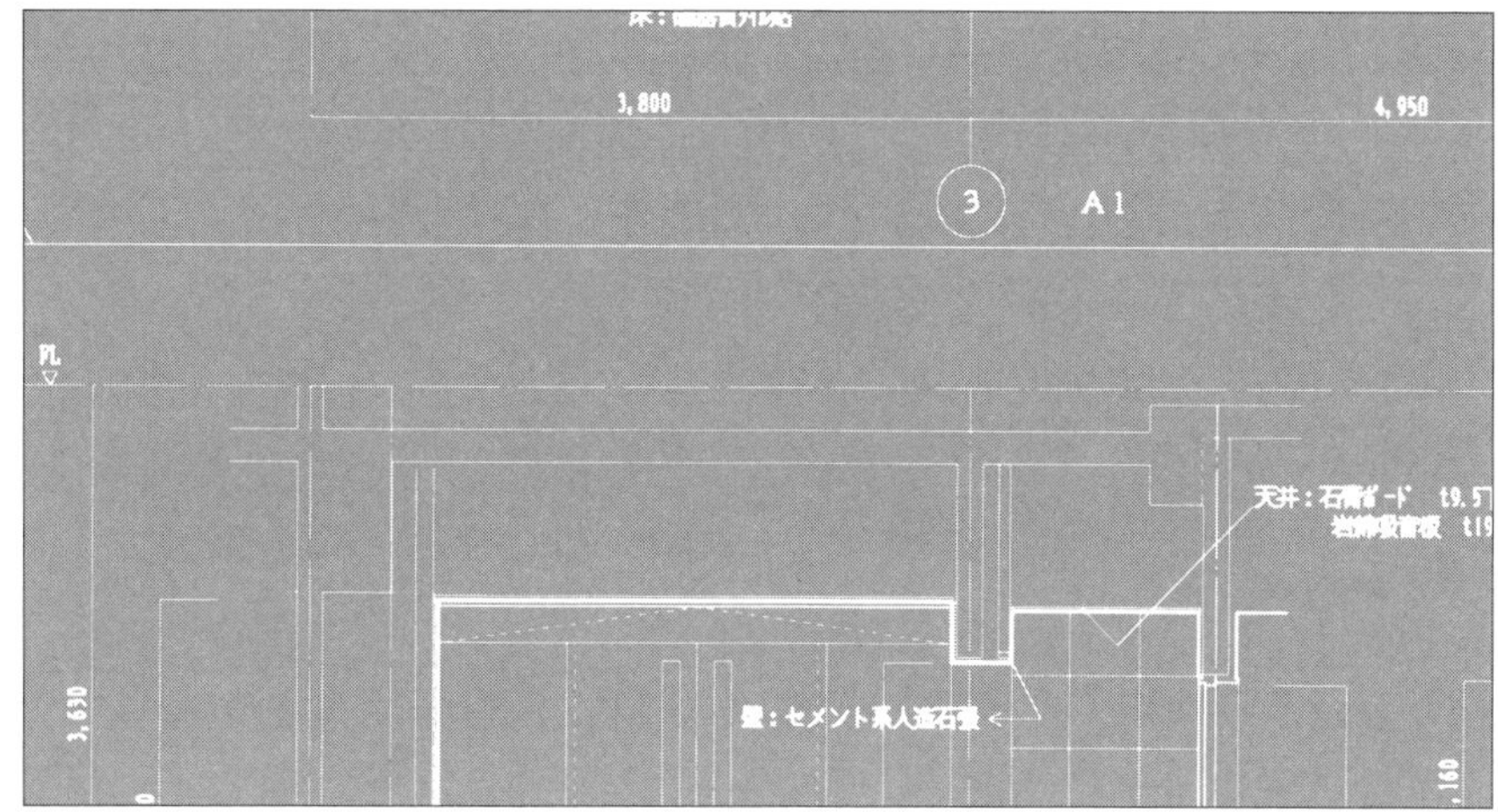

5 必ず知っておきたい給排水や換気・空調、電気設備の知識を教えてください。

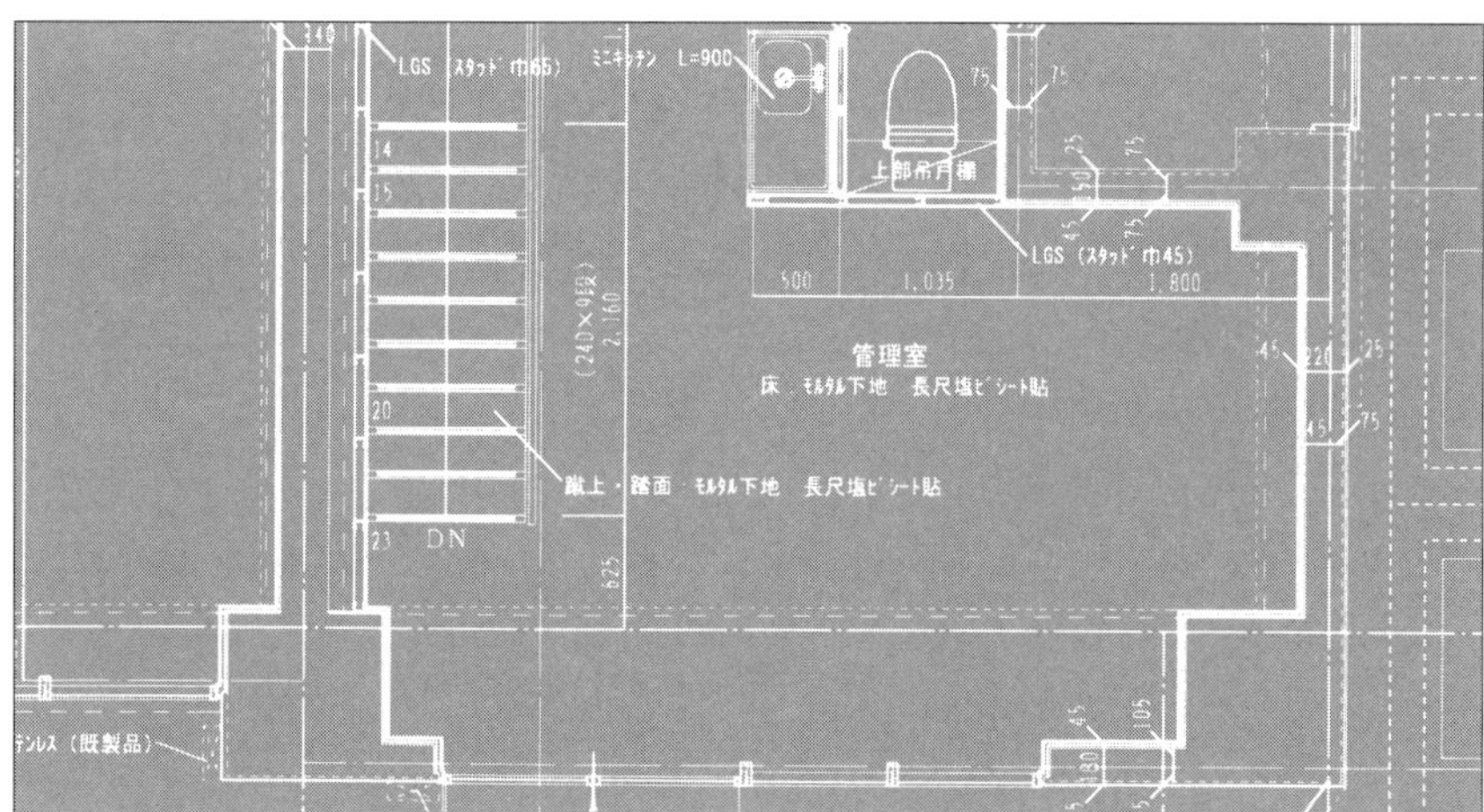

❶ 給排水の設備

＊本章掲載の実例写真は、株式会社ユニ総合計画（代表取締役・秋山英樹）がデザインしたものです。

Q　給水方式の基本的な考え方について教えてください。

A　給水方式には大きく分けて、受水槽を設置し水を貯めてから給水する**受水槽給水方式**と、水道本管から直接給水する**直結給水方式**があります。

Q　受水槽を設けると清掃などのメンテナンスが必要となりますので、直結給水方式のほうが良さそうですが、どうして受水槽給水方式があるのでしょうか？

A　それは、水道本管に流れている水の圧力と水道本管の管の太さの関係によります。

水道本管の水圧が高ければ、全ての建物に直接給水することができます。

しかし、水圧が低いと、水を十分に送ることができません。

どこの地域でも2階までの水圧は保証しているはずですが、3階以上については自治体によります。

水圧が低くても水そのものは出ますが、トイレやガス湯沸器などにはそれぞれ最低水圧が定められており、水圧が不足しているとトイレの水の流れが悪かったり、ガス湯沸器のガスが点火しないなどのトラブルに見舞われることになります。

また、水道本管に圧力があっても、マンションのような複数世帯分の引き込みをしようとすると検討事項が生じます。
水道は、**1敷地1引き込み**が原則です。
1敷地で複数世帯が直接給水方式で使用するには、敷地に引き込む水道管の径を世帯数に応じた大きさとする必要があります。
その大きさは必ず本管より小さくなければならない規定になっているため、世帯数が多いマンションでは難しいケースもでてくるのです。

Q 受水槽を使用する場合は、どのくらいの量を貯める受水槽が必要ですか？

A 水道本管の水圧や管径不足により直結給水方式を採用できない場合には、一度受水槽に水を貯めてからポンプで圧力を加えて給水する受水槽給水方式を採用することになります。
古い建物ではコンクリートの基礎の中を受水槽として使用しているケースもあり、衛生管理上の問題になっていますが、現在の法律では受水槽の上面は100㎝、他の面は60㎝以上の空きスペースの確保が要求されています。
受水槽の容量は、［1人1日当たり使用水量（住宅→200リットル～350リットル、事務所→60リットル～100リットル）×使用人員×4割～6割］で算定されています。
そのため、災害時にもポリタンクなどで受水槽から直接給水すれば飲料水用として1週間程度は利用可能です。

Coffee Break

不要になった受水槽 以前は3階建ての建物には受水槽が必須でしたが、近年では水道の圧力が高まり、3階建て（地域により、もっと高い建物でも）までは水道本管に直結でOKになりました。そうなると、古い受水槽は不要で、放っておくとボウフラの住処にもなりかねません。そこで、使用しないのなら水を抜いて空にしておきましょう。
それよりも、受水槽にも水を入れられるようにして、下の水抜き穴に水栓を取り付け、たまには植木などの水やりを兼ねて4分の1程度の水を抜き、新たに満水にしておけば、災害時のトイレや洗面の水として使用できます。ただし、飲料用には一度沸騰させることを忘れないでください。

受水槽の有効容量が10㎥を超えるものは、**簡易専用水道**として水道法が適用され、年1回以上の清掃と定期検査が義務付けられています。

10㎥以下のものでも、受水槽・高置水槽・揚水ポンプ等のメンテナンスは必要です。

メンテナンスをおろそかにすると、水槽内にコケが生えたり、ぬめりのあるカビが生えたりしますので、2年~3年に一度くらいは清掃を行ったほうが良いと思います。

Q **受水槽を使用する方式でも、配水方式による違いがあるそうですが……。**

A 配水方式には、高置水槽方式と圧力タンク方式があります。

高置水槽方式は、現在の建物で一番多く採用されている方式です。

1階に設置した受水槽で水を貯め、ポンプで屋上のサブの水槽（**高置水槽**と呼ばれます）に水を送り、自然重力で各住戸に配水します。

最上階の水圧を確保するために、高置水槽は鉄骨の架台やエレベータ機械室の上に設置され、設置高さを確保できない場合は加圧ポンプを使用して最上階の水圧を確保することになります。

各階に減圧弁という装置を付けて、上階と下階の水圧を一定にしています。

停電時やポンプ故障時でも、高置水槽に貯水されている水量分［1人1日当たり使用水量×使用人員×1割~2割または1時間分~2時間分］については、通常通りの配水が可能です。

Coffee Break

最上階はガス湯沸器が点火しにくい？

ガス湯沸器には、ある一定以上の水圧が必要です。マンションには塔屋の屋根などに高置水槽が備え付けられている場合が多いのですが、これは水槽を最上階からさらにあげて、高低差によって水圧をつくり出しているのです。しかし、年月が経つと給水管内に錆びなどが詰まり、水圧が下がることがあります。そうなると、一番水圧が低い最上階のガス湯沸器が点火しなくなる現象が起きます。その場合には、最上階の住宅用の加圧ポンプを設置するか、給水管のリニューアルが必要になります。

高置水槽方式

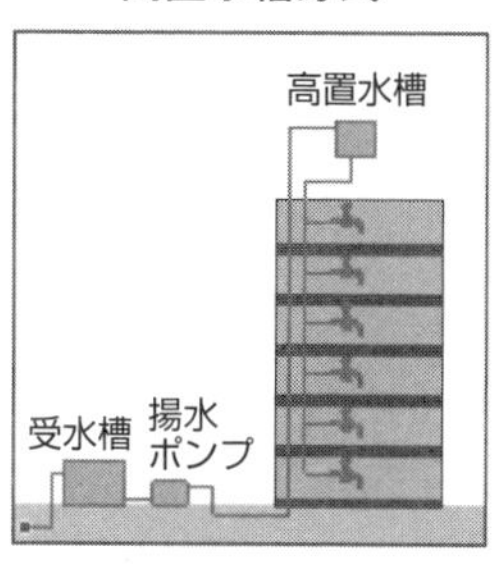

圧力タンク方式

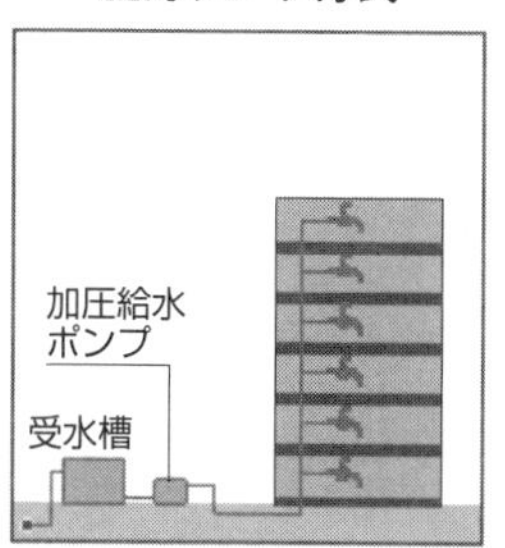

増圧直結給水方式

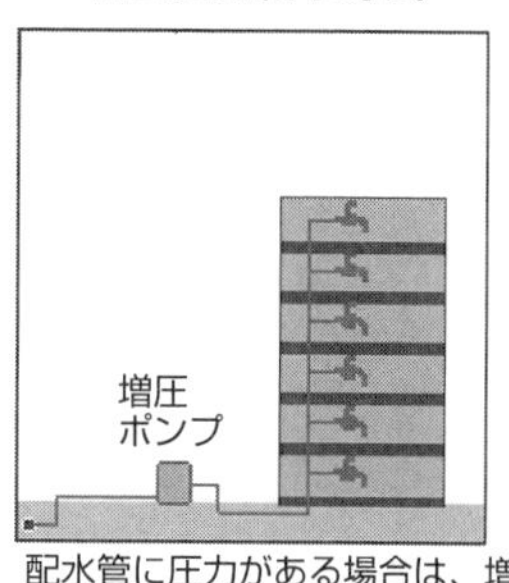

配水管に圧力がある場合は、増圧ポンプが必要ない場合もある

圧力タンク方式は、高置水槽方式の次に多く採用されている方式です。

受水槽を設置し、加圧ポンプで各住戸に配水する方式です。

高置水槽がないので、汚染の可能性が少なく、衛生的なメリットはありますが、配水をポンプに依存するため、停電時やポンプの故障時には、各住戸への配水はできないというデメリットがあります。

Q 最近では、受水槽を使用しないでも配水できる方式があるそうですが……。

A **増圧直結給水方式**といいます。

最近多くなってきた給水方式で、10階建て程度までの建物に水道本管から引き込み、管の途中に増圧ポンプを付け、圧力を上げて各戸に直接配水を行う方式です。

受水槽のメンテナンスがなく衛生的ですが、増圧ポンプや周辺機器の定期的な保守点検が義務付けられており、また工事コストは高くなります。

配管の耐圧が要求されるため、中古建物にこの方式を導入する場合には、配管の取り替えが必要な場合も出てきます。

また、受水槽がないため、停電時やポンプの故障時には、ポリタンクなどでの給水もできません。

> **営業トーク**
>
> 受水槽のない水道本管に直結する方式が多くなっていますが、災害時の緊急用水として、あえて受水槽を設ける方式を提案するなど、いざというときの安心を考慮しています。

Q **賃貸マンションを管理していますが、最近上階からの水漏れが多く、それも給湯管のようなのですが、なぜでしょうか?**

A 2000年以前の建物では、給湯管に**銅管**が使用されているケースが多く、耐用年数は30年程度あるといわれていましたが、15年~20年ほどで突然に穴があくことがあります。

これを**ピンホール現象**といいますが、金属の表面に針で刺したような小さな穴があき腐食が進行します。

その原因は、水の温度や流速での管内の摩擦により肉厚の薄い部分が削られるなど様々です。

給湯管の曲がり部分で起きることが多く、その部分を修理しても他の部分にピンホールができ、再度漏水が起きるため、結果的には全面交換がおすすめです。

給水管は室内では**塩ビ管**が使用されているケースが多いのですが、**金属管**の場合は同様な事故が起きる可能性が高いため、給湯管と同様に全面交換をしたほうが良いでしょう。

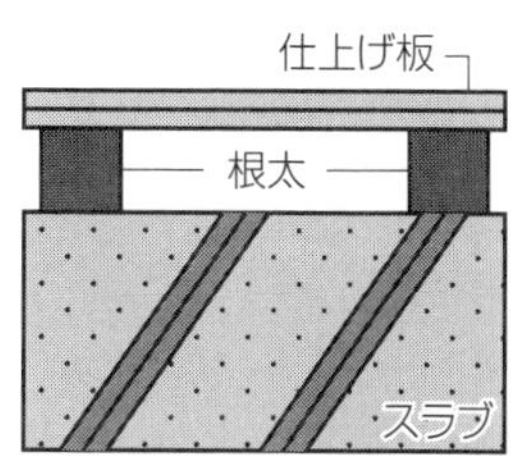

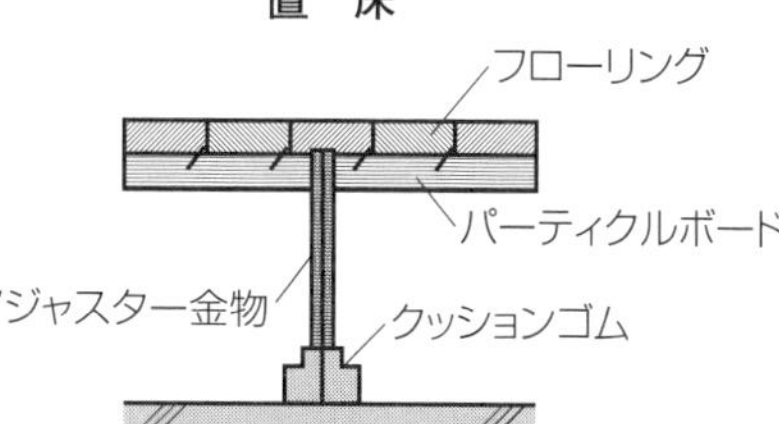

Q **給湯管の交換工事は大変そうですが、どのように行うのですか?**

A 給湯管は床下を通っているケースがほとんどですが、現在、新たに交換する材料には樹脂製の**架橋ポリエチレン管**やポリブデン管が使用されるのが一般的です。

この材料は、硬めの水道ホースと思っていただければよいと思います。

床下地に在来工法の根太が入っている場合は、床を剥がして全面改修になってしまいますが、**根太レス工法**（**置床**）といって金属やプスチックで床を支えている工法なら、一部の床に穴を空ければ、そこから管を引き込んだり、引き出すことも可能で、工事費を低減させることができます。

Q ポリブデン管に交換すれば、将来的に交換は不要なのでしょうか?

A **ポリブデン管**なら長期間は大丈夫かといえば、メーカーでは30年～40年が耐用年数といっています。

そのため、新築や、可能なら改修のときに、**さや管**という一回り大きな管を通しておき、その中を給水管や給湯管を通して

排水：塩ビ管

給水・温水：ポリブデン管

おけば、将来の配管替えの場合には簡単に入れ替えが可能になります。

Q **漏水**が起きたときに、工事費に保険が使用できると聞きましたが、どうなのでしょうか？

A 水漏れにより損傷が発生した場合は保険の対象となることが多いため、壁のシミや汚損は**火災保険**、家財の損害は**家財保険**の給付を請求してみましょう。

ただし、管そのものの修繕費は、保険の対象とはなりません。

さや管の概念図

さや管　給水管・給湯管（樹脂管）

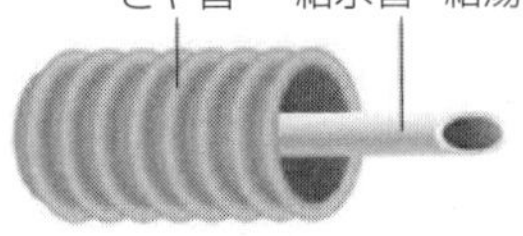

Q **下水道の構造は、どのようになっているのですか？**

A **排水**には、建物の中のトイレから生じる**汚水**、キッチン・浴室から生じる**雑排水**、屋根に落ちた**雨水**があります。

これらの排水は、排水管を通って敷地外の下水道に流されます。

下水道には、汚水・雑排水・雨水すべてを一緒にして流す合流式と、汚水・雑排水と雨水を分ける分流式があり、各自治体により方式が分かれています。**合流式下水道**は、管路ひとつで、下水処理場で汚泥物質などの処理ができるため整備コストが安くすみます。

しかし、大雨が降ったときなどには、ひとつの管では処理しきれずにあふれてしまい、大量の雨水と一緒に汚水がそのまま河川や海に放流され、水質汚染につながる危険があるので、各自治体は合流式の改善を進めています。

一方、**分流式下水道**は、汚水・雑排水用と雨水用の2つの管を埋設し、汚水・雑排水は下水処理場へ、雨水は河川や海などへ直接放流しますので、河川などの水質が保全されます。

道路に設置されている桝は**公設桝**と呼ばれ、その清掃は下水道局の仕事ですが、敷地内に桝が設置されている場合には、所有者が定期的に点検や清掃を行う必要があります。

桝は、道路上や、道路より1m以内の敷地に敷設されていますが、基本的に上水道と同様、1敷地に対して1か所と決められていますので、建物を新築する場合には桝の位置を確認して計画することも重要です。

Q　建物内に水場を計画するときの注意点は何でしょうか？

A　**排水管**には、**横引管**と**縦管**があります。

ここで重要なことは、水は必ず高所から低所に流れる、つまり、排水するには勾配

合流式下水道

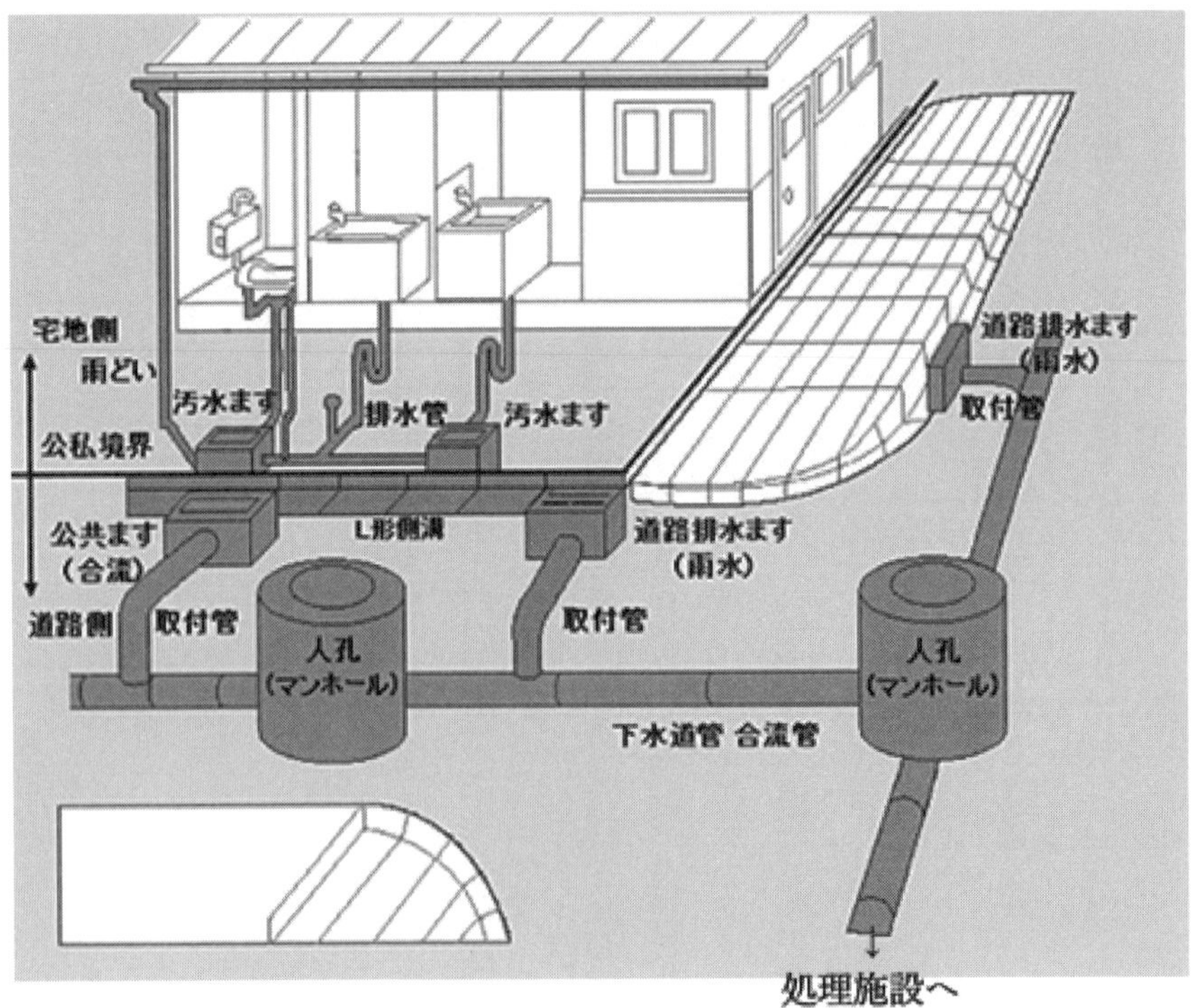

（出所） 東京都下水道局 HP より

Coffee Break

道路の排水口はゴミ箱ではない

道路には、雨水などを集める桝（ます）（正式には街渠桝（がいきょます））が設置されています。ふたには縦長の穴が開いているので、この桝にゴミやタバコなどを捨てる人がいます。多くの人が、この穴に捨てれば、下水管から流れていくと思っていますが、合流・分流どちらの方式を採用していても、すぐに下水本管に流れていくわけではなく、桝の下の泥溜りに溜まるだけで、詰まりの原因となるので注意が必要です。

分流式下水道

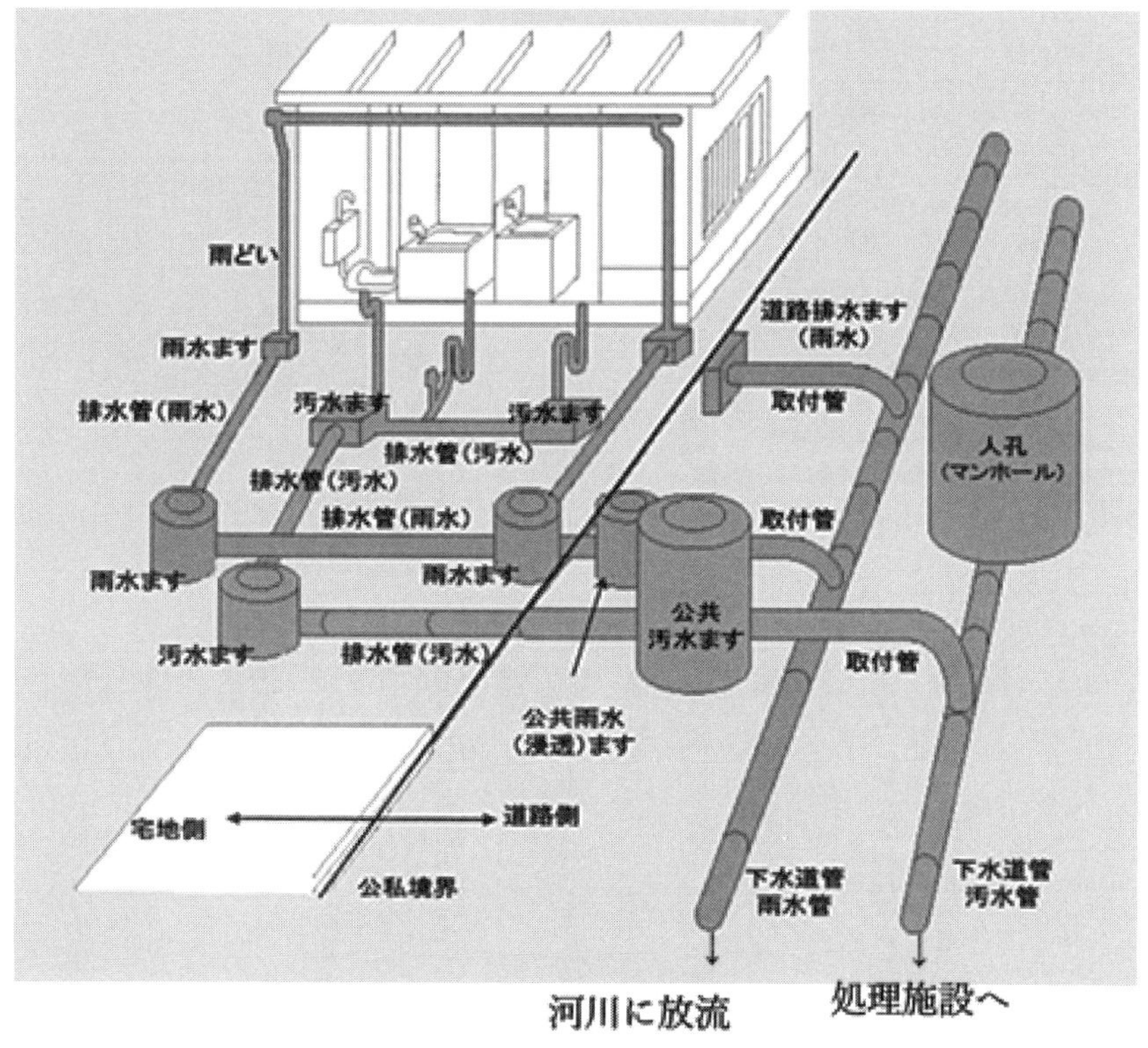

（出所） 東京都下水道局 HP より

Coffee Break

ＶＰ管とＶＵ管　配管の工事を見ていると、給水管は圧力がかかるため灰色をしたＶＰ管か黒色のＨＩＶＰ管を使用していますが、配水管は圧力がかからないためＶＵ管を使用しているケースが少なくありません。ＶＵ管というのは、樋の配水管と同じ薄肉管です。ＶＵ管でもだめということではありませんが、できれば厚肉のＶＰ管を使用したいですね。材料費は多少高い程度です。特に屋外の地中内の配水管で、上に車が通ることが想定される場所ではＶＰ管を使用するべきです。

器具	管径（mm）	勾配
大便器	75	1/75 ～ 100
キッチン	40 ～ 50	1/50
洗濯・シャワー	50	1/50
洗面	30 ～ 40	1/50

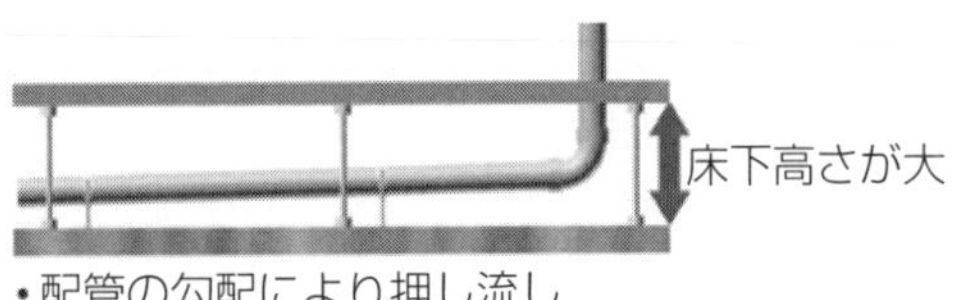

・配管の勾配により押し流し

道路排水桝の仕組み

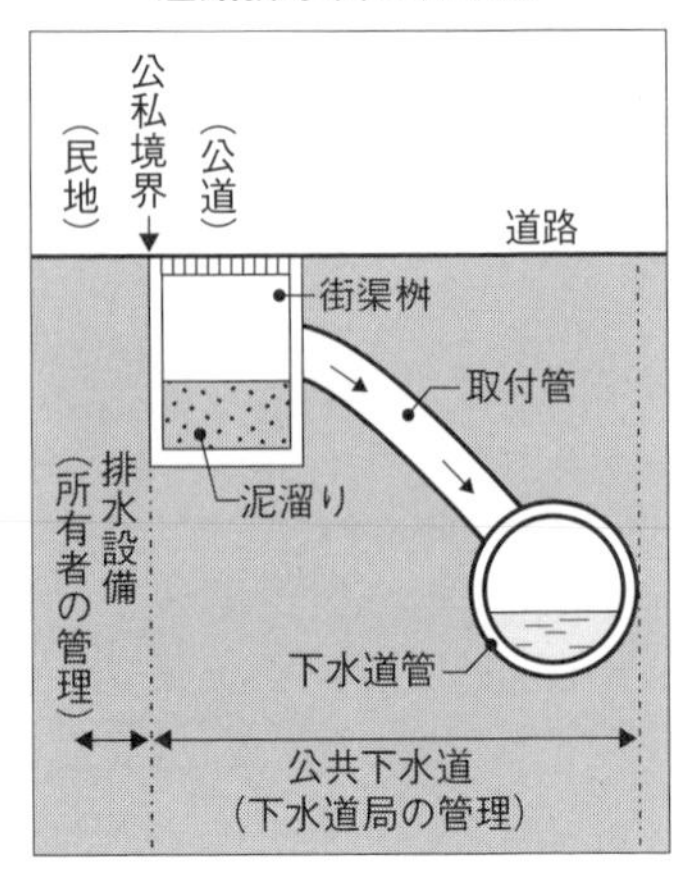

が必要になるということです。

ただし、あまりにも急すぎると、水だけが流れてしまい、汚物が取り残されてしまいます。

排水管の水勾配は、大まかには「管の太さの逆数」と覚えておくとよいでしょう。

管径が100㎜なら100分の1、50㎜なら50分の1の勾配です。

管の太さは、トイレは75㎜、浴室・流し・洗濯パンは50㎜、洗面台は40㎜が標準です。

給水管の場合には、縦横にある程度自由に配管できますが、排水管の場合には、勾配に注意して配管する必要があります。

そのために、マンションでは、**パイプスペース**（**PS**と記載されています）からキッチンやトイレが離れると、床の高さを上げなければなりません。

Q　排水管には、どのような材料を使用するのですか？

A　戸建住宅では、**硬質塩ビ管**ですべての排水管工事が行われますが、ビルなどの耐火構造の建物では、排水管から上下階への延焼を防ぐために、縦管を耐火構造にしています。

そのため、肉厚の**鋳鉄管**や**排水用硬質塩ビライニング鋼管**、**耐火二層管**（**トミジ管**と呼ばれ、最近では一番多く使用されています。また遮音性・防露性にも優れています）が使用されます。

耐火二層管

寝室の壁付近に排水管があると、排水音による障害が出ますので、防音対策が必要になります。

また、天井内に排水管を通す場合には、結露対策をしないと、雨漏りと勘違いされる水漏れが生じるケースがあるので、注意が必要です。

Q　排水管は下水につながっていますが、臭い対策はどうしているのですか？

A　排水管は公共下水道に接続されていますので、そのままだと下水の臭いが室内まで浸入してきてしまいます。

Coffee Break

コンビニ店の排水管つまり　飲食店が入る店舗には、グリストラップという排水に含まれる油を貯めておく装置を必ず付けることが法律で義務づけられています。これを付けていないと、脂分が排水管に付着して、詰まる原因になります。私の経験では、以前には調理をしていなかったコンビニ店が最近では調理をしているにもかかわらず、グリストラップを付けていなかったため、排水管が詰まる事故が起きてしまいました。コンビニ店は要注意です。

洗面器などに使用される一般的なSトラップ

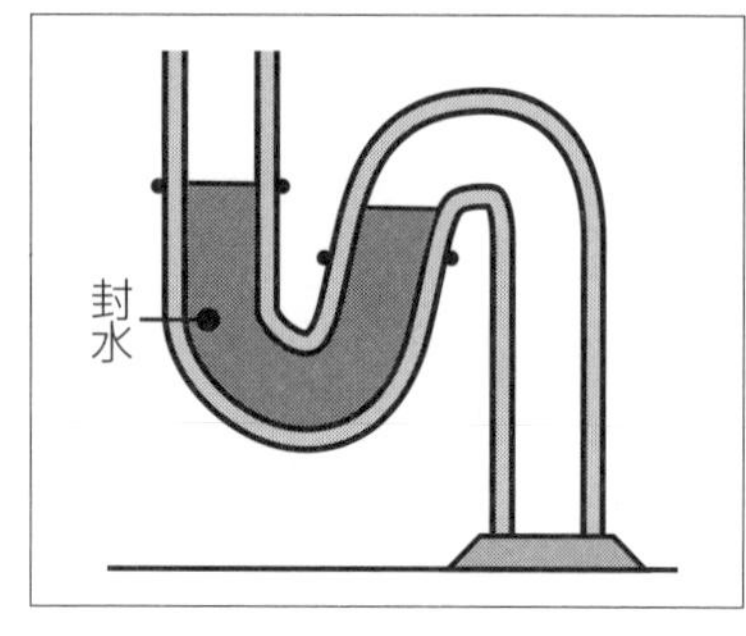

キッチンなどに使用されるワントラップ

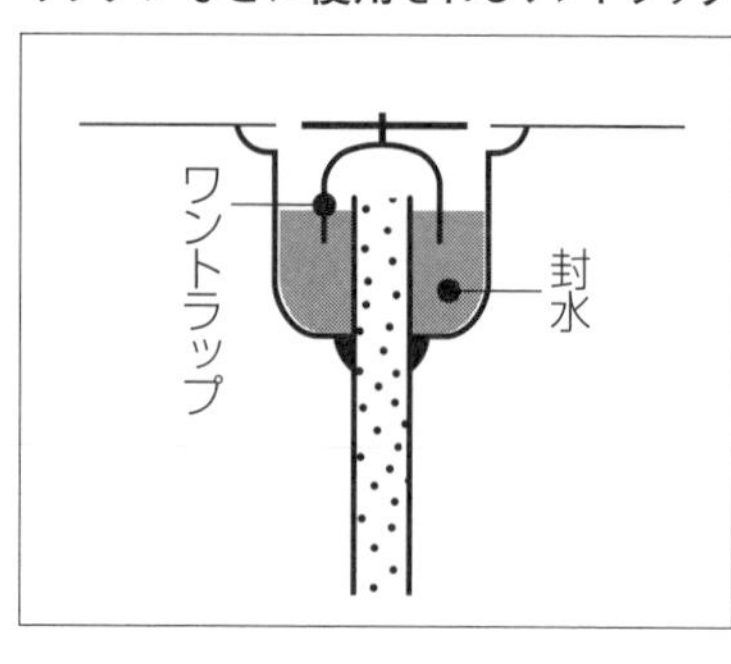

そこで、必ず各機器の排水口近くに**トラップ**という装置を取り付けます。

トラップの構造は、上の図のように、排水経路の途中に水を溜めておくことで臭いを遮断する構造になっています。

この水を**封水**（ふうすい）といいますが、臭いが出ない反面、ゴミがたまりやすいので、ほとんどのトラップでは詰まった場合に備えて掃除口がついています。

封水がなくなると下水臭がしますので、空室が続く物件ではときどき水を出してトラップに水を溜めておく必要があります。

また、スムーズに排水が行われるよう、排水によってトラップの封水がなくならないように**通気管**を設ける必要があります。

通気管は、排水管径の2分の1程度のものをトラップ近くに取り付けます。

通気がしっかりとれていない建物では、排水の流れが悪いだけでなく、排水時にゴボゴボという排水音が発生してしまいます。

営業トーク

排水管には十分な勾配はもとより音対策・防露対策も十分に行っていますので、快適にお使い頂けるほか、万一の排水管つまりを考慮して掃除口も設けていますので安心です。

❷ 換気・空調の設備

Q　換気は、建築基準法で義務付けられていると聞きますが……。

A　建築基準法第28条第2項には、次のように、全ての居室には室内面積の20分の1以上の面積の窓か、基準以上の**換気扇**が必要であると定められています。

「居室には換気のための窓その他の開口部を設け、その換気に有効な部分の面積は、その居室の床面積に対して、20分の1以上としなければならない。ただし、政令で定める技術的基準に従って換気設備を設けた場合においては、この限りでない。」

簡単にいえば、全ての居室には室内面積の20分の1以上の面積の窓か、基準以上の換気扇が必要なのです。

トイレや浴室には必ず換気扇が付いていますが、居室ではないので法的には不要なのですが、機能面で必要なため付いているのです。

Q　窓がない居室や、居室でない台所にも換気扇の設置が義務付けられていると考えて良いのでしょうか？

A

その通りです。

窓がない居室には換気扇が必要ですが、かなり小さなものでも大丈夫な基準になっています。

しかし、台所のように火気（**ガスレンジ**）を使用する箇所には、大きな換気扇（**レンジフード**）を付ける基準になっています。

そのため、ガスレンジが外壁側に設置されている場合は換気扇による排気が簡単ですが、外壁でない場合は一度天井内に**排気ダクト**（**筒**）を入れて外壁までダクトを引きまわして外壁から排気しなければなりません。

Q

ダクトが必要な場合は、どのくらいの太さのダクトが必要なのですか？

A

ガスレンジ用のダクトは一般的には直径150㎜と太い上、耐火材料で巻かなければなりません。

また、排気ダクトは上下左右の曲がりが多いと空気抵抗が強く、機能が弱まり、十分な換気が行われませんので、工事には注意が必要です。

換気扇を付けた場合には、排気と同様の吸気のための外気取り入れ口が必要になります。

吸気口は、一般の居室では直径が100㎜、台所では直径が150㎜～200㎜が一般的です。

排気ダクトを使用する場合にも、ダクトの直径はほぼ同じになると覚えておくと良いでしょう。

Q **シックハウス法**の24時間換気について教えてください。

A 2003年に建築基準法第28条の2にシックハウス法の基準が加わりました。化学物質が室内に滞留しないよう、全ての居室に、1時間に各室の空気の2分の1以上が入れ替わるような**24時間の機械換気**が義務付けられました。

現在では、ほとんどの建築材料にシックハウスと関係の深い化学物質が混入されていることはなくなっています（ゼロになっているわけではありませんので気をつけましょう）。

それでも24時間換気が義務付けられているのは、家具や防虫剤などからの化学物質の発散を考慮しているためです。

Q 24時間換気用のファンにスイッチを付けても大丈夫ですか？

A 24時間機械換気を行うと、電気代アップなどにつながるため、寒い日には**換気スイッチ**を切る人も少なくありません。

本来スイッチは、入居者に切られないように手の届きにくいところに設置するのが一般的です。

Coffee Break

シックハウス法は悪法？ 設計業界では、シックハウス法は悪法という声が聴かれます。本文でも書いたように、外気を24時間取り入れるため、省エネとは逆行するからです。多くの建物では、24時間換気の換気扇を浴室に設置し、各部屋には吸気口を設置しています。多くの人は空気口を閉じたり塞ぐなどしており、本来の役割を果たしていません。重症のアレルギー体質の人でない限り、室内の新たな家具や小物・衣類などからのアレルギー物質によって症状は出ていないと思います。

ところが、入居者の利便性や指示により、簡単に手の届く場所にスイッチを設置し、入居者がスイッチを切ってしまい、十分な換気が行われず、結果シックハウスにかかってしまうということがあります。

この場合、設置した工事会社や指示をした設計者に過失責任が問われることになりますので注意が必要です。

ちなみに、24時間換気は浴室内に設置された換気扇（**バスカン**と呼ばれる換気乾燥機が最近では多い）で換気を行うのが、浴室のカビ防止にもつながるため一番合理的な方法と考えられます。

Q　換気にも、自然換気や換気扇などいろいろな方法がありますが……。

A　換気には、第1種、第2種、第3種の3つの方式があります。

第1種換気には、セントラル空調（全館空調方式）や熱交換型換気扇があります。

セントラル空調は、24時間冷暖房で大変優（すぐ）れた方式ですが、メンテナンスをせずに放置していると、フィルターの目詰まりから換気が行われなくなってしまうので要注意です。

また、**熱交換型換気扇**（商品名「**ロスナイ**」（三菱電機））は、給排気と熱交換（外の冷たい空気を中の暖かい空気で温めて取り入れ、中の暖かい空気は外の空気で冷やされて放出されます。冷房時は反対になります）を同時に行うので、各居室ごとに換気を行えるという利点があります。

Coffee Break

セントラル空調はメンナンスが重要

セントラル空調があれば、常に同じ室内環境で過ごせるのは事実です。特に一日中住宅で過ごす家族がいる場合は、省エネにもつながります。しかし、重要なことは、使い方とメンテナンスをおろそかにしてはいけないということです。外の新鮮な空気を取り入れようとして窓を開けたり、もったいないからといってメンテナンスをしないままでいると、フィルターが目詰まりして悪質な室内環境となりかねません。

換気の方式

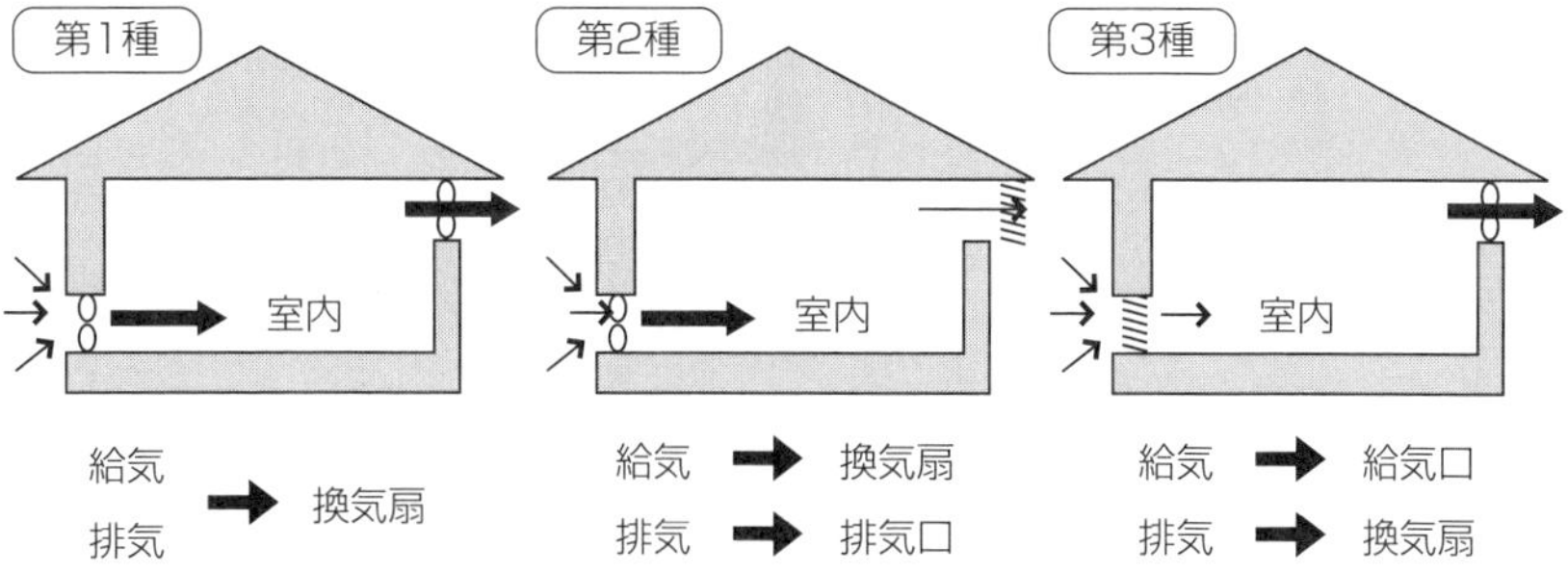

	第1種	第2種	第3種
給気	換気扇	換気扇	給気口
排気	換気扇	排気口	換気扇

第2種換気は製造工場以外にはあまり使用されておらず、**第3種換気**は概ね一般住宅で使用されています。

トイレの換気扇や台所のレンジフードがそれに当たりますが、この方式では、必ず各居室に給気口が必要です。

換気扇が1か所の場合には、換気扇が付いている部屋に向かって、ドアに**ガラリ**を付けたり、ドアの下を10㎜～15㎜ほど開け（**アンダーカット**と呼ばれています）、空気の通り道をつくることが必要です。

Q **換気も重要だと思いますが、換気をすればするほど、省エネと逆行すると思いますが……。**

A 一般的に多く使用されている第3種換気方式の欠点は、外気がそのまま入ってしまうため、冷暖房効率が悪く省エネに逆行していることです。

だからといって、給気口を塞（ふさ）いでしまうと、密閉度の高いマンションなどでは、室内の気圧が負圧になり、玄関の扉が開かなくなることはよく経験することです。

そもそも、住宅は生活する器であり、生活は機械化に左右されないで、寒いときは寒さを感じ、暑いときは暑さを感じ、中間期は窓を一杯に開けて外の空気と部屋の空気を一体化させて……というのが生活の器としての住宅です。

もっとも、現在の都会では、暑すぎて、クーラー無しでは私には無理なのですが……。

しかし、建築基準法の適用は全国レベルですから、自然に囲まれた環境の中でも、密閉して24時間換気が義務付けられます。

それなら、都会の住宅でも中間期は開けて、その他の時は密閉して24時間換気を行えば良いのではという疑問が出てくるのではないかと思います。

もっともな考えに聞こえますが、24時間換気は前述のどの換気方法をとっても基本的には、大きく外部に開放された部屋が一部でもあると空気の流れが変わってしまい、各部屋は計算通りの換気ができなくなります。

換気ができなくなるということは、シックハウスになる可能性があるということになってしまいますので注意が必要です。

営業トーク

弊社の住宅では、ロスナイ（熱交換型換気扇）による各室個別に換気していますので、各部屋ごとに窓の開閉を行っても24時間換気が守られるほか、エネルギーロスも少なく快適な居室環境をつくり出しています。

Q 夏のエアコンは現在では必需品ですが、電気代もかなりの額を占めるのでしょうか？

A 建物の高断熱・高気密はもちろんのこと、省エネというと、冷暖房、特に冷房に関する対策が注目されがちです。

しかし、住宅で消費するエネルギーを比較すると、冷暖房エネルギーが占める割合は3割程度、さらに冷房に係わるエネルギーはそのうちの10分の1です。

電力需要のピークが猛暑の時期となるため、夏の対策が叫ばれがちですが、通年で考えると、夏に温度を下げるエネルギーよりも、冬に温度を上げるエネルギーの方が大きく、使用期間も長期にわたります。

暖房は電力だけでなく、ガスや灯油を併用することが多いため、夏の冷房よりもエネルギーを必要としていると感じにくいのですが、省エネを考える場合には、冬の暖房エネルギーをいかに少なくするかが重要なのです。

Q 住宅内で一番多くエネルギーを消費しているのは何でしょうか？

A 一般的な家庭（ガス併用）で一番エネルギーを消費するのは照明・家電製品で、消費エネルギーの4割を占めます。

電気製品の待機電力はそのうちの1割を占めていて、1年間の待機電力だけで夏の冷房電力をまかなうほどになっているのが現実です。

また、意外と気が付かないのが給湯で、住宅で使用するエネルギー全体の3割にも及びます。

住宅で消費するエネルギーの割合

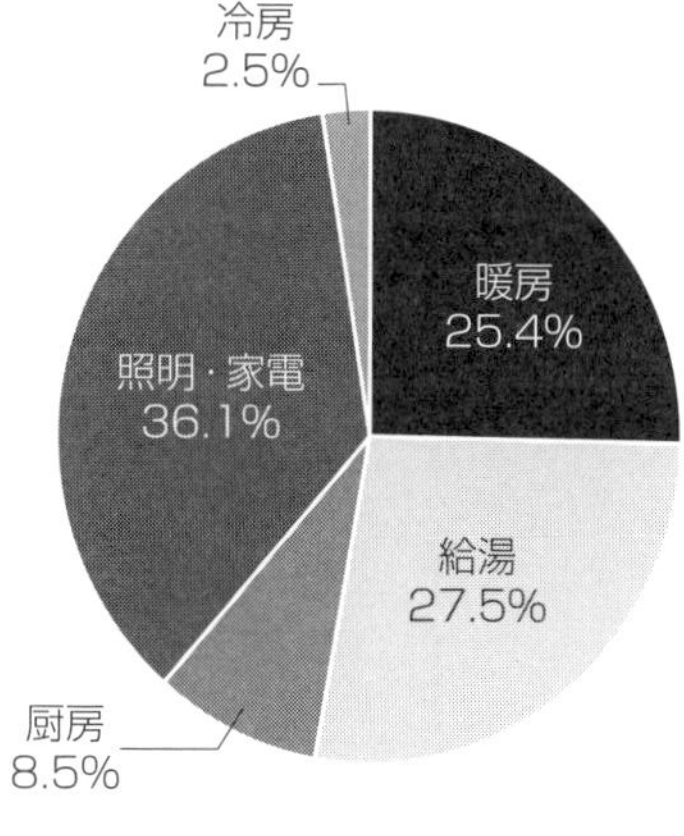

特に風呂の給湯量はエネルギー消費が大きいため、太陽光のエネルギーを直接変換する太陽熱温水器はおすすめです。

　エネルギー効率が良く、仕組みも簡単で安価だからです。

営業トーク

弊社の住宅では高気密・高断熱仕様はもとより、夏の風通しや日差し対策、また光熱費を大きく減少させる太陽熱温水器も標準装備しています。

3 電気設備

Q **オール電化住宅は、どの程度普及しているのですか？**

A **オール電化住宅**という言葉は、１９８０年代から普及し始めました。

　当初はガスコンロなどによる火災予防の意図が強く、ワンルームマンションを中心に、キッチンには電気コンロが一口、給湯は深夜電力を使用した１５０リットル程度の電気ヒーターによる貯湯給湯方式が主流でした。

　しかし、１９９０年代になると、ガスコンロに劣らない調理性をもったＩＨクッキングヒーターが開発され、さらに２００１年に、エアコンの暖房原理を利用した**エコキュート**の登場により、ガスと比べてランニングコストが安くなったことから、その後、オール電化は加速度的に普及しました。

　普及率は、２０１１年には10％程度でしたが、２０２０年には20％になると予想されています。

Q　オール電化住宅のメリット・デメリットについて教えてください。

A　オール電化住宅は、ガスの基本料金がなくなること、昼間の3分の1の料金の深夜電力を使用することで光熱費の低減につながること、また、安全性の向上や空気を汚さない、などというメリットがあります。

一方、貯湯タンクの設置スペースが必要であったり、イニシャルコストが高くついたり、給湯しすぎると湯切れの心配があるなどのデメリットもあります。

また、オール電化住宅で間違えてはいけないのが、エコロジーという発想で考えだされたシステムではないということです。

実は、エネルギーの総使用量はアップするのです。

オール電化にすることで、ランニングコストを抑えることができるのは、需要の少ない深夜電力を安価に利用できるからです。

そのため、今後の深夜電力料金の動向についても注意が必要です。

Q　スマートハウスとは、どのような家のことをいうのですか？

スマートハウスの仕組みのイメージ

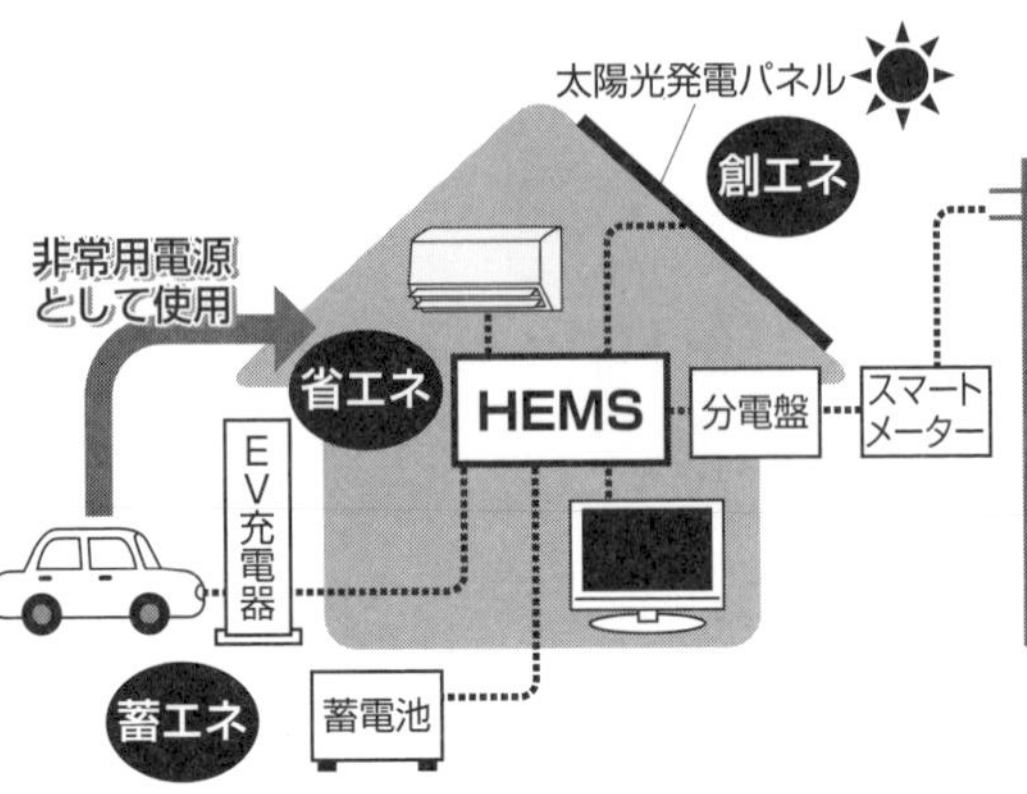

A

スマートハウスは、エネルギー使用を我慢するという省エネ手法ではなく、「電気やガスを使っても省エネになるようにしようではないか」という考え方から生まれました。

スマートハウスの基本的な考え方は、「電気やガスの使用量を管理し、利用状況をモニターに映し出し、居住者がそのモニターを見ながら電気機器やガス機器の使用を制御しようとする」というものです。

このように、エネルギーを〝見える化〟するだけで、10%〜15%くらいの省エネになるといわれています。

スマートハウスでは、省エネを担うＨＥＭＳ、創エネ、蓄エネが必須とされています。

Q　HEMS（ヘムス）とは、何のことですか？

A　スマートハウスで最も重要といわれているのは、**ＨＥＭＳ**（「Home Energy Management System」の略で**家庭用エネルギー管理システム**のこと）です。

これは、

①電気・ガス・水道などのエネルギーの利用状況の見える化

②ＥＣＨＯＮＥＴ Ｌｉｔｅの通信規格を用いてＨＥＭＳと家電を連動させての最適な制御

③ＥＣＨＯＮＥＴ Ｌｉｔｅ規格に沿った通信

の３つの機能を備えています。

特に②の制御機能が省エネには重要です。

ＥＣＨＯＮＥＴ Ｌｉｔｅの通信規格は、東京電力の**スマートメーター**（通信機能を備えた次世代型電力量計。人力による検針作業が不要で、欧州ではすでに多くの国で普及）がその１つで、現在交換が進んでいます。

国がＨＥＭＳを推進する理由の１つには、制御機能を通じてエネルギーのコントロールが、各家庭で自然と行えるようになることへの期待があります。

将来的に**スマートグリッド**（次世代電力網）を通じて、電力供給をコントロールできるようになるのです。

これにより、地域の電力需要が逼迫したときに、そのことを知らせる信号をスマートメーターが受け取り、ＨＥＭＳが各家庭の家電機器を制御して、住宅や地域全体の消費電力量を自動的に抑える、ということが可能になるのです。

Coffee Break

電気も地産地消がよい

スマートシティという言葉があります。まだ実験段階ですが、街レベルでスマートハウスと同じことをするものです。さらに、街レベルで電気を生み出すのが効率が良いのです。発電は全て直流です。発電所からは送電ロスを少なくするために、あえて交流に変換して送電していますが、それでも送電ロスは多いのです。家庭のコンセントは交流ですが、家電製品の多くは直流に変換して作動しています。街レベルで太陽光などで発電し、直流で送電して直流で使用すれば、エネルギーロスが驚くほど少なくなり省エネにつながるのです。

Q **最近の照明器具はほとんどがＬＥＤになり、将来的には有機ＥＬという照明器具もあるそうですが、どのようなものでしょうか？**

A ここ数年で、照明は**ＬＥＤ**に変わりました。

白熱電球の製造を中止する方針が打ち出されたことも、ＬＥＤの普及を後押ししてきたといえます。

価格も販売当初の3分の1以下になった現在では、一般的な白熱電球のソケットで使用できる電球形の**ＬＥＤランプ**が開発されたことにより、家庭用の新たな照明器具はすべてＬＥＤに変わりました。

また、最近では、直管タイプのものが24時間照明つけっぱなしのコンビニエンスストアを中心に使われ始めました。

将来的には、長時間営業の店舗を中心に、オフィスビルなどにも普及していくでしょう。

将来的に有望視されている照明に**有機ＥＬ**というものがあります。

有機ＥＬは、電圧をかけると発光する有機質の樹脂を使用したもので、ホタルと同じような有機物の発光現象を利用しています。

光量は強くはないものの、発色が良く、電気消費量が少なくて済むのが特長です。

これまでの光源は点光源や線光源が中心でしたが、有機ＥＬの開発により、面光源が可能となり、壁紙のような新しいデザインの照明も可能になります。

スマートフォンでは、有機ＥＬのパネルが使用され始めています。

ただ、白熱電球を中心に考えられてきたわが国の照明方法は、口金自体が白熱電球用の規格で建物に組み込まれているので、有機ＥＬの使用は新築の建物が中心になっていくでしょう。

Q **照明の明るさで「ルクス」という言葉を聞きますが、教えてください。**

A モノが見えるというのは、光源から出た光が物体に当たり、その反射光が目に届くことによって起こる現象です。光そのものは見えないのです。

たとえば、光だけあっても宇宙は真っ暗ですが、ロケットに光が当たると、その部分だけ見えるというのは、そういった理由からです。

本を読む場所は７５０ルクス、寝室は３００ルクスが基準といいますが、この**ルクス**というのは**照度**を表わす単位で、通常、水平面（床・机上面）で計った光の量のことを指し、人が感じる部屋の明るさとは異なるので注意が必要です。

たとえば、白い壁の部屋と黒い壁の部屋で同じ照明器具を取り付けた場合、白い壁の部屋の方が明るく見えますが、床面の照度はほぼ同じです。

白い壁の方が明るく見えるのは、壁が輝いているからです。

輝く度合いを**輝度**といいます。壁の輝度が高いほど明るい部屋と認識されます。部屋の明るさは照明器具だけではなく、壁の素材や色も関係してくるのです。

Q LEDの照明器具でも、白熱電球のようなものと蛍光灯のようなものがありますが、その違いを教えてください。

A 素材の色や質感を目で感じ取るには、光源の色温度が重大な要素になります。

暖色系に見せるには光源の色温度が2500K～3000K（ケルビン）、寒色系に見せるには5000K～6500Kの電灯を使用します。

電球の色温度は、白熱電球が2500K、ハロゲン電球が3000K、電球色蛍光ランプが3000K、温白色蛍光ランプが3500K、昼白色蛍光ランプが5000K、昼光色蛍光ランプが6700Kとなっています。

電球を取り替える際には、同じ色温度のランプを購入しないと、統一感がない空間になってしまうので注意が必要です。

光源の色温度

電　球	表　示		色温度	色みの目安
昼光色	D	Day Light	5,700K～7,100K	青色
昼白色	N	Neutral	4,600K～5,400K	白
白　色	W	White	3,900K～4,500K	白
温白色	WW	Warm White	3,200K～3,700K	黄
電球色	L	Light	2,600K～3,150K	赤

Q 部屋により明るさの考え方は違うのでしょうか？

A 太古に人は、昼は太陽の光の中で行動し、夜は火を囲んで生活していました。

このことは、現代人の脳にもインプットされています。

Coffee Break

蛍光管をLED管に交換するときの注意点

20Wや40Wの蛍光管をLEDの蛍光管にそのまま交換できるという商品が多く出ています。古い蛍光灯器具の点灯の不具合は、中に組み込まれている安定器の劣化によるものです。LEDに交換しても、安定器の回路を切らない限り、省エネにつながらないばかりか、新たな故障の原因にもなりかねません。蛍光灯器具の回路を変更するか、新たなLEDの照明器具に交換するほうが、長い目でみればお得です。

そのため、作業をする場は色温度が高く照度が高い照明器具で、くつろぎの場は色温度が低く照度の低い照明器具で照らすのが良いとされています。

前者を社員食堂やファーストフード店に応用すれば手早く食事をする空間にすることができ、後者をレストランに応用すればくつろいでゆっくりと食事をする空間にすることができます。

このように考えると、**照明器具**を選ぶ際、空間によって、器具やその位置は、人の行動心理と明るさを考えて本来違って然るべきなのです。

Q それでは、住宅の場合、照明はどのように考えたら良いでしょうか？

A 住宅の部屋にあてはめて考えてみましょう。

リビングや寝室はくつろぎの場、台所や子供室は作業の場というように、用途を分けることができます。

前述のように、くつろぎの場と作業の場の照明方法を変えることには理由があるのですが、日本では比較的どの住宅のどの部屋にも、同じように天井から蛍光灯を設置して、隅々まで明るくしているのが一般的です。

一方、欧米の住宅やホテルでは、一部のシャンデリアを除いては、天井に照明器具はなく、**ブラケット**（**壁付け**）**照明**や**スタンド照明**が基本です。

部屋全体を明るくするというよりも、明るくなければならない箇所は明るく、暗くてもよい箇所は照明不要というように、メリハリをつけて空間を演出しています。

照明デザインは、**暗さをデザインする**といわれます。

明かり（明るさ）をデザインするには、暗さがなければデザインできないからです。

このことは、オフィスビルでも同様です。

一般的なオフィスでは、蛍光灯の照度を750ルクス以上に保てるよう、初期照度（点灯を開始したときの照度）を1000ルクス程度で設計していますが、パソコンを多く使用する場所では、パソコンの照度を考慮して、照度をもう少し低めに設定してもよいかもしれません。

また、デスク毎に明るさを変えられる**タスクアンビエント照明**を採用したり、窓から日光が入る箇所は、**減灯**もしくは**調光**するなどの工夫をすることも大切です。

Q **照明によってオシャレな空間をつくる方法はありませんか？**

A リビングなどのくつろぎの場では、白熱灯のように比較的色温度が低いランプを選定します。

照明器具の1畳当たりのワット数の基準は、白熱灯で30W、蛍光灯で10W～15Wです。

LEDの照明器具でも、白熱灯ベースでのワット数の記載があることが多いので、ワット数で説明します。

つまり、10畳のリビングに白熱灯を取り付ける場合には、トータルで300Wが基準と

営業トーク

弊社の住宅では、行動心理学を考慮した照明方法を採用していますので、自然と安らぎを覚える室内空間となっています。

なります。

しかし、300Wの白熱灯**シーリングライト**（**天井付け照明器具**）だと、少し暗く感じるかもしれません。

そのため、蛍光灯ベースだと、省エネも考慮して100W〜150Wを使用するのが一般的ですが、くつろぎのある空間にはなりません。

そこで、**光にムラをつくるという工夫**をしてみましょう。

まず、300Wを3等分にして考えます。

100W程度を天井面からの**全体照明**（**地明かり**）にします。

次に、100W分を**部分照明**（**場明かり**）として、白熱灯の**ペンダントライト**（**吊下げ照明器具**）をソファのテーブルや食卓テーブルの上に取り付けます。

そして、残りの100Wを**壁面照明**（背景）にします。

これが最も重要です。

壁を明るくすることで、今まで暗くなっていたカーテンや壁紙のデザインが生きてきます。

壁を明るくするには、壁面照明用のダウンライトや、置き型のフロアスタンドが良いのですが、現実的には白熱灯でのワット数を、LEDの相当するランプに置き換えて使用することになるでしょう。

これで明るさにメリハリができ、ステキなリビングになります。

要は、暗さをいかに演出するかがポイントになるのです。

一方、台所や家事室などの作業の場では、蛍光灯に代わるLEDのシーリングライトで

部屋の広さ	～4.5畳	～6畳	～8畳	～10畳	～12畳	～14畳
光束の範囲 lm（ルーメン）	2,200～3,200	2,700～3,700	3,300～4,300	3,900～4,900	4,500～5,500	5,100～6,000

（注） LEDの明るさの単位は、「全光束」と言われるルーメン（lm）値で表されます。

十分です。

作業面では十分な明るさがとれるように、手元の照明を付加するだけで良いと思われます。

現在、照明器具のカタログをみれば、60W相当、100W相当という表示がしてあります。

書いてない場合は必ず定格光束（ルーメン：lm）の記載がありますので、上の表を参考に照明器具を選ぶと良いでしょう。

Q 高齢者がいる場合は、どのように考えたら良いのでしょうか？

高齢者には、「若い人の3倍程度の照度を確保する」ことが提唱されています。

A

ところが、本来これは作業をする手元の照明を指しているにもかかわらず、部屋全体を3倍の明るさにしないといけないと誤解している人が少なくありません。

単に照明器具を増やすのではなく、壁面を白色系統にして反射率を上げることで照度を確保するなど、工夫をすることが必要です。

明るさも強弱がないと、虹彩の筋力が低下するといわれており、明るければ良いというものではないようです。

Coffee Break

なぜ日本の住宅は明るいのか

住宅の設計をしていて困るのは、暗いといわれることです。そのため、特に高齢者のいる住宅には、後々のクレームにならないよう、ダウンライトだけでなくシーリングライトを一応つけておきます。戦後を生き抜いてきた人たちは、裸電球ひとつの貧しい暮らしから、明るく華やかな蛍光灯の明かりに高度成長の希望を見出したからともいわれます。また、高齢になると、白内障が進み、明るく白い光の方が見えやすいという理由も重なります。

また、高齢者で最も注意しなければならないのは、「目の順応」、「反応」が鈍くなることです。

外から帰ったときの玄関の段差などは要注意で、段差をなくしたり、照明で段差部分の陰影を強くしたりすると良いでしょう。

ただ、蛍光灯に慣れている高齢者の食卓の上に取り付けた**ペンダントライト**と壁面照明用の**ダウンライト**は、白熱灯の暖色系を好まないようですので、高齢者には、蛍光灯と同じ白色で明るさを重視し、なおかつ交換などのメンテナンスが簡単にできるものを選ぶと喜ばれるかもしれません。

その上で、使用する照明を少なくするなどの工夫があると良いでしょう。

一方、若者には、**ライティングレール**を付けておくだけにして、好きな照明器具で間接照明を楽しむことができるような部屋をつくっておくと喜ばれます。

特に賃貸住宅では、入居率アップにつながることと思います。

初めからスポットライトを設置する場合には、デザイナーズテイストを感じさせるような製品を選ぶこともポイントです。

食卓の上に取り付けたペンダントライトと壁面照明用のダウンライト

Q **照明器具の選び方について教えてください。**

照明器具は同じように見えても、よく見るとセード（照明カバー）の素材感・質感・配光ラインが違います。

A

意匠性はあくまで好みですが、セードの素材が安物の場合、汚れやすかったり、劣化しやすいこともありますので注意が必要です。

また、プラスチック製のセードは安価なことが多いのですが、取り替えにくい場所や取り替えることはない場所には、できる限りプラスチック製や塩ビ製のものは避け、多少高価でも金属製やガラス製のものを使用した方が、長期間のライフサイクルコストから考えるとお得になるでしょう。

最近、外国製のお洒落で安価な照明器具も多く出回ってきましたが、一番の注意点はメンテナンスです。

海外メーカーのランプでは、配線類を日本製に交換しているものもありますが、海外仕様のままのものも少なくありません。

また、故障の際など、部品が必要になってもすぐには入手できないということもあるでしょう。

電源（ボルト数）やコードの形などが日本のものに適応しているかどうかもチェックしましょう。

営業トーク

弊社の住宅では、メリハリの利いた照明計画でデザイン性の高い住宅を提供するとともに、特に高齢者のお客さまについては、ご年齢とご希望に応じた照明計画で対応いたします。

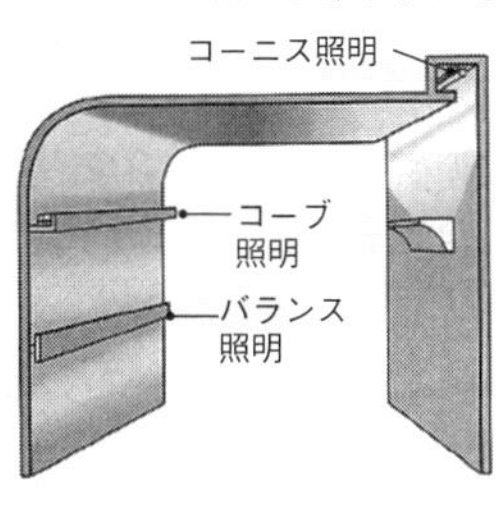

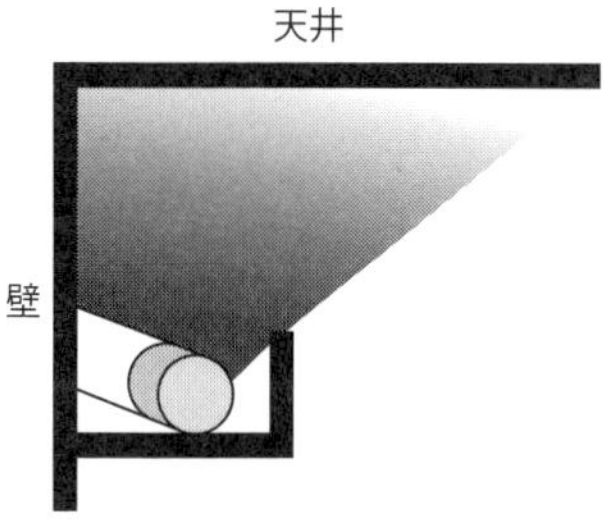

Q **高級感が演出できる間接照明について教えてください。**

A **間接照明**は、建物そのものに照明を組み込むため、**建築化照明**と呼ばれます。

住宅雑誌などでステキと思われるような住宅には、必ずといってよいほど建築化照明が使用されています。

建築化照明の基本は間接照明で、光源から出た光を直接空間に照射せず、壁・天井等に反射させて、室内の明るさをとる照明方法のことをいい、その反射光で周りを照らすので、全体的に柔らかで落ち着いた印象を与えることができ、目にもやさしくリラックス効果があるといわれています。

また、部分的に照らすことで明るさの濃淡（のうたん）をつくり、全体に立体感を生み出す効果もあります。

ひとつの照明で部屋全体を一度に照らす直接照明とは違い、さまざまな空間演出ができる照明方法です。

Q **間接照明でも、いろいろな方法があると聞きますが……。**

代表的なコーブ照明の例—ホテルのエレベーターホール

玄関ホールにコーブ照明を使用した例

カーテンボックスを利用したコーブ照明の例

A

間接照明には、次のような種類があります。

①**コーブ照明**……折り上げ天井の隅や壁に光源を隠して、天井面を明るくする方法で、天井があまり高くない広い空間に有効

②**コーニス照明**……天井と壁が接するところに、遮光板などで光源を隠し、壁やカーテンなどを照明する方法

③**バランス照明**……壁に取り付け、遮光板の上下に光を出す照明

コーニス照明の代表的な方法

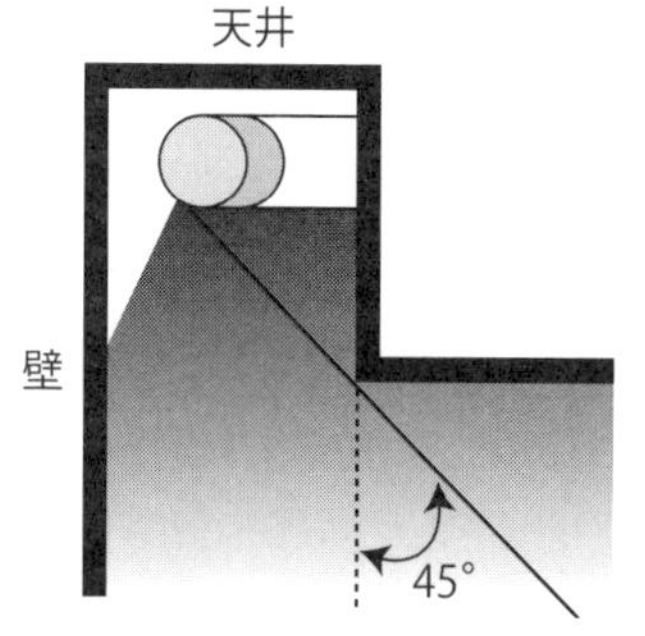

エレベータホールにコーニス照明を使用した例

前ページの写真は見たことのある照明方法だと思われるでしょう。

特にコーブ照明は、写真のような照明方法で、天井面を照射することにより柔らかい光が空間全体に得られ、影の少ない環境となります。

光の帯が天井面に生じ、空間に変化を与え、通路などに用いれば誘導効果が上がるため、エントランスホールに使用されるケースが多い照明方式ですが、写真のように居間のカーテンボックスを利用することも可能です。

なお、設置する際には、ランプを取り替えられるように、天井面から一定の隙間を設けることが必要です。

次に、コーニス照明について説明します。

コーニス照明は最も多く使用されている間接照明の方法で、この照明方法を使用すると、壁が明るくなり、空間に広がり感を持たせることができます。

大きな壁面やカーテンブラインドなどの上の天

Coffee Break

間接照明は高級住宅のあかし　住宅のデザインで、ホテルライクの室内にしたいという依頼が多くなりました。特に賃貸住宅にお住まいの方からの依頼に対しては、家具はもとより必ず間接照明を提案します。賃貸住宅では、建築化照明は難しいので、ソファの背面に、壁を下から照らす置き型のアッパーライトやスタンドを置くことで、全般照明を消せばホテルライクの雰囲気になります。

市販のブラケット

（出所）　遠藤照明

ライティングレールを設置した例

市販の照明器具によるエントランスホールの間接照明の例

アッパーライトによる間接照明の例

井面に設置することが多いのですが、ランプが視野に入らないよう、遮光角(しゃこうかく)が45度以下であることが望ましいです。

いずれの照明方法を採用する場合にも、天井や壁面などの仕上げ材やディテールとのバランスを考え計画する必要があります。

また、間接照明だけでは退屈(たいくつ)な雰囲気になりやすいため、アクセントとなる照明器具を組み合わせると良いでしょう。

Q 間接照明は建築に組み込むため、工事費がかさんでしまいますが、安価でできる方法は他にないでしょうか?

A 前述した建築化照明による間接照明方法は、施工が難しいため工事費がかさむという難点があります。

間接照明は、結果的に壁を明るくするというのが目的ですから、天井に取り付けたスポット照明や壁付けのブラケットにより壁を照らす方法でも代用できます。

これなら費用が照明器具代のみで済むので、気軽にリフォームなどに取り入れることができます。

たとえば、ライティングレールを天井に這(は)わせ、入居者が自由にスポットライトを配置できるようにするなど、遊びの部分があっても楽しいでしょう。

また、壁取り付けタイプの間接照明用器具を利用したり、天井高が高い居室では、アッパーライトを使用することにより、建築化照明に近い効果をもたらすことも可能です。

営業トーク

弊社の住宅では、間接照明を上手に取り入れていますので、居間や寝室では高級感・安心感が演出されています。

❹ キッチン

Q **使いやすいキッチンの考え方の基本について教えてください。**

A 住宅の中で唯一〝作業のための場所〟であるキッチンは、他の空間と違い、広ければいいというものではありません。

むしろ、コンパクトであるほうが使いやすい場合もあります。

まず、一般的なキッチンのタイプをおさらいして、より使いやすいキッチンとはどのようなものかを考えてみましょう。

①**I（1列）型キッチン**……シンクと冷蔵庫、加熱調理機器が1直線に並んでいるタイプです。一般的に使いやすいのは全体の長さが360㎝以内です。

②**II（2列）型キッチン**……キッチンを前後2方向に並べるタイプです。2列の間隔は、最低90㎝程度は必要です。作業動線が短いので作業がしやすく、収納スペースも広くとれます。

③**L型キッチン**……コーナーに調理場所をL型に配したタイプです。シンクとコンロが両端にあっても動きやすく、使い勝手もいいでしょう。コーナー収納も使いやすいも

Coffee Break

キッチンと頭のよい子が育つ家

『頭のよい子が育つ家』（文春文庫）の著者のひとりの四十万靖氏からお聞きした話です。氏が研究者と一緒に、慶応大学に入学した生徒がどこで勉強をしてきたかを調査したところ、子供部屋という予想に反して、キッチンの食卓で勉強してきた子が多かったそうです。お母さんの家事仕事とお父さんがソファで新聞を読んでいる中間位で勉強することがベストなようです。

一般的なキッチンのタイプ

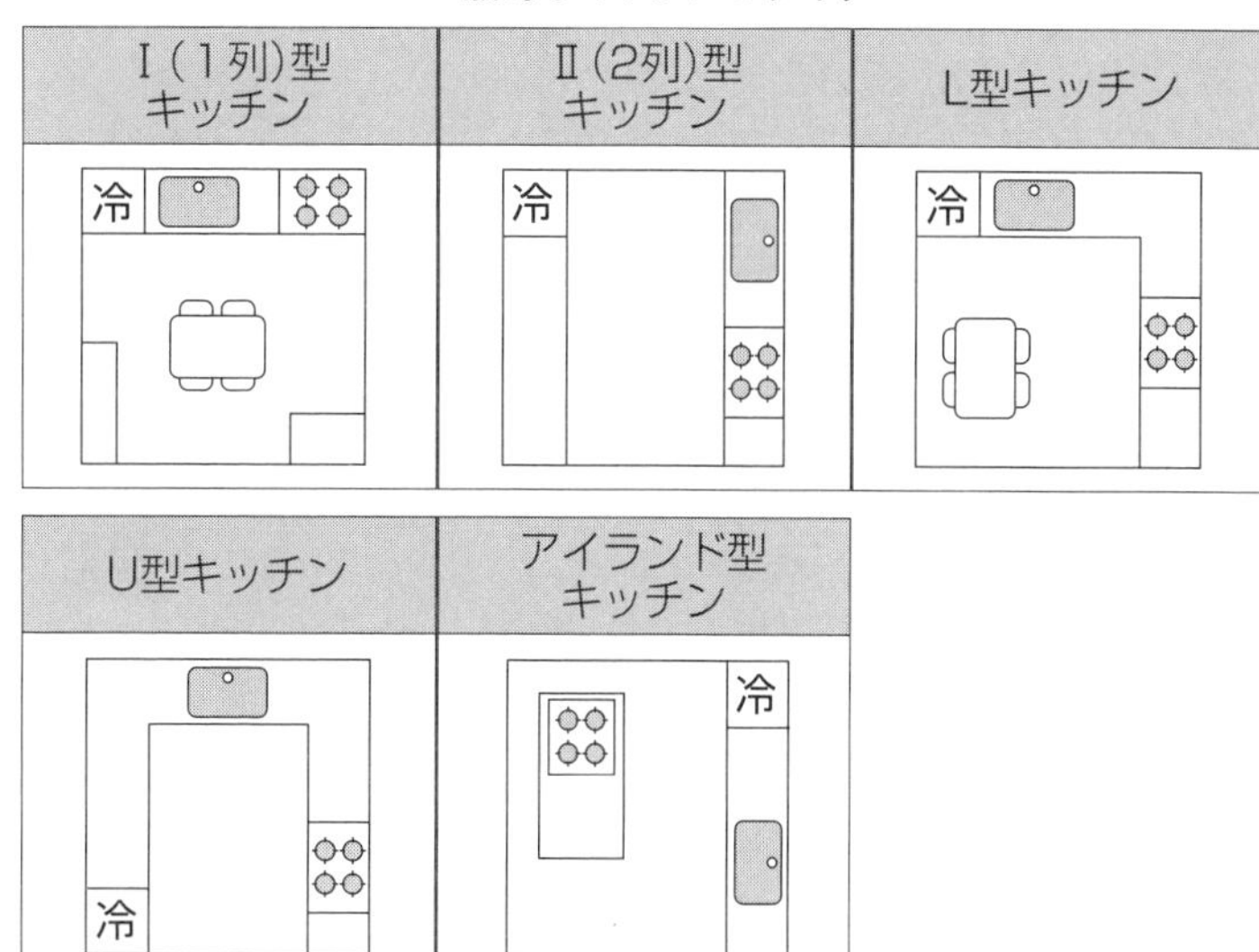

のが出ています。

④**U型キッチン**……U型に配置されたタイプです。作業はしやすいのですが、広さが十分にないと難しく、手元が暗くなりがちなので、照明の工夫が必要です。

⑤**アイランド型キッチン**……一部が台所の中央に独立しているタイプです。リビングを見渡せる、大人数での作業が可能といったメリットがありますが、加熱調理器を独立させる場合、天井からレンジフードを吊下(つりさ)げるなどの工夫が求められます。使用時も油はねや安全対策などに注意が必要です。そのために、調理器具の前面に油はねよけの衝立(ついたて)を設置することも少な

くありません。

Q

流しとレンジ・冷蔵庫などを、調理の効率が上がるように配置するには、どうすれば良いでしょうか？

A

キッチンは、調理の流れにそった順に配置されているのが望ましいとされています。

貯（貯蔵＝冷蔵庫・パントリーなど）

準（準備＝下準備。貯蔵から出した食材を置く）

流（流し＝シンク。食材などを洗う）

ワークトライアングル

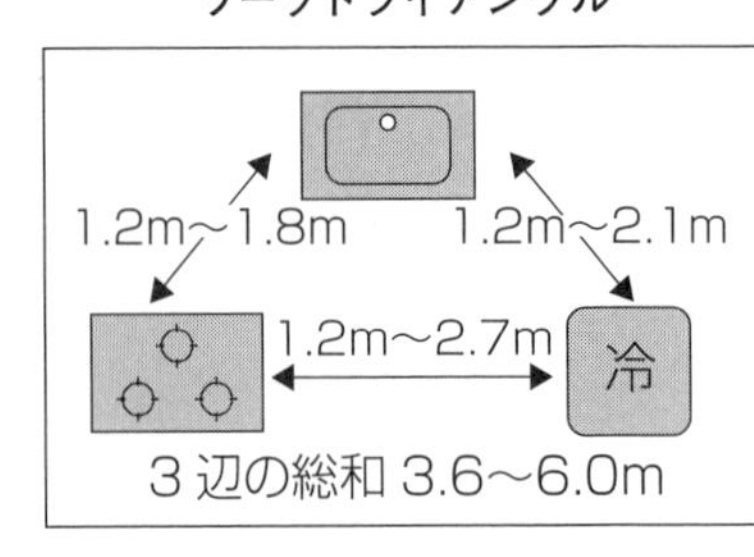

調（調理＝切る）

レ（レンジ＝加熱調理器）

配（配膳）

食（食べる場所、ダイニング）

この流れがスムーズであれば、効率よく調理ができます。

また、シンクと加熱調理器、冷蔵庫を結んだ三角形を**ワークトライアングル**と呼び、作業効率が良いとされています。

調理の流れと同じく、３辺の総和の動線が長すぎると無駄な動きが多くなり、疲れるキッチンとなります。

Q キッチンの天板（カウンター）の材質は何が良いのでしょうか？

A キッチンの天板によく使われるのは、人造大理石とステンレスです。

安価で手入れが楽な**ステンレス**は水・熱に強く、賃貸住宅のキッチンでは多く採用されていますが、意外とくすみなどが目立ちやすく、深い傷がついた場合の修復も難しいです。

一方、**人造大理石**はペーパーで削り綺麗(きれい)にすることが可能で、耐水性や耐熱性もありますが、深い傷がつくとシミが深くまで入り込み汚れとして目立ちやすくなります。

一概にどちらが良いとはいえませんが、メリット・デメリットを知った上で、居室全体のイメージに合わせて選ぶのが良いでしょう。

掃除のしやすさも、使いやすさの基本だと理解しておきましょう。

Q 住宅の中でキッチンの場所は、どのように考えたら良いのでしょうか？

A 最近では、ＬＤＫが住宅の中心となりつつあり、さらにその面積も広くなる傾向にあります。

空間についても同様で、対面式キッチンも、開口部が小さなセミオープンタイプはあまり人気がありません。

広さが取れない住宅では、部屋の隅にオープンのキッチンがあるＬＤＫとしたほうが好まれる傾向にあります。

そこにダイニングテーブルを置けば、キッチンの作業スペースと居室スペースが兼用でき、省スペース化が図られます。

また、低い収納を背面に置けば、アイランド型のように使うことも可能です。

一方、高級物件で広さが充分にあり、間取り的にも余裕がある住宅では、フォーマルな場面を求められることも考えられます。

そういう場合には、キッチンやダイニングを独立させたいというニーズも多いようです。

住宅の広さや目的に合わせて、それぞれの人が使いやすいキッチンの間取りを考えることが重要です。☞

最近ではＩＨ調理器も普通になってきましたが、そもそもの特徴について再確認ということで教えてください。

ＩＨ調理器の普及も一通り終えたように思えますが、それに伴い、ガスコンロと比較して、「ＩＨの方がガスより湯を沸かすのは早い」、「炒め物はＩＨでは上手にできない」といったことも話題にならなくなったように思います。
そこで、今一度、ＩＨ調理器の特徴などについて取り上げてみましょう。
ＩＨ調理器の大きな特徴は、「安全」、「清潔」、「簡単」です。
〝安全〟は、炎や赤熱部がないので立ち消えや不完全燃焼、酸欠の心配がないことです。火を使わないので、室温も高くなりません。もっとも、油などから火が出ることもあるの

営業トーク
弊社の住宅は、お客様にとってどのようなキッチンスタイルがベストなのかをご一緒に検討し、快適で使いやすいキッチンをご提案しています。

で、100%安全ということではありません。

〝清潔〟は、プレート面に凹凸がないため、吹きこぼれや油はねもサッと拭き取るだけで済むことです。また、鍋底のススやガスの燃焼による空気の汚れもありません。

〝簡単〟は、温度や時間をデジタル管理できることです。制御性に優れるため、温度を一定に保つことができるのです。そのため、子供や料理の苦手な人にとっても使いやすい機器です。

このようにメリットが多いＩＨ調理器ではありますが、一方で、電磁波の問題が取り上げられることもしばしばあります。

Q **ＩＨ調理器は電磁波が心配だという人もいますが、どうなのでしょうか？**

A 日本では、基本的にはＩＣＮＩＲＰ（国際非電離放射線防護委員会）のガイドラインに準拠しており、当然、ＩＨ調理器もガイドラインに沿った製品となっています。

電磁波といっても、発生部位や周波数によってガイドライン値が違います。

ICNIRP のガイドライン値（μT ＝マイクロテスラ）

策定年	発生部位	周波数	ガイドライン値
2010 年	電源部	50Hz ～ 60Hz	200 μT
	加熱部	1kHz ～ 100kHz	27 μT

また、簡単に電磁波の強さだけで比べられるものではありません。

規制の指針値があるということは、体に影響が全くないとはいえませんが、通常使用されている家電製品から出る電磁波は、人体への影

Coffee Break

ＩＨで油のはねないカラ揚げ

カラ揚げなどは油がはねてキッチンを汚すため嫌がられますが、ＩＨコンロなら汚しません。天ぷら鍋で揚げ物をするときに、新聞紙などで上を塞ぐことができるのです。ガスコンロでは火事になってしまいますが、ＩＨコンロなら大丈夫なのです。ＩＨコンロをお持ちなら、一度試してみてください。驚きます。ＩＨの卓上コンロを利用すれば、食卓での天ぷらも安全でラクです。

響は少ないといわれています。

ＩＨ調理器に小さい鍋を置いたり、置く位置がずれていたりなどすると、鍋を覗(のぞ)き込んだ際に、直接放射される電磁波を受けることになりますが、通常の使用方法なら問題はないと思われます。

ただ、中には**電磁波過敏症**といって、電気が流れているものに近づくと体調が変化し、知覚するたびに過敏に反応するようになり、やがて自律神経障害や花粉症や化学物質過敏症に似た症例が起きる人もいるようです。

電磁波は現代生活では避け切れませんので、強い電磁波を出す器具のそばに長時間いないように心掛けることが一番の安全策です。

これらのことを考慮すると、電磁波を気にする人には、ＩＨ調理器は避けるようアドバイスすることが、現時点では適当なのかもしれません。

Q　ＩＨ調理器は、一般のガスコンロと比較してどうなのでしょうか？

A　それでは、ＩＨ調理器とガスコンロを比較してみましょう。

価格では、普及品のＩＨ調理器は一般的なガスコンロと比べると約3倍～4倍になります。

ただし最近では、ガスコンロにもさまざまな機能が付き、ＩＨ調理器と同じような価格帯の製品も出てきていますので一概にはいえません。

耐用年数は、IH調理器もガスコンロと同じ10年程度で、取り替え時の工事費も同じ程度です。

光熱費は、使用頻度にもよりますが、IH調理器とガスコンロとでは、ややガスコンロのほうが安いようです。

調理時間に関しては、IH調理器は鍋底が調理器に接していないと効果が薄れるため、上下にフライパンを動かすような炒め物はガスコンロのほうが向いているでしょう。

煮る、ゆでる、沸かす、揚げるといった調理では、一定の温度を保てることなどからIH調理器のほうが早くできるかもしれません。

ただし、アルミ製の鍋では時間が倍かかったという実例もあるので、調理器具はIH専用を使用するのが前提です。

IH調理器とガスコンロのどちらを選ぶかは、あくまでも使う人の〝好み〟、そして〝安心感〟や〝清潔感〟の基準をどこに置くかにもよります。

Q **これまでガスを使用していた住宅をＩＨにするときの注意点について教えてください。**

A 設置する住戸によっても違ってきます。

戸建住宅なら問題はありませんが、マンションでは**住戸当たりの電気契約**が40アンペア（ワンルーム）～80アンペアの契約です。

新築マンションでは、概ねワンルームタイプで40戸～50戸、ファミリータイプで30戸～

40戸を超えると、電力会社の借室を設ける必要が出てくる場合があります。

また、既存マンションでは**電気容量**がオーバーしてしまい、一部の住戸しかＩＨ調理器を設けることができない、などの制限が出てきますので注意が必要です。

営業トーク

弊社では、ＩＨ調理器のメリット・デメリットを踏まえ、ＩＨ調理器、ガスコンロのどちらでも、お客様の〝安心感〟、〝清潔感〟の基準に沿ったご提案をいたします。

5 暖房設備と結露

Q 床暖房は、どの程度普及しているのですか？

A 床暖房は分譲マンションの設備として、現在では40％～50％で標準装備されています。

普及するきっかけになったのは、東京ガスが**床暖房システム「TES」**を開発し、低価格で提供したことで、多くのマンションディベロッパーが採用したためです。

室内面積の70％程度に床暖房が設備され、建物の断熱がしっかりしていれば、他の暖房器具は不要とされています。

ただし、マンションのように気密性・断熱性が高い建物の場合であり、一般的な戸建住宅では、厳寒期には床暖房だけでは厳しいです。

他の暖房システムとの併用を考慮する必要があります。

Q 床暖房には、いろいろな方式があると聞きますが……。

A 床暖房は、**温水式**と**電気ヒーター式**に大きく分類されます。

どちらも輻射熱(ふくしゃねつ)による暖房システムで、体に接触する床を暖めることで、体を芯から暖める効果があるのが特徴です。

また、室内の空気を汚さないだけでなく、エアコンのように空気を攪拌(かくはん)しないため、床の塵埃(じんあい)が舞い上がらず、空気を媒介(ばいかい)するウイルスなどが室内に拡散されにくいのもメリットです。

健康住宅と銘打つ際に、床暖房は必要不可欠な設備といえるでしょう。

分譲マンションの標準装備ともいえる床暖房は、今後、戸建住宅でも標準装備として採用されていくと予想されますので、床暖房の知識を得ておくことは重要だと思われます。

Q 温水式の特徴について教えてください。

A **温水式床暖房**では、温水をつくるのにガスを使用するか電気を使用するかに大別されます。

ガスを使用する床暖房は、ガス給湯器で湯を沸かし、それを床下のパイプを通じて循環させることにより床を暖める仕組みで、もっとも一般的に使用されている方式です。

給湯にガス給湯器を使用している場合には、給湯器本体に床暖房のシステムを組み込ん

Coffee Break

床暖房は血液をアルカリ性にする？

昔、ある高名な先生から、床暖房は血液をアルカリ性にするという話を聞きました（ネットでその真意を調べても出てきませんが）。人間の血液はストレスなどを感じると酸性に傾き、良い健康状態だと弱アルカリ性になるそうです。床暖房をはじめとする輻射熱による暖房は一番心地の良い暖房システムなので、床暖房では自然と血液はアルカリ性に傾きやすいという結果なのかもしれません。そのように考えると、顧客に床暖房を勧めるにはよい売り言葉になるのでは。

だものを使用すれば1台で給湯も暖房も賄えます。

しかし、設置スペースに余裕があれば、給湯用と床暖房用に器具を分けたほうがよいでしょう。

というのは、1年を通して使用する給湯と暖房時にしか使用しない床暖房用では耐用性が異なるからです。

電気を使用する温水式床暖房はヒートポンプ方式により湯を沸かし、それをガス式と同様にパイプで循環させる方式を採っています。

オール電化住宅では、エコキュートと組み合わせ、料金の安い深夜電力を使用してランニングコストをさらに下げた多機能エコキュートも販売されています。

Q　電気式の特徴について教えてください。

A　新築で設置する場合は温水式が多いのですが、リフォームの場合には、設置が簡単な**電気ヒーター式**を採用することが多いようです。
コストを比較すると、設置費用では温水式の方が高額ですが、ランニングコストは電気ヒーターの方が高くなります。

温水式と電気ヒーター式の機器コストでは、給湯器が15年程度、温水パイプが30年程度の寿命といわれています。

一方、電気ヒーターは建物と同様の寿命と考えられるため、長期間のライフサイクルコストで考えると、両者に大きな差がないかもしれません。

ただし、電気ヒーター式の場合、電気を多く使用するので、マンションでは契約電力のアップが可能か、事前に調査しておくことが必要になります。

家に居る時間が少なく、「費用をかけずに床暖房がほしい」という場合には電気ヒーター式を必要な箇所に、家に居る時間が長く、「長時間快適に過ごしたい」という場合にはガス温水式を、オール電化住宅の場合には電気温水式を採用すれば良いでしょう。

このように、システムの長所・短所を踏まえ、住宅やライフスタイルによって選択することが大切です。

床面温度の立ち上がり時間

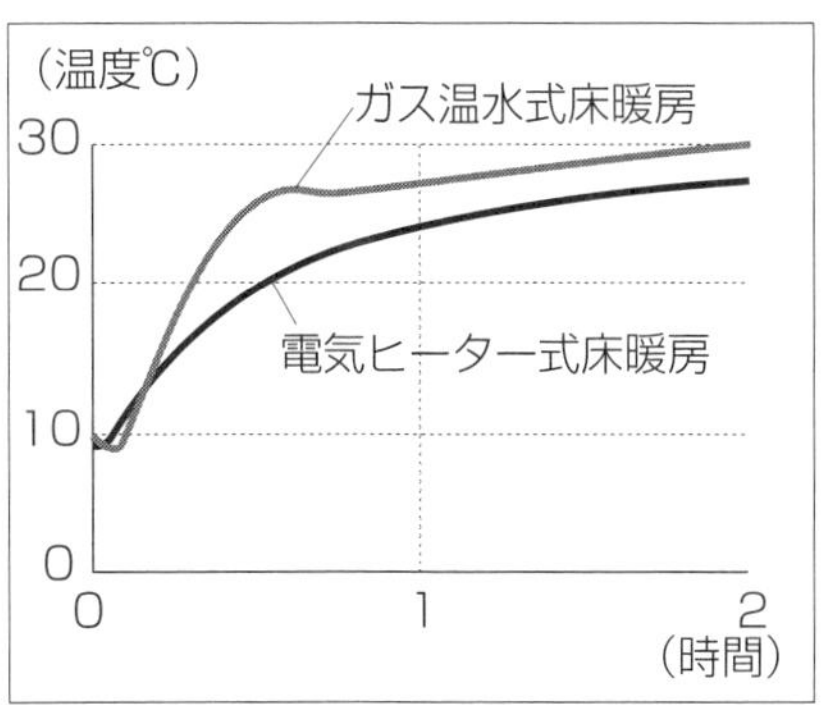

（注）［試験条件］部屋の大きさ：木造 8 畳、温水マット敷設率：約 70%、外気温：5 度

Q　床暖房を採用するときの注意点は何ですか？

A　床暖房設備を選ぶに当たり、次のことに気をつけましょう。

①電気ヒーター式のほうが温度の立ち上がりが早いと思われがちですが、実はガス温水式床暖房のほうが早く立ち上がります。

②温水式は38℃〜40℃までしか床面温度は上がりませんが、電気ヒーター式は温度

の立ち上がりは温水式より時間はかかるものの、最終的な床面温度は温水式より高温になり、低温やけどをする恐れがあります。直に長時間座り続けることは避けるよう伝えたほうがよいでしょう。

③床材をフローリングにする場合は、必ず床暖房用を使用します。そうでないと、割れや反りの原因となります。

④マンションの場合、上下左右の隣接住戸があるため、断熱効果が非常に高く床暖房だけでも過ごせますが、一般的な戸建住宅では、厳寒期には床暖房だけでは厳しいです。他の暖房システムとの併用を考慮する必要があります。

Q **寒くなると結露のクレームが出てくるのですが、なぜ結露は起きてしまうのでしょうか？**

A **住宅の結露**は、壁紙がはがれる、カビが発生するなど悩ましいものです。換気を良くしても改善しないことも少なくありません。

2003年に施行されたシックハウス法により、すべての居室に24時間換気が義務付けられるようになったことで、多少は改善していると思いますが、それでも寒い日には、換気を止めたり、給気口を塞いでしまうことにより結露が生じてしまうことがあります。

結露を防ぐには、結露が発生するメカニズムを理解することが重要です。

まず、室内の結露は、**表面結露**と**内部結露**に分類されます。

表面結露とは、空気中に含まれる水蒸気が冷たい部分に触れて水滴となるもので、冷た

営業トーク

弊社の住宅では、床暖房による〝健康住宅〟をお勧めしており、多様な床暖房システムの中から、お客様のご要望に一番合ったものをご提供することができます。

い飲み物が入ったグラスや、寒い日に窓ガラスにつく水滴がその例です。

空気は、温度が高ければ高いほど、多くの水蒸気を含むことができ、その空気が冷やされることで空気中に含むことができる水蒸気の量が減少し、飽和状態となった水蒸気が水滴となり壁や床に付着するのです。

左の図は、その仕組みを表わしたものです。

20℃の空気中に58％の水蒸気が含まれていたとします。温度が低くなるにつれ、空気は水を含むことができる量が少なくなっていき、12℃で飽和状態となります。

結露が発生する仕組み

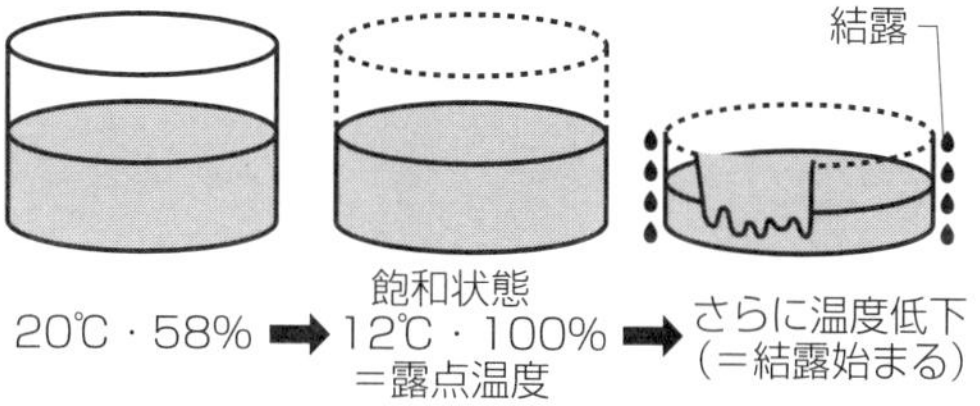

結露
20℃・58% ➡ 飽和状態 12℃・100% ＝露点温度 ➡ さらに温度低下（＝結露始まる）

このときの温度を**露点温度**といいます。

さらに温度が低下すると、水は溢れ出てしまいます。この状態が**結露**です。

空気の露点は温度が高ければ高く、低ければ低くなります。つまり、暖かい空気はより多くの水蒸気を含んでいるので、少し温度が下がるだけでも結露を起こします。

たとえば、室温20℃の部屋の中で、窓ガラスの温度が10℃だったとします。

その部屋の空気中に含まれる水蒸気の量はどこの箇所でも変わりませんが、窓ガラスの温度でその周辺が冷やされ、露点温度に達することで結露が生じます。

窓ガラスは吸水性がないので水滴となります。

壁面でも同じような状態で結露はしているのですが、吸水性があるので目立たないだけです。

Q　結露を防ぐには、どうすれば良いのでしょうか？

A　結露を防ぐためには、次のことに注意が必要です。

①ストーブによる過剰な暖房や洗濯物の室内干しにより湿度を高めない。
②室内に断熱効果のある材料を使用し、局部的に空気が冷えないようにする。
③室内に水蒸気を入れない。入っても、除湿機などで排出する。
④空気がよどまないようにする（空気が流れていれば、壁や窓ガラス近辺の空気の温度も下がりづらくなり、露点温度にも達しにくいので結露も防げます）。

ただし、梅雨時や夏場に高温多湿の空気を取り込むと、かえって内部の水蒸気の量を増やし、温度が低く吸湿性のない箇所では結露が生じることになるので注意が必要です。

空気中の水蒸気は、同一空間の中では同一の湿度となるように拡散します。

つまり、空気が流れていれば、同じ住戸内で温度ムラは生じても湿度ムラはほとんど生じないのです。

これは、熱と湿気の伝わるメカニズムや移動速度が違うからです。

タンスの裏や押入れなどは、湿度は室内と同じなのに、空気がよどみやすいため熱伝導が少なくなって温度が下がるため、結露が生じやすくなるのです。
空気移動を適切に把握することも、結露防止には非常に重要です。

Q **表面には見えない結露もあると聞いたことがあるのですが……。**

A それは、**内部結露**といって、壁の内部、屋根裏、床下など仕上げ材に隠れて通常目につかないところで発生する結露のことで、壁や天井の裏側から水がしみ出てくる現象を指します。

これは、室内の高温・高湿の空気が壁や天井の仕上げ材を通り抜け、隙間の空気の湿度が高くなり、それが冷やされることにより結露するのが原因です。

内部結露を防ぐには、室内に仕上げ材の隙間をつくらないようにすること、断熱層・防湿層を設けるなどの対策が必要となります。

また、点検口やコンセントなどの開口から、空気が直接移動して結露することもありますので注意が必要です。

雨でもないのに天井裏から水が漏ってきた場合は、天井裏の水道管の保温が十分でないため結露が起きたということも少なくありません。

内部結露については、綿密な調査や工事が必要となりますので、建築の専門家と相談するのが良いでしょう。

営業トーク

弊社の住宅では、結露やカビの発生がしにくい〝健康住宅〟になっております。お年寄りや小さいお子様のいるお住まいとして特にお勧めしております。

あとがき

２０２０年。今年は、昭和39年（１９６４年）に東京オリンピックが開かれて56年になります。当時は劇的に東京の都市風景が変貌して驚きましたが、現在でも東京は変貌を続けており、日本橋から東京駅に続くエリアでは10年前とは大きく変わっています。

前回の東京オリンピック当時は青年だった団塊の世代も、後期高齢者の入り口にさしかかり、日本社会が少子高齢化社会に変貌し、社会問題として直面する時代になりました。

少子高齢化社会になると、これまで量産された建物が空き家になり、これがまた大きな社会問題と化してきています。それでも、就業人口が多い建築業界では、建物を造り続けざるを得ないというのも現実です。不動産業界を見渡せば、ようやく中古物件の取引数が新築物件を上回ったようですが、諸外国に比べればまだ中古物件の取引は少ないのです。

高齢者が今後必要とされると報じられた生活資金２０００万円問題も、金額の提示から現金がイメージされるため誰もが愕然としたかもしれません。しかし、よく考えれば、持ち家率の高い日本では長期間のローンでようやく返し終わった住宅という資産があるのです。本来、住宅を売却すれば多額の金銭を手に入れることができるはずなのですが、我が国では20年〜30年たった住宅は土地値という現実に直面してしまいます。

そこで、政府もイメージの悪い中古住宅ではなく〝既存住宅〟という言い方を一般化し、宅建業法を改正し、インスペクション（建物状況調査）をある意味で義務化に踏み切りました。要するに、20年〜30年たった住宅でもきちんと使用して、売却時に調査して問題のない建物については価格がゼロではなく価値がつくのだという考え方です。この考え方を国民に普及することにより、空き家対策や高齢者の老後資金に役立たせようとする試みです。

このような社会を見据えれば、建築・不動産業界に携わる方にとって今後何が必要とされるかが見えてくるでしょう。長期にわたり価値を持ち続ける建物をどうしたら供給できるのか。また、管理できるのかということです。それには、建物についての基本的な知識は必要不可欠なのです。そこで建物の知識を学ぼうとすれば、専門書が多く、理解するには難しいという現実にぶつかります。しかし、不動産や建物の営業を実際に行っている人は常に現実の建物に触れているからこそ、知識が身につきやすいのです。建物はどのようになっているのか、どのように使用し活用できるのかを知った上で建物に触れることにより、いろいろなことが見えてくるはずです。建物に触れながら確認して得た知識は、単に本から学んだ知識より格段に自分の財産になるのです。本書はそのようなことを意識して書かれたものです。

また、建物の知識は現在必要とされなくとも、建築・不動産に関わる業界にいるかぎり、知っておくと必ず役に立つ知識です。現在の仕事のためだけでなく、仕事が将来変わった場合にも役に立つはずです。

本書が、現在、そしていつの日か皆様のお役に立てれば筆者としては嬉しい限りです。

2020年1月10日

【マ　行】

【ヤ　行】

【ラ　行】

【ナ　行】

【ハ　行】

【サ　行】

【タ　行】

《索　引》

【ア　行】

【カ　行】

秋山　英樹（あきやま　ひでき）

一級建築士・不動産コンサルタント
日本建築学会正会員

東京藝術大学大学院建築研究科修了。

村田政真建築設計事務所を経て、現在、一級建築士事務所 株式会社ユニ総合計画 代表取締役。不動産コンサル 21 研究会代表。

100 年建築と健康建物をモットーに、建築実務家として住宅設計をはじめ、土地活用にからむ建築企画・不動産コンサルから建物の設計・監理までを行い、いわば事業コンサル型の建築家といえる存在。
現在、「IC21」という 100 人の女性インテリアコーディネーターを組織化し、"生活提案"からの企画・設計やリフォーム分野にも力を注いでいる。

また、地主や建設・不動産業者等の専門家向けの各種講演会の講師も数多くこなし、30 年以上の建築企画のバイブル『実践・建築の企画営業』を初め数多くの著作がある。

なお、土地活用、不動産投資、土地の購入前後・建物の建築前後に生じる諸問題の相談に応じている（秋山英樹の不動産・建築セカンドオピニオン）。

《主要著書》
『実践・建築の企画営業』（清文社）
『実践・不動産事業の企画提案』（清文社）
『定期借地権マンションは得か損か』（住宅新報社）
『建築リフォームの実務と企画提案』（監修）（日刊建設通信新聞社）
『建築費のヒミツ』（PHP 研究所）
『実践・賃貸住宅の企画と建設知識』（週刊住宅新聞社）
『都市開発の法律実務』（共著）（清文社）
『空室ゼロにするリフォーム＆リノベーション』（週刊住宅新聞社）
『トラブル回避！事業用借地契約書のつくり方』（共著）（清文社）
『空室ゼロをめざす【使える】定期借家契約の実務応用プラン』（共著）（プログレス）
『不動産・住宅のプロが教える！あなたの住まいの震災対策Ｑ＆Ａ』（共著）（清文社）
『Ｑ＆Ａ固定資産税は見直せる』（共著）（清文社）

ユニ総合計画……http://www.uni21.co.jp
IC21……http://www.ic21.net
不動産コンサル 21 研究会……http://www.fcon21.net
秋山英樹の不動産・建築セカンドオピニオン……http://www.second-op21.com/

《建築のプロが教える知恵と工夫》
【Q & A】建物の基礎知識
——不動産業者が知ってトクする建物の構造、耐震性から
内外装の種類、防水・断熱対策、給排水・換気・空調設備までのキホン

2020 年 2 月 15 日　印刷
2020 年 2 月 25 日　発行

著　者　秋山　英樹 ©

発行者　野々内邦夫

発行所　**株式会社プログレス**
〒 160-0022　東京都新宿区新宿 1-12-12
電話 03(3341)6573　FAX03(3341)6937
http://www.progres-net.co.jp　E-mail: info@progres-net.co.jp

＊落丁本・乱丁本はお取り替えいたします。　モリモト印刷株式会社

ISBN978-4-905366-98-0　C2034